U0835624

# 纵冠天下

## 勒布朗·詹姆斯传

# JAMES

冯逸明 主编

黑龙江美术出版社

**图书在版编目（CIP）数据**

纵冠天下：勒布朗·詹姆斯传 / 冯逸明主编 . —
哈尔滨：黑龙江美术出版社，2021.1（2024.4 重印）
ISBN 978-7-5593-7020-4

Ⅰ . ①纵… Ⅱ . ①冯… Ⅲ . ①勒布朗·詹姆斯 – 生平
事迹 Ⅳ . ① K837.125.47

中国版本图书馆 CIP 数据核字 (2020) 第 267957 号

ZONGGUANTIANXIA LEBULANG ZHANMUSI ZHUAN

**纵冠天下：勒布朗·詹姆斯传**

主　　编 / 冯逸明
出 版 人 / 于　丹
责任编辑 / 颜云飞
装帧设计 / 冯逸明　牛　涛
出版发行 / 黑龙江美术出版社
地　　址 / 哈尔滨市道里区安定街 225 号
邮政编码 / 150016
发行电话 /（0451）84270524
印　　刷 / 小森印刷（北京）有限公司
开　　本 / 889mm × 1194mm　1/16
印　　张 / 17
字　　数 / 200 千字
版　　次 / 2021 年 1 月第 1 版
印　　次 / 2024 年 4 月第 2 次印刷
书　　号 / ISBN978-7-5593-7020-4
定　　价 / 59.00 元

# 目录

LEBRON JAMES

# 四冠在手，帝星归位，王者加冕，天下为皇。

## 勒布朗·詹姆斯 2020 年总冠军 & 生涯四冠札记

# LeBron James

2020 年，詹姆斯时隔 4 年再添一冠，率领湖人夺得队史上的第 17 座总冠军奖杯，他也成为历史上第一位率领三支球队夺取总冠军、并荣膺总决赛 MVP 的球员。

2010 年，詹姆斯在迈阿密“三英聚首”，随后与韦德、波什携手四年间夺得自己生涯的前两冠，虽然绚烂，但始终有人质疑詹姆斯的这两冠成色。

2016 年，詹姆斯率领克利夫兰骑士，对抗常规赛豪取（73 胜）历史最佳战绩的金州勇士，在以 1 比 3 落后的绝境下，完成总决赛历史上最不可思议的逆转，他将自己的“帝号”永久的镌刻在 NBA 的丰碑之上。虽然詹姆斯完成如此伟大的壮举，依然有人在怀疑，因为他在相对安逸的东部，缺少炼狱般的生死绞杀，在总决赛之前他可以率队以逸待劳，而勇士在西部决赛与“杜威二少”领衔的雷霆鏖战了七场。

2018 年，詹姆斯在连续八年荡平东部之后，只身西赴洛杉矶，加盟湖人。

2020 年，詹姆斯只身西伐的第二个赛季，也是 NBA 历史上最命运多舛的一个赛季，这一年科比离去、疫情肆虐、赛事停摆。复赛之后，詹姆斯在奥兰多的封闭赛场，率领湖人赢得了自己的“紫金第一冠”，这个总冠军也是对科比的一种告慰。

2020 年，詹姆斯率领湖人杀入总决赛。即便在虎狼环伺的西部联盟，也没有一支豪强能阻挡詹姆斯率领湖人前进的步伐，甚至没有球队在系列赛能赢湖人两场。

一路走来，詹姆斯以超过 50% 的命中率、场均砍下接近 30+“准三双”的数据，率领湖人夺得总冠军，并打破无数 NBA 纪录。

2020 年，王者加冕，群雄俯首，詹姆斯成为 NBA 历史上唯一的皇。

**湖人 2020年季后赛 & 总决赛战绩表**

| 日期 | 对阵双方 | 比分 | 胜负 |
|---|---|---|---|
| 西部首轮 | | | |
| 8月19日 | 湖人对阵开拓者 | 93 比 100 | 负 |
| 8月21日 | 湖人对阵开拓者 | 111 比 88 | 胜 |
| 8月23日 | 湖人对阵开拓者 | 116 比 108 | 胜 |
| 8月25日 | 湖人对阵开拓者 | 135 比 115 | 胜 |
| 8月30日 | 湖人对阵开拓者 | 131 比 122 | 胜 |
| 西部半决赛 | | | |
| 9月5日 | 湖人对阵火箭 | 97 比 112 | 负 |
| 9月7日 | 湖人对阵火箭 | 117 比 109 | 胜 |
| 9月9日 | 湖人对阵火箭 | 112 比 102 | 胜 |
| 9月11日 | 湖人对阵火箭 | 110 比 100 | 胜 |
| 9月13日 | 湖人对阵火箭 | 119 比 96 | 胜 |
| 西部决赛 | | | |
| 9月19日 | 湖人对阵掘金 | 126 比 114 | 胜 |
| 9月21日 | 湖人对阵掘金 | 105 比 103 | 胜 |
| 9月23日 | 湖人对阵掘金 | 106 比 114 | 负 |
| 9月25日 | 湖人对阵掘金 | 114 比 108 | 胜 |
| 9月27日 | 湖人对阵掘金 | 117 比 107 | 胜 |
| 总决赛 | | | |
| 10月1日 | 湖人对阵热火 | 116 比 98 | 胜 |
| 10月3日 | 湖人对阵热火 | 124 比 114 | 胜 |
| 10月5日 | 湖人对阵热火 | 104 比 115 | 负 |
| 10月7日 | 湖人对阵热火 | 102 比 96 | 胜 |
| 10月10日 | 湖人对阵热火 | 108 比 111 | 负 |
| 10月12日 | 湖人对阵热火 | 106 比 93 | 胜 |

# 4-2

2020 年 10 月 12 日，NBA 总决赛第六场，湖人以 106 比 93 击败热火，以总比分 4 比 2 战胜对手，夺得总冠军。

SPALDING
NBA
BLACK LIVES MATTER
99
CROWDER
BLACK LIVES MATTER
14
HERRO

十七届总冠军

# 17

**LOS ANGELES LAKERS**

2020年10月12日，总决赛六场战罢，湖人以总比分4比2战胜热火，夺得总冠军。

自此，湖人分别在1949年、1950年、1952年、1953年、1954年、1972年、1980年、1982年、1985年、1987年、1988年、2000年、2001年、2002年、2009年、2010年和2020年夺得NBA总冠军，共获得17冠，追平凯尔特人，并列成为NBA夺冠最多的球队。

**湖人 17 冠年表**

| 冠军数 | 年份 | 比分 |
|---|---|---|
| 第 1 冠 | 1949 年 | 明尼阿波利斯湖人 4 比 2 华盛顿国会 |
| 第 2 冠 | 1950 年 | 明尼阿波利斯湖人 4 比 2 锡拉丘兹民族 |
| 第 3 冠 | 1952 年 | 明尼阿波利斯湖人 4 比 3 纽约尼克斯 |
| 第 4 冠 | 1953 年 | 明尼阿波利斯湖人 4 比 1 纽约尼克斯 |
| 第 5 冠 | 1954 年 | 明尼阿波利斯湖人 4 比 3 锡拉丘兹民族 |
| 第 6 冠 | 1972 年 | 洛杉矶湖人 4 比 1 纽约尼克斯 |
| 第 7 冠 | 1980 年 | 洛杉矶湖人 4 比 2 费城 76 人 |
| 第 8 冠 | 1982 年 | 洛杉矶湖人 4 比 2 费城 76 人 |
| 第 9 冠 | 1985 年 | 洛杉矶湖人 4 比 2 波士顿凯尔特人 |
| 第 10 冠 | 1987 年 | 洛杉矶湖人 4 比 2 波士顿凯尔特人 |
| 第 11 冠 | 1988 年 | 洛杉矶湖人 4 比 3 底特律活塞 |
| 第 12 冠 | 2000 年 | 洛杉矶湖人 4 比 2 印第安纳步行者 |
| 第 13 冠 | 2001 年 | 洛杉矶湖人 4 比 1 费城 76 人 |
| 第 14 冠 | 2002 年 | 洛杉矶湖人 4 比 0 新泽西篮网 |
| 第 15 冠 | 2009 年 | 洛杉矶湖人 4 比 1 奥兰多魔术 |
| 第 16 冠 | 2010 年 | 洛杉矶湖人 4 比 3 波士顿凯尔特人 |
| 第 17 冠 | 2020 年 | 洛杉矶湖人 4 比 2 迈阿密热火 |

CHAMPIONS
MOST VALUABLE PLAYER ALL STAR GAME
四届总冠军
四届总决赛 MVP
四届常规赛 MVP
三届全明星 MVP
两届奥运金牌
NBA FINALS
Champions
NATIONAL BASKETBALL ASSOCIATION
20
LOS ANGELES LAKERS
20
CHAMPIONS
LAKERS
LOS ANGELES

NBA FINALS 2020 Presented by
GOAT
LeBron James
Greatest of all time

CHAMPIONS
Champions
NATIONAL BASKETBALL ASSOCIATION
LAKERS
CHAMPIONS
LAKERS
LOS ANGELES

# This is for you Kobe

## “兄弟呀，想你了。”
## 詹姆斯夺冠后缅怀科比

2020 年 10 月 15 日，在湖人夺冠 72 小时之后，詹姆斯深情缅怀科比。

他在个人社交媒体上晒出了一张静坐沉思的照片，腿上放着科比的 24 号战袍，表情凝重，深情凝望……詹姆斯还附文道：“希望我能有让你感到骄傲，我的兄弟科比，想念你！ # 黑曼巴蛇 # 紫金爱心 #。”

2020 年，詹姆斯率领湖人时隔 10 年再夺总冠军，可惜科比在今年 1 月 26 日不幸罹难，无法目睹这一盛况。

科比去世不久，詹姆斯曾眼含热泪说出承诺：“为了科比去率领湖人夺得总冠军。”如今詹姆斯兑现诺言，相信科比在天堂上闻讯后也会非常欣慰。

1 2007
CHAMPION OF THE EAST

TOP OF THE EAST
2-5 2011-2014
CHAMPION OF THE EAST

EASTERN FINALS
@NBA
2018 NBA FINALS
CHAMPS OF THE EAST 2018
6-9 2015-2018
CHAMPION OF THE EAST

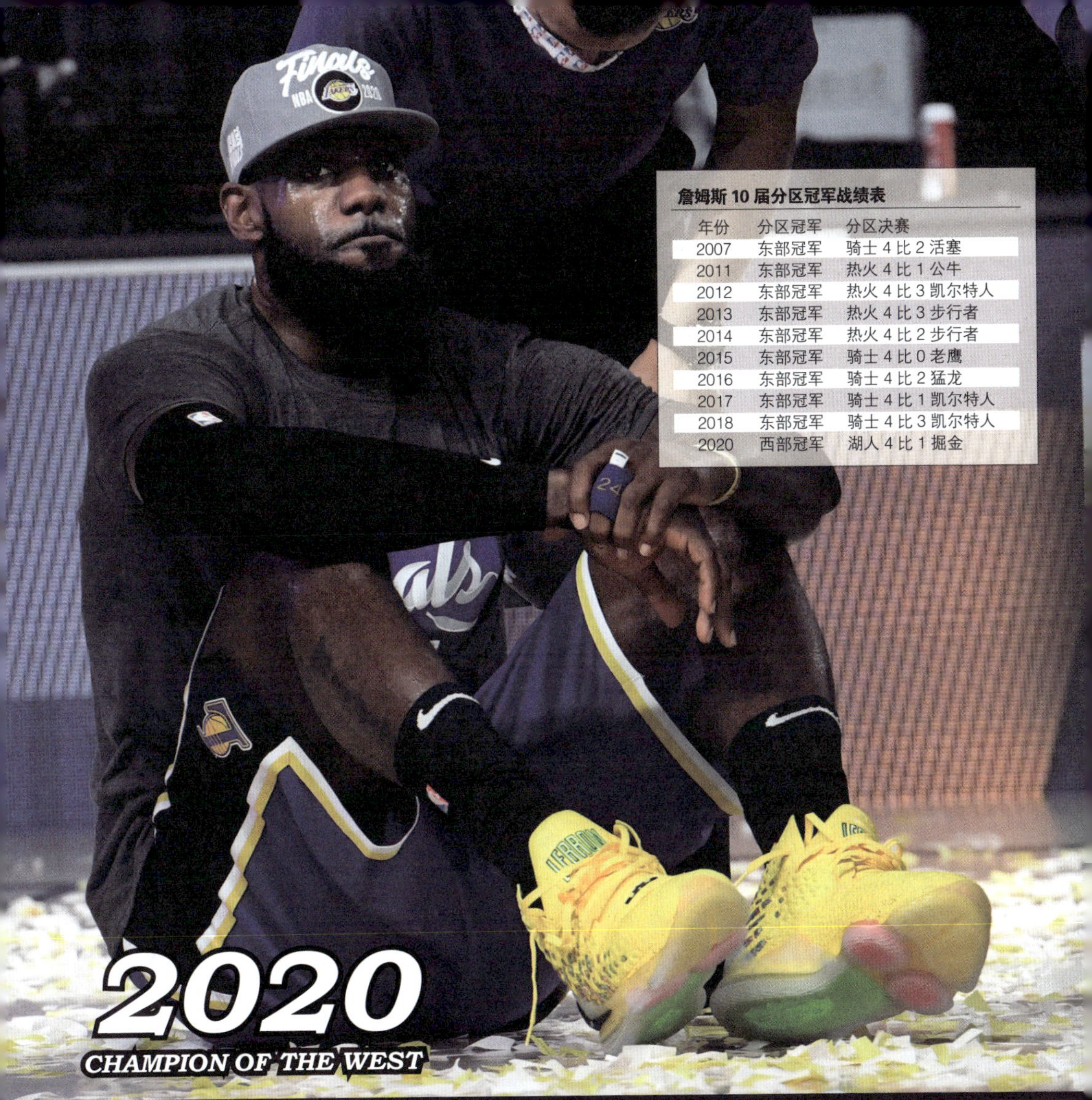

**詹姆斯 10 届分区冠军战绩表**

| 年份 | 分区冠军 | 分区决赛 |
| --- | --- | --- |
| 2007 | 东部冠军 | 骑士 4 比 2 活塞 |
| 2011 | 东部冠军 | 热火 4 比 1 公牛 |
| 2012 | 东部冠军 | 热火 4 比 3 凯尔特人 |
| 2013 | 东部冠军 | 热火 4 比 3 步行者 |
| 2014 | 东部冠军 | 热火 4 比 2 步行者 |
| 2015 | 东部冠军 | 骑士 4 比 0 老鹰 |
| 2016 | 东部冠军 | 骑士 4 比 2 猛龙 |
| 2017 | 东部冠军 | 骑士 4 比 1 凯尔特人 |
| 2018 | 东部冠军 | 骑士 4 比 3 凯尔特人 |
| 2020 | 西部冠军 | 湖人 4 比 1 掘金 |

# 2020

## CHAMPION OF THE WEST

# 10

十 届 分 区 冠 军

2020 年 9 月 27 日，NBA 西部决赛第五场，詹姆斯得到 38 分、16 个篮板、10 次助攻，率领湖人以 117 比 107 击败掘金，以总比分 4 比 2 夺得西部冠军，这也是詹姆斯的首个西部冠军。

自此，詹姆斯分别在 2007 年、2011 年、2012 年、2013 年、2014 年、2015 年、2016 年、2017 年和 2018 年 9 次夺得东部冠军，并在 2020 年率领湖人再夺西部冠军。值得一提的是，詹姆斯曾经率队连续 8 年问鼎东部冠军，开创了漫长而又强大的统治期。

十夺分区冠军、十进总决赛，詹姆斯创造了无人企及的纪录。夺得西部冠军，詹姆斯并未表现出太多喜悦，他只是席地而坐、目光深邃。也许对于志在天下的“皇帝”而言，这些只是王者征途中的战利品。

詹姆斯四届总冠军战绩表

| 总冠军 | 球队 | 比分 | 对手 |
|---|---|---|---|
| 第1冠 | 热火 | 4比1 | 雷霆 |
| 第2冠 | 热火 | 4比3 | 马刺 |
| 第3冠 | 骑士 | 4比3 | 勇士 |
| 第4冠 | 湖人 | 4比2 | 热火 |

2020 年 10 月 12 日，詹姆斯夺得自己职业生涯的第四个总冠军。第一冠，詹姆斯与韦德、波什携手击败“雷霆三少”；第二冠，鏖战七场才击败强大的马刺；第三冠，詹姆斯率领骑士在家乡父老面前完成总决赛史上最神奇的逆转，让豪取历史最佳 73 胜战绩的勇士成为最尴尬的亚军。

相比前三冠，第四冠最为特别，詹姆斯率领湖人经历了( 355 天 )最漫长的赛季，经历了科比离世、疫情肆虐，在没有主客场、完全封闭的奥兰多，拼到体能与意志的极限，顽强地走到最后，夺下这个来之不易的总冠军。

# 4

## 2020
**NBA CHAMPIONSHIP**

四 届 总 冠 军

**詹姆斯总决赛场 MVP 均数据表**

| 年份 | 球队 | 场均数据 |
|---|---|---|
| 2012 | 热火 | 28.6 分、10.2 个篮板、7.4 次助攻 |
| 2013 | 热火 | 25.3 分、10.9 个篮板、7 次助攻 |
| 2016 | 骑士 | 29.7 分、11.3 个篮板、8.9 次助攻 |
| 2020 | 湖人 | 29.8 分、11.8 个篮板、8.5 次助攻 |

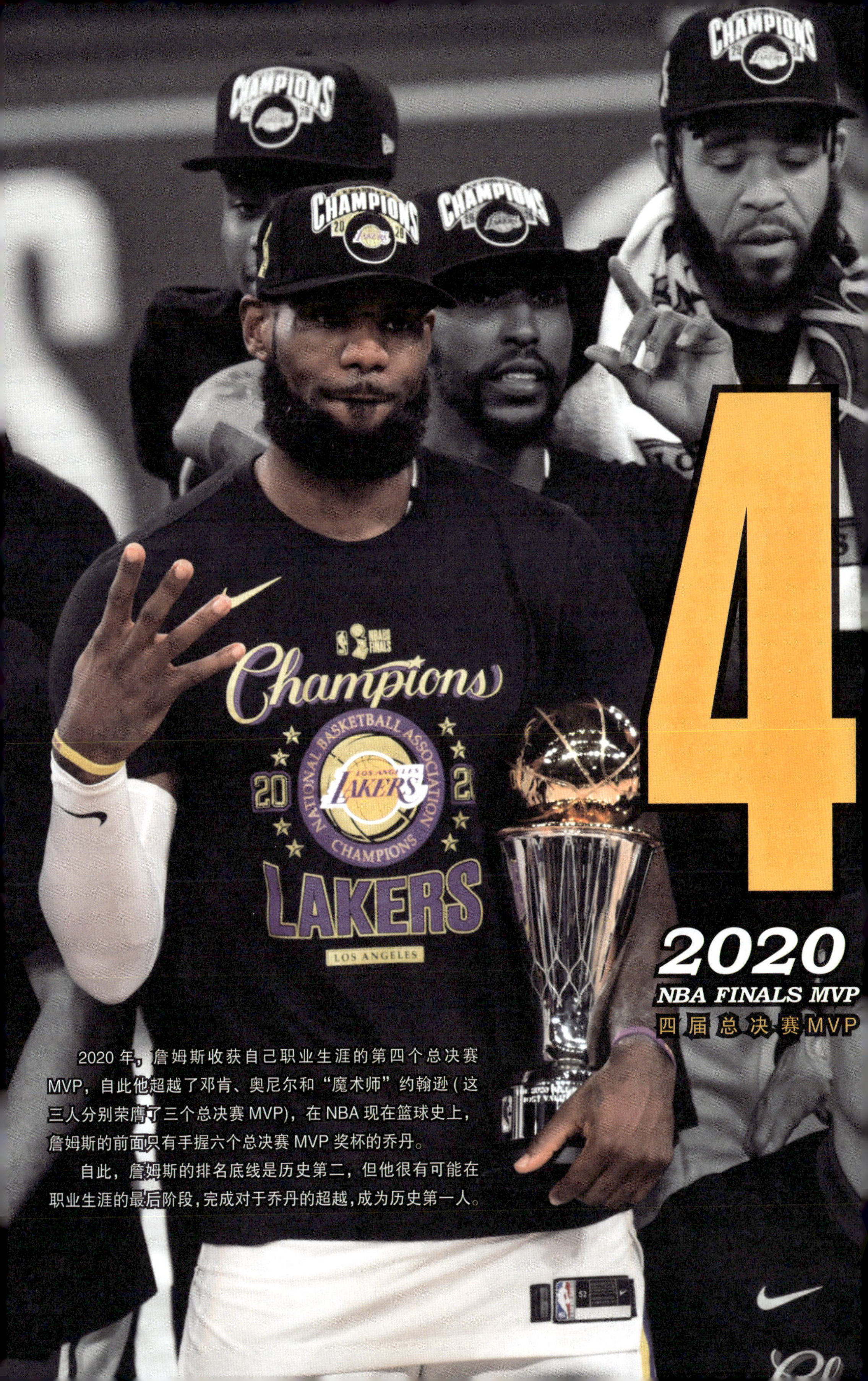


# 4

## 2020 NBA FINALS MVP

### 四届总决赛MVP

2020 年，詹姆斯收获自己职业生涯的第四个总决赛 MVP，自此他超越了邓肯、奥尼尔和“魔术师”约翰逊（这三人分别荣膺了三个总决赛 MVP），在 NBA 现在篮球史上，詹姆斯的前面只有手握六个总决赛 MVP 奖杯的乔丹。

自此，詹姆斯的排名底线是历史第二，但他很有可能在职业生涯的最后阶段，完成对于乔丹的超越，成为历史第一人。

2020 年詹姆斯率领湖人夺得总冠军，自此，他率领热火、骑士、湖人三支不同球队都夺得总冠军，完成了 NBA 历史上无人企及的壮举。詹姆斯的第一冠到第四冠跨度为 10 年，这需要他拥有浩瀚无垠的巅峰期。此外詹姆斯每次夺冠的季后赛场均得分都在 25 分以上，都是球队当之无愧的老大，从这个层面而言，没有人能与之比肩。

3
率领三队夺冠
LAKERS
NBA CHAMPIONSHIP

湖 人 王 牌 二 人 组

# 王炸

## JAMES & DAVIS

戴维斯已经超过韦德、欧文，成为詹姆斯合作过的最佳拍档。

整个2020年季后赛，戴维斯（582分）与詹姆斯（580分）雄霸联盟总得分榜的前两名，他们超越“OK组合”成为总决赛史上首对场均得分均超过25分、命中率超过55%的双人组合。

詹姆斯传控、得分均已臻化境，戴维斯的持球单打以及内线攻防都近乎“无解”，他们都具有历史级别的大局观。戴维斯甚至能与詹姆斯比肩，成为等量齐观的湖人“双核”之一。

# 2

## 王牌二人组

王 牌 二 人 组

# 万能空霸

## Anthony Davis

2020 年季后赛，戴维斯场均得到 27.7 分、9.7 个篮板、3.5 次助攻，没有人跟得上他迅捷的脚步、干扰到他的“高出手”投篮，他在场上予求予取，简直就是如今“小球”时代的内线霸主。

戴维斯最初打后卫，后来因为身高猛长，不得不去打内线。但打后卫时培养的精准射术、运控技术以及面框步伐，已经被他牢牢掌握。戴维斯拥有不可思议的敏捷、灵活，每当他在起飞，就像一只张开双翅的巨鸟，在攻防两端牢牢的控制着湖人的“禁飞区”。

**戴维斯 2020年季后赛 & 总决赛数据表**

| 日期 | 湖人对阵球队 | 得分 | 篮板 | 盖帽 |
|---|---|---|---|---|
| 西部首轮 | | | | |
| 8月19日 | 开拓者 | 28 | 11 | 2 |
| 8月21日 | 开拓者 | 31 | 11 | 1 |
| 8月23日 | 开拓者 | 29 | 11 | 3 |
| 8月25日 | 开拓者 | 18 | 5 | 2 |
| 8月30日 | 开拓者 | 43 | 9 | 0 |
| 西部半决赛 | | | | |
| 9月5日 | 火箭 | 25 | 14 | 3 |
| 9月7日 | 火箭 | 34 | 10 | 1 |
| 9月9日 | 火箭 | 26 | 15 | 0 |
| 9月11日 | 火箭 | 29 | 12 | 2 |
| 9月13日 | 火箭 | 13 | 11 | 1 |
| 西部决赛 | | | | |
| 9月19日 | 掘金 | 37 | 10 | 0 |
| 9月21日 | 掘金 | 31 | 9 | 2 |
| 9月23日 | 掘金 | 27 | 2 | 0 |
| 9月25日 | 掘金 | 34 | 5 | 0 |
| 9月27日 | 掘金 | 27 | 5 | 1 |
| 总决赛 | | | | |
| 10月1日 | 热火 | 34 | 9 | 3 |
| 10月3日 | 热火 | 32 | 14 | 0 |
| 10月5日 | 热火 | 15 | 5 | 0 |
| 10月7日 | 热火 | 22 | 9 | 4 |
| 10月10日 | 热火 | 28 | 12 | 3 |
| 10月12日 | 热火 | 19 | 15 | 2 |

王 牌 二 人 组

# 皇者无敌

## LeBron James

詹姆斯在 2020 年季后赛展现出无人能及的比赛智慧以及掌控力，他场均得到 27.6 分、10.8 个篮板、8.8 次助攻，更创造了超过 55% 的投篮命中率。

詹姆斯的“钢铁之躯”永远不知衰老为何物，他已年近三十六岁了，但他依然不断进化，依然是 NBA 最强的球员。

他总能在瞬息万变的场上局势中找到制胜法则，我们在这次季后赛中看到他的“点名”战术如何摧毁对手的整个防御体系。他持球单打、突破分球，快攻暴扣、三分远射，就能解决大多数比赛。他就是湖人战无不胜的源泉。

**詹姆斯 2020年季后赛 & 总决赛数据表**

| 日期 | 湖人对阵球队 | 得分 | 篮板 | 助攻 |
|---|---|---|---|---|
| 西部首轮 | | | | |
| 8月19日 | 开拓者 | 23 | 17 | 16 |
| 8月21日 | 开拓者 | 10 | 6 | 7 |
| 8月23日 | 开拓者 | 38 | 12 | 8 |
| 8月25日 | 开拓者 | 30 | 6 | 10 |
| 8月30日 | 开拓者 | 36 | 10 | 10 |
| 西部半决赛 | | | | |
| 9月5日 | 火箭 | 20 | 8 | 7 |
| 9月7日 | 火箭 | 28 | 11 | 9 |
| 9月9日 | 火箭 | 36 | 7 | 5 |
| 9月11日 | 火箭 | 16 | 15 | 9 |
| 9月13日 | 火箭 | 29 | 11 | 7 |
| 西部决赛 | | | | |
| 9月19日 | 掘金 | 15 | 6 | 12 |
| 9月21日 | 掘金 | 26 | 11 | 4 |
| 9月23日 | 掘金 | 30 | 10 | 11 |
| 9月25日 | 掘金 | 26 | 9 | 8 |
| 9月27日 | 掘金 | 38 | 16 | 10 |
| 总决赛 | | | | |
| 10月1日 | 热火 | 25 | 13 | 9 |
| 10月3日 | 热火 | 33 | 9 | 9 |
| 10月5日 | 热火 | 25 | 10 | 8 |
| 10月7日 | 热火 | 28 | 12 | 8 |
| 10月10日 | 热火 | 40 | 13 | 7 |
| 10月12日 | 热火 | 28 | 14 | 10 |

詹姆斯在 2020 年季后赛场均得到 27.6 分，投篮命中率为 56%，三分命中率为 37%。

此外，詹姆斯总决赛场均得到 29.8 分、11.8 个篮板、8.5 次助攻，投篮命中率为 59.1%，三分命中率为 41.7%，其中得分、篮板和命中率三项统计均创造了詹姆斯生涯获胜总决赛场均数据的新高。

## 得分

詹姆斯数据解析 壹

季后赛场均得分
**27.6**

季后赛投篮命中率
**56%**

季后赛三分命中率
**37%**

总决赛场均得分
**29.8**

总决赛投篮命中率
**59.1%**

总决赛三分命中率
**41.7%**

总决赛单场最高得分
**40**

总决赛单场最高命中率
**71.4%**

单场三分最高命中率
**67%**

詹姆斯在 2020 年总决赛的 6 场比赛中，每一场的命中率都超过 50%，创总决赛新纪录。6 场的命中率依次是：第一场 52.9%（17 投 9 中，得 25 分）、第二场 56%（25 投 14 中，得 33 分）、56.3%（16 投 9 中，得 25 分）、50%（16 投 8 中，得 28 分）、71.4%（21 投 15 中，得 40 分）和 65%（20 投 13 中，得 28 分）。

## 詹姆斯数据解析 贰
# 助攻

季后赛场均助攻
**8.8**

总决赛场均助攻
**8.5**

### 职业生涯常规赛数据

| 赛季 | 球队 | 篮板 | 助攻 | 抢断 | 盖帽 | 得分 |
|---|---|---|---|---|---|---|
| 2003/2004 | 骑士 | 5.5 | 5.9 | 1.6 | 0.7 | 20.9 |
| 2004/2005 | 骑士 | 7.4 | 7.2 | 2.2 | 0.7 | 27.2 |
| 2005/2006 | 骑士 | 7.0 | 6.6 | 1.6 | 0.8 | 31.4 |
| 2006/2007 | 骑士 | 6.7 | 6.0 | 1.6 | 0.7 | 27.3 |
| 2007/2008 | 骑士 | 7.9 | 7.2 | 1.8 | 1.1 | 30.0 |
| 2008/2009 | 骑士 | 7.6 | 7.2 | 1.7 | 1.1 | 28.4 |
| 2009/2010 | 骑士 | 7.3 | 8.6 | 1.6 | 1.0 | 29.7 |
| 2010/2011 | 热火 | 7.5 | 7.0 | 1.6 | 0.6 | 26.7 |
| 2011/2012 | 热火 | 7.9 | 6.2 | 1.9 | 0.8 | 27.1 |
| 2012/2013 | 热火 | 8.0 | 7.3 | 1.7 | 0.9 | 26.8 |
| 2013/2014 | 热火 | 6.9 | 6.3 | 1.6 | 0.3 | 27.1 |
| 2014/2015 | 骑士 | 6.0 | 7.4 | 1.6 | 0.7 | 25.3 |
| 2015/2016 | 骑士 | 7.4 | 6.8 | 1.4 | 0.6 | 25.3 |
| 2016/2017 | 骑士 | 8.6 | 8.7 | 1.2 | 0.6 | 26.4 |
| 2017/2018 | 骑士 | 8.6 | 9.1 | 1.4 | 0.9 | 27.5 |
| 2018/2019 | 湖人 | 8.5 | 8.3 | 1.3 | 0.6 | 27.4 |
| 2019/2020 | 湖人 | 7.8 | 10.2 | 1.2 | 0.5 | 25.3 |
| 场均 | | 7.4 | 7.4 | 1.6 | 0.8 | 27.1 |

### 职业生涯季后赛数据

| 赛季 | 球队 | 篮板 | 助攻 | 抢断 | 盖帽 | 得分 |
|---|---|---|---|---|---|---|
| 2005/2006 | 骑士 | 8.1 | 5.8 | 1.4 | 0.7 | 30.8 |
| 2006/2007 | 骑士 | 8.1 | 8.0 | 1.7 | 0.5 | 25.1 |
| 2007/2008 | 骑士 | 7.8 | 7.6 | 1.8 | 1.3 | 28.2 |
| 2008/2009 | 骑士 | 9.1 | 7.3 | 1.6 | 0.9 | 35.3 |
| 2009/2010 | 骑士 | 9.3 | 7.6 | 1.7 | 1.8 | 29.1 |
| 2010/2011 | 热火 | 8.4 | 5.9 | 1.7 | 1.2 | 23.7 |
| 2011/2012 | 热火 | 9.7 | 5.6 | 1.9 | 0.7 | 30.3 |
| 2012/2013 | 热火 | 8.4 | 6.6 | 1.8 | 0.8 | 25.9 |
| 2013/2014 | 热火 | 7.1 | 4.8 | 1.8 | 0.6 | 27.4 |
| 2014/2015 | 骑士 | 11.3 | 8.5 | 1.7 | 1.1 | 30.1 |
| 2015/2016 | 骑士 | 9.5 | 7.6 | 2.3 | 1.3 | 26.3 |
| 2016/2017 | 骑士 | 9.1 | 7.8 | 1.9 | 1.3 | 32.8 |
| 2017/2018 | 骑士 | 9.1 | 9.0 | 1.4 | 1.0 | 34.0 |
| 2019/2020 | 湖人 | 10.8 | 8.8 | 1.2 | 0.9 | 27.6 |
| 场均 | | 9.0 | 7.2 | 1.7 | 1.0 | 28.8 |

## 詹姆斯数据解析 叁
# 篮板

季后赛场均篮板
**10.8**

总决赛场均篮板
**11.8**

总决赛“三双王”

# 11

## LeBron James

2020年10月12日，湖人以106比93战胜热火，詹姆斯砍下28分、14个篮板、10次助攻，第11次在总决赛砍下“三双”，位列历史第一。

此外詹姆斯在季后赛第28次拿下“三双”，位列历史第二，第一名是埃尔文·约翰逊（30次）。

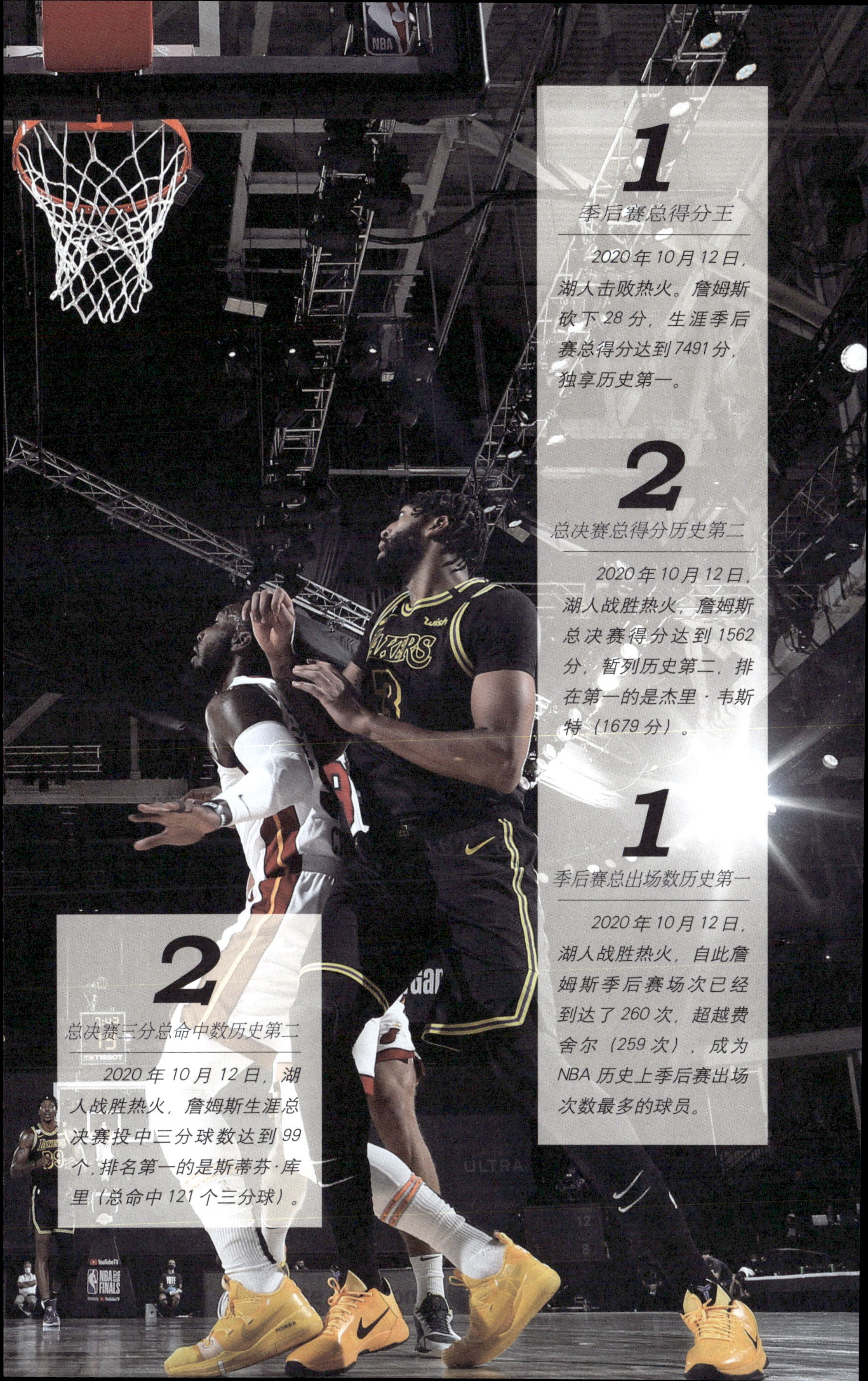

# 1

季后赛总得分王

2020年10月12日，湖人击败热火。詹姆斯砍下28分，生涯季后赛总得分达到7491分，独享历史第一。

# 2

总决赛总得分历史第二

2020年10月12日，湖人战胜热火，詹姆斯总决赛得分达到1562分，暂列历史第二，排在第一的是杰里·韦斯特（1679分）。

# 1

季后赛总出场数历史第一

2020年10月12日，湖人战胜热火，自此詹姆斯季后赛场次已经到达了260次，超越费舍尔（259次），成为NBA历史上季后赛出场次数最多的球员。

# 2

总决赛三分总命中数历史第二

2020年10月12日，湖人战胜热火，詹姆斯生涯总决赛投中三分球数达到99个，排名第一的是斯蒂芬·库里（总命中121个三分球）。

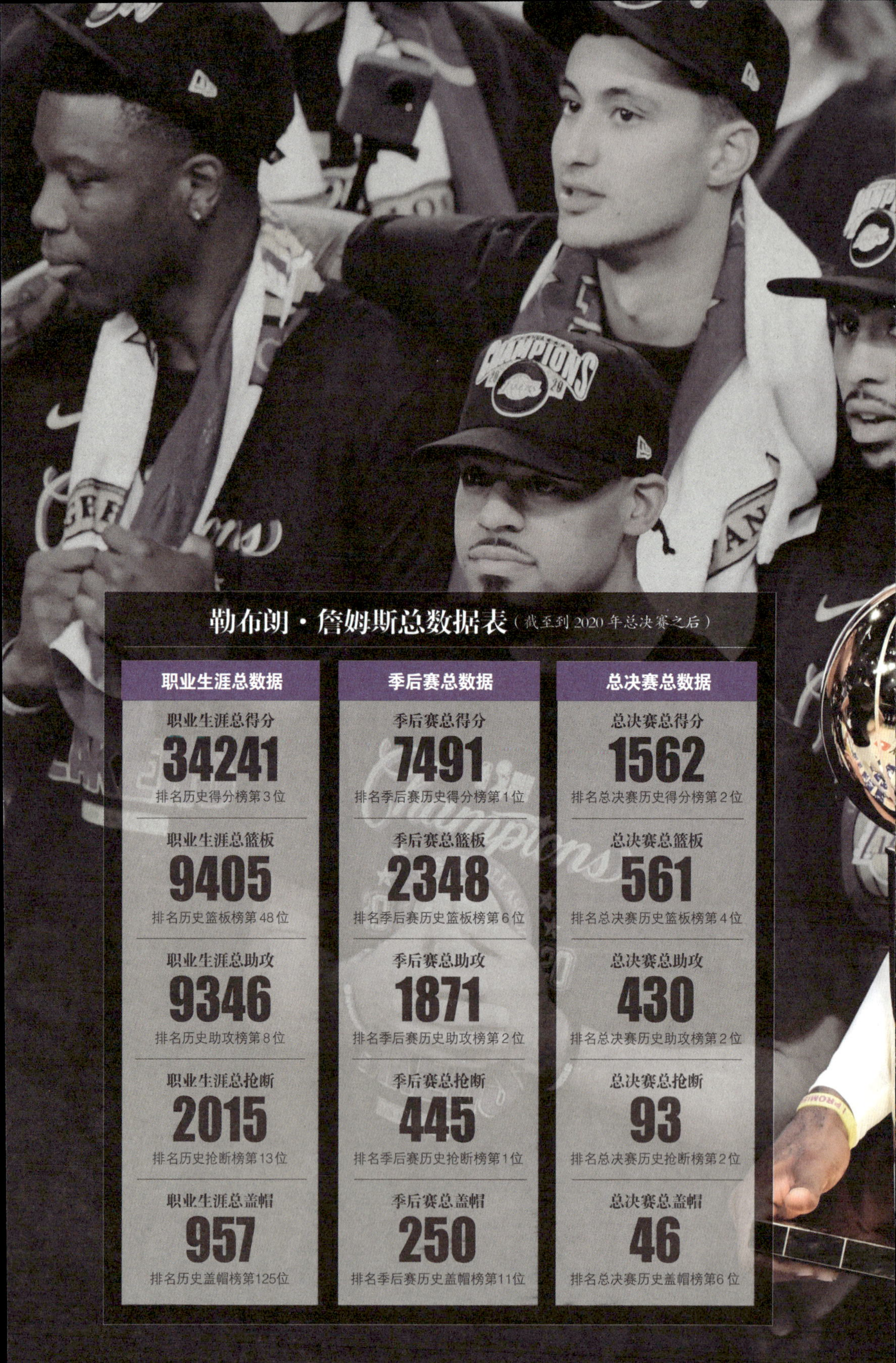

## 勒布朗·詹姆斯总数据表（截至到2020年总决赛之后）

| 职业生涯总数据 | 季后赛总数据 | 总决赛总数据 |
|---|---|---|
| 职业生涯总得分<br>**34241**<br>排名历史得分榜第3位 | 季后赛总得分<br>**7491**<br>排名季后赛历史得分榜第1位 | 总决赛总得分<br>**1562**<br>排名总决赛历史得分榜第2位 |
| 职业生涯总篮板<br>**9405**<br>排名历史篮板榜第48位 | 季后赛总篮板<br>**2348**<br>排名季后赛历史篮板榜第6位 | 总决赛总篮板<br>**561**<br>排名总决赛历史篮板榜第4位 |
| 职业生涯总助攻<br>**9346**<br>排名历史助攻榜第8位 | 季后赛总助攻<br>**1871**<br>排名季后赛历史助攻榜第2位 | 总决赛总助攻<br>**430**<br>排名总决赛历史助攻榜第2位 |
| 职业生涯总抢断<br>**2015**<br>排名历史抢断榜第13位 | 季后赛总抢断<br>**445**<br>排名季后赛历史抢断榜第1位 | 总决赛总抢断<br>**93**<br>排名总决赛历史抢断榜第2位 |
| 职业生涯总盖帽<br>**957**<br>排名历史盖帽榜第125位 | 季后赛总盖帽<br>**250**<br>排名季后赛历史盖帽榜第11位 | 总决赛总盖帽<br>**46**<br>排名总决赛历史盖帽榜第6位 |

## 总冠军颁奖礼致辞精选

“能够带领这支伟大的球队夺冠，意味着很多。当我来湖人的时候，我就和珍妮·巴斯说，‘我会带领这支球队重返巅峰。’她的父亲曾经带领湖人创造辉煌的历史，她接过了这个火炬。能够代表这么一支历史悠久的豪门不可思议，不仅仅是对于我，还有我的队友、教练，以及所有在这里的人，我们赢回了外界对湖人的尊重。

我全身心投入比赛，并且从未缺席任何一场季后赛。我让队友们感到骄傲，让我的球迷感到骄傲，让我的家人感到自豪。我在克利夫兰拿到过总冠军，如今我又在湖人做到了，这些就是我的全部。

我与戴维斯互相激励，彼此信任。我职业生涯的前七年在克利夫兰明白了无助的滋味，我需要队友的帮助。我与戴维斯成为队友之后，让他成为了更好的自己，这也意味着很多。

——勒布朗·詹姆斯

2020年10月12日

LEBRON JAMES

## 勒布朗·詹姆斯档案

- 勒布朗·詹姆斯/LeBron James
- 生日：1984年12月30日
- 出生地：俄亥俄州阿克伦城
- 毕业学校：圣文森·圣玛丽高中
- 身高：2.03米 ●体重：113公斤
- 选秀：2003年第1轮第1顺位
- 现效力球队：湖人 ●位置：小前锋
- 生涯荣誉：四届总冠军、两届奥运会金牌、九届东部冠军、一届西部冠军、四届常规赛MVP、四届总决赛MVP、三届全明星赛MVP、十六届全明星首发、2004年最佳新秀、十三届第一阵容、五届最佳防守阵容、2007/2008赛季得分王

2020 NBA CHAMPIONSHIP

大家评价詹姆斯夺冠

# 众星点赞

## LeBron James

“恭喜我的兄弟詹姆斯夺冠，他的传奇仍然继续。”
——德怀恩·韦德

“詹姆斯是我见过的最伟大的篮球运动员，只有执教他才真正了解。”
——弗兰克·沃格尔

“祝贺‘国王’詹姆斯。”
——凯里·欧文

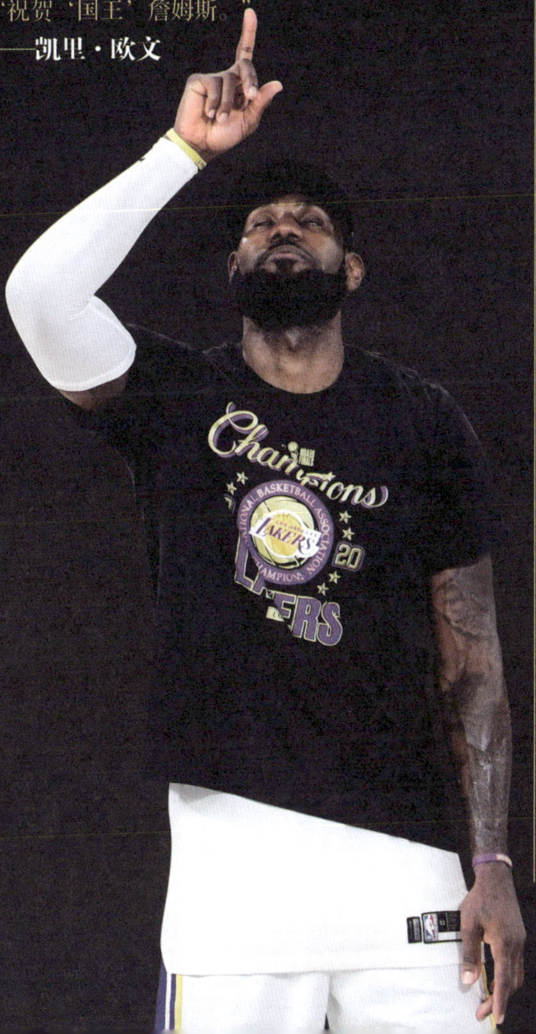


**从今天开始，不要再说什么东部还是西部，现在的詹姆斯就是如今联盟的王。**

**——沙奎尔·奥尼尔**

“詹姆斯在三支球队都夺得了总冠军以及总决赛 MVP，成为仅排在乔丹之后的 NBA 第二人，而且他有机会在退役前赶超乔丹。”
——保罗·皮尔斯

“我的朋友詹姆斯拿到第四个总冠军和总决赛 MVP，我为此而骄傲。他在球场外也是一名卓越的领袖，为社会公平和民主作斗争。”
——贝拉克·侯赛因·奥巴马

“假如詹姆斯再夺一冠，届时他将和乔丹会平起平坐。”
——埃尔文·约翰逊

“詹姆斯告诉我，他来到湖人就是为了夺取总冠军，他做到了。”
——珍妮·巴斯

# 封侯点将 Champions

## 2020 年总冠军湖人将星录

### 勒布朗·詹姆斯 LEBRON JAMES

詹姆斯是今年湖人季后赛的篮板王和助攻王，他场均能够送出 10.8 个篮板和 8.8 次助攻。

在关键的总决赛，詹姆斯的场均得分、篮板、助攻均为全队最高，他从全领域给湖人提供最强的支撑。

詹姆斯是今年湖人夺冠的关键所在，他决定着这支球队的高度与未来，当选总决赛 MVP，实至名归。

● 2020 年季后赛场均得到 27.6 分、10.8 个篮板、8.8 次助攻

### 安东尼·戴维斯 ANTHONY DAVIS

翻江倒海的暴扣、遮天蔽日的封盖、精准稳定的中投，甚至一剑封喉的绝杀，戴维斯几乎无所不能。

他是今年季后赛湖人的主要进攻强点，他在攻守两端的统治级表现，成为湖人击溃对手的一大法宝。

整个 2020 年季后赛，戴维斯场均能够交出 27.7 分，命中率 57.1%，在 21 场比赛中，总共拿到 582 分，比詹姆斯多出 2 分，成为湖人今年季后赛的总得分王。

● 2020 年季后赛场均得到 27.7 分、9.7 个篮板、1.4 个盖帽

## 肯塔维奥斯·卡德维尔-波普
KENTAVIOUS CALDWELL-POPE

虽然波普在本赛季常规赛倍受质疑，但进入到季后赛之后，他却成为湖人“詹眉组合”之外最稳定的得分手，场均能够拿到球队第三高的 10.7 分。

他的底角三分是湖人进攻的一大利器，在今年季后赛场均他能命中 2.1 记三分，命中率高达 37.8%，总共投进 45 个三分，比詹姆斯还多 1 个，成为了湖人今年季后赛的三分王。此外，波普在今年总决赛第六场，拿到 17 分，为湖人夺冠立下汗马功劳。

● 2020 年季后赛场均得到 10.7 分、2.1 个篮板、1.3 次助攻

## 丹尼·格林
DANNY GREEN

有人一战成名，有人一战毁誉。格林显然属于后者。

作为总冠军级别的精英射手，总决赛单场曾命中 7 记三分的格林，在 2020 年季后赛持续低迷，场均投篮命中率仅为 34.7%，三分球命中率仅为 33.9%。

本来格林可以救赎，但总决赛第五场那记本可能夺冠的三分，又一次被他投丢了。虽然三分失准，但格林还是随湖人夺得自己生涯的第三个总冠军。

● 2020 年季后赛场均得到 8.0 分、3.1 个篮板、1.2 次助攻

## 德怀特·霍华德
DWIGHT HOWARD

虽然霍华德在今年季后赛的数据确实不够起眼，但数据对于他而言已不在重要。

作为曾经可以单换詹姆斯的球员，“魔兽”经历了太多颠簸、磨难，如今霍华德表现出一名职业球员的意志品质，他已经成为湖人的精神领袖。在 NBA 奋斗 16 载，霍华德终于拿到了自己的那枚总冠军戒指。

● 2020 年季后赛场均得到 5.8 分、4.6 个篮板、0.4 个盖帽

## 拉简·隆多
## RAJON RONDO

隆多在今年季后赛证明自己是大场面球员。他是詹姆斯甘心让出球权的人，他手重拿着“‘浓眉’使用说明书”，他是战术“鬼才”、指挥天才、球场上的“隆指导”，以及天生的冠军赢家。

隆多随湖人夺冠后，成为“紫金17冠”、“绿衫17冠”的唯一亲历者，这份殊荣独一无二。

在今年季后赛当中，隆多场均能送出6.6次助攻，三分球命中率高达40%，在进攻和串联球队方面都有惊艳表现，是湖人第二阵容的进攻核心。我们已经熟悉他那奇思妙想的空接妙传，变幻莫测的假传上篮，但精准的三分还是令人出乎意料。

● 2020年季后赛场均得到8.9分、4.3个篮板、6.6次助攻

## 马基夫·莫里斯
## MARKIEFF MORRIS

尽管马基夫·莫里斯在总决赛第五场最后时刻传球失误断送了胜利，但作为替补出战的他总体表现还是可圈可点。总决赛他场均得到8.6分、3.2个篮板，三分命中率更是高达到50%，在湖人众球员中高居第一。正因马基夫·莫里斯在替补席给球队提供高效而又稳定的支援，湖人才敢于雪藏霍华德和麦基。

● 2020年季后赛场均得到5.9分、3.0个篮板、1.0次助攻

## 贾维尔·麦基
## JAVALE MCGEE

麦基在常规赛中是湖人的先发中锋，霍华德是替补中锋，但麦基是一个“假先发”，因为主帅沃格尔分析麦基打替补的效率更低。从西部决赛的第四场开始，麦基首发中锋的位置被霍华德给顶替，不仅是因为霍华德防守约基奇的效果更好，还有麦基得分乏力等原因。

● 2020年季后赛场均得到2.9分、3.1个篮板、0.7个盖帽

## 凯尔·库兹马 KYLE KUZMA

库兹马作为湖人队的第三进攻核心，在今年的季后赛的个人进攻表现并不理想，状态起伏不定，效率偏低，在湖人需要得分时，他无法提供稳定支持。

库兹马在今年的总决赛场均仅得 8.5 分，命中率仅为 35.4%，在攻防两端的表现都很挣扎。虽然效率不高，但表现积极的他也是湖人夺冠不可缺少的中坚力量。

● 2020 年季后赛场均得到 10 分、3.1 个篮板、0.8 次助攻

## 亚历克斯·卡鲁索 ALEX CARUSO

虽然仅为湖人的一名角色球员，卡鲁索是场上最拼命的那个人。他勇猛顽强，永远不惜体力的拼搏，让他成为詹姆斯身边最信赖的球员。

卡鲁索的凶悍防守和硬汉精神也时刻激励着湖人，他在总决赛被委以重任，在第六场夺冠夜，他送出 5 次助攻，成为场上正负值最高的球员，是湖人夺冠的功臣。

● 2020 年季后赛场均得到 6.5 分、2.3 个篮板、2.8 次助攻

## 弗兰克·沃格尔 FRANK VOGEL

沃格尔从一位名不见经传的 NBA 助教，一路干到如今联盟总冠军球队的主教练，可谓平步青云。

来到湖人，沃格尔手中攥着两张王牌（詹姆斯与戴维斯），但他却在常规赛并不过分依赖“詹眉组合”，给湖人其他球员充分的锻炼机会，也让詹姆斯有了休养生息的时间。进入季后赛，沃格尔充分开发了隆多的领袖才能，西部决赛第二场那记绝杀的底线发球战术布置，显示了沃格尔作为战术大师的“神来之笔”。

● 2020 年季后赛执教 21 场，执教战绩为 16 胜 5 负

CHAMPIONS
WHITE HOT
LAKERS

# 纵冠天下

## 勒布朗·詹姆斯传

## *LeBron James*

●文/轩窗少年、西贝林3

NFL

# 第一章

# 天选之子

勒布朗·詹姆斯传

01

# 非典型童年

LEBRON JAMES

勒布朗·詹姆斯的故事不需要任何加工，就足以成为最励志的“美国梦”之一。这个故事有一个“悲惨世界”式的开端：1984 年 12 月 30 日，勒布朗·詹姆斯在俄亥俄州阿克伦城出生，当时他的母亲格洛丽亚·詹姆斯只有 16 岁。据说他的父亲叫安东尼·麦克兰德，然而这个名字对于詹姆斯而言，没有任何意义，无非是一个毫无温度的符号罢了。此人有过数次犯罪记录，而且不愿承担父亲的责任，詹姆斯还没出生时，他就已经消失了。

在 NBA 球星中，这样的人生开端并非詹姆斯所独有。痛苦的家庭各有各的痛苦，

最大的痛苦莫过于，詹姆斯和他的少女母亲不得不经常为最低的生存标准竭尽全力。格洛丽亚时而去做零售，时而去当会计，但却一直找不到一份收入稳定的工作。他们颠沛流离，居无定所，几乎住遍了小小的阿克伦城。詹姆斯出生后，先和母亲一起住在外婆家。从 5 岁到 8 岁，詹姆斯搬过 12 次家，他们经常交不起房租。直到 1995 年，格洛丽亚才终于在斯普林山公寓租下一栋有两个卧室的房子。

阿克伦城拥有 20 多万人，位于“西储都会”克利夫兰之南，两城相距不过一个小时的车程。在克利夫兰有一支 NBA 球队，叫克利夫兰骑士队。但正所谓咫尺天涯，此时的詹姆斯当然不会想到，这座他童年时代只能幻想的城市，会在十余年后成为他统治下的篮球世界和商业帝国的王宫。

此时的詹姆斯也许一无所有，但幸亏他还有一个坚强、慈爱的母亲。格洛丽亚竭尽全力让詹姆斯远离贫穷和街头暴力。这当然不是一件容易的事情，她只是一个不到二十岁的小妇人，孩子出

生后不久，她也失去了自己的母亲——詹姆斯的外婆。尽管她的哥哥们，为他们母子提供了一些帮助，但这些帮助太有限了。她需要再找一个男人来当孩子的父亲，在詹姆斯两岁的时候，她开始与艾迪·杰克逊交往。

以她生存的那个环境，她能找到什么真正的好男人呢？艾迪·杰克逊同样是一个与毒品、犯罪、法庭联系在一起的问题男子。1990 年，也就是詹姆斯五岁时，艾迪·杰克逊一度因贩卖可卡因被捕入狱，十余年后，此人还供认了自己的诈骗罪。即使如此，格洛丽亚也仍然和杰克逊在漫长的时间里保持着关系，其中一个原因是，她的儿子和这个男人相处得很愉快。

除了一个相对安宁的童年环境，勒布朗·詹姆斯从母亲那里得到的另一个馈赠是恐怖的运动基因。当然了，这种事情其实很难有个定论。若非后来的勒布朗·詹姆斯进化成每个专家都想拿着现代尖端仪器探究一番的“外星生物”，你几乎不可能得到这个结论——专家们说，虽然格洛丽亚身高只有 165 厘米，但对于女性而言也不算矮了，而且她还有不少大个子亲戚。詹姆斯的优良基因便是如此而来。

在 20 世纪 90 年代初的美国，每一个天赋异禀、爱好篮球的少年，都会有一个无比直观的梦想，这个梦想当然就是 NBA——一个已经开始成熟，并正在被迈克尔·乔丹用恢宏壮丽的演出推向全世界的体育联盟。乔丹从社会底层起步，在这个联盟奋斗成一代天皇巨星，乃至成为 20 世纪最伟大的运动员之一的人生历程，正是对街头篮球少年们最好的鼓励。

NBA 联盟并不是浮云之上的天国，它拥有一套相当完善的下级联赛制度，从初中一直延续到大学。这些联赛联盟的球探无处不在，甚至早已冲出美国走向世界，用以发现和培养后续人才，而一旦被选中，他们又能立刻提供最专业的指导和训练。这一切并不是虚幻的传说，早在詹姆斯出生前十年，NBA 就出现了第一个高中生职业球员——“篮板天王”摩西·马龙。外籍球员也不乏奥拉朱旺和尤因这样的超级中锋，20 世纪 90 年代初更是外籍球员大举进入 NBA 的第一波高潮。

所以，美国街头的少年们对篮球的热爱和虔诚几乎是不可动摇的。无数就发生在身边的故事告诉他们，篮球真的可以改变命运。

格洛丽亚明白这一点。在詹姆斯还在婴儿时期时，她就开始培养孩子和篮球的感情，她给詹姆斯买了一个迷你篮球架和皮球。很快，小詹姆斯便沉迷于和这个有趣的玩具交

流生命中最原始、最满足的快乐，从来不知疲惫。

当然了，童年的勒布朗·詹姆斯也一如大多数美国儿童，更喜欢风靡美国的橄榄球运动。这项高强度运动比篮球更能体现勒布朗·詹姆斯怪物般的运动能力。9 岁时，他加入阿克伦城一支名叫东方龙的橄榄球队，6 场比赛完成了 18 次达阵得分。

“那是我第一次感觉到自己是如此有天赋。”詹姆斯如是说。后来他开始专注于篮球，这童年时代的光荣和骄傲就如同在一张洁白的宣纸上的第一次挥毫，是那样鲜明、深刻、持久。原因当然不仅仅是他第一次感受到自己的强大，更是因为他因此遇到了人生中的第一个贵人——弗兰克·沃克。沃克是那支橄榄球队的教练，对篮球也非常精通。他在场边看着这个 9 岁的孩子，心里充满了惊讶：这孩子拥有上天赐予的速度、敏捷和强壮，而且善于思考。多年职业生涯培养出的敏感在他心里发出汹涌澎湃的呐喊：詹姆斯真是个为运动而生的天才啊！

詹姆斯四年级的时候，沃克听说这位耀眼的新星错过了学校规定的基础课程——体育好的小孩子往往都这样——沃克很快又发现詹姆斯一度面临退学。他立刻明白了原因，他找到格洛丽亚，两人在这方面达成共识：詹姆斯需要一个稳定的成长环境。最终，格洛丽亚同意让勒布朗搬到沃克那里，和教练的家人们一起生活。

这个家庭对詹姆斯的成长起到了很大帮助。五年级毕业，他收到了录取学校的奖学金。对于詹姆斯来说，住在沃克家的另外一个好处是，他和小弗兰克还有其他四个孩子——斯安·科顿、德鲁·乔伊斯、威利·麦克吉、罗密欧·特拉维斯组成了一支充满默契的篮球队。詹姆斯和乔伊斯，两个同是打控卫的孩子尤其亲密。12 岁那年的夏天，他大多数时候是和乔伊斯一家人一起度过的。每到星期天晚上，这群孩子就会聚集在阿克伦犹太社区中心，由中密歇根大学前任主教练吉姆波特组织他们一起训练。

尽管生在篮球王国，但这样的机会也不是人人都有的。这一点非常重要，这让他在初中之前就受到了严格的专业训练。以他太过强壮的身体，他当然不可能像乔丹、科比那样，将技术修炼到圆润无痕。但这至少让他拥有了一身扎实、实用的基本功。他是个左撇子，但他早早就能做到向左右两个方向全速启动突破。他的控球并不花哨，但却稳健异常，足以满足比赛要求，即使你让他担任控球任务最重的一号位。如果你也打篮球，你自然能够明白，做到这一点是多么难得。

这让他从小就和大多数天赋异禀却技术粗糙的中学生区分开来，他的技巧当然还算不上完整，但却有了一个相当坚实的基础，足以让他用来挥洒自己的天赋，并不断在这个基础上完善自己。如你所知，无论什么时候，当勒布朗·詹姆斯可以顺利地挥洒出自己的天赋时，他都是无敌的。这是篮球世界放之四海而皆准的条例。

这固然是詹姆斯的际遇，也是弗兰克·沃克这辈子做过的最英明的投资。这一切绝非偶然，如前所述，以 NBA 联盟在世界范围内撒下的细密罗网，以勒布朗·詹姆斯在 NBA 史上不需要向任何人低头的运动天赋，他不被这个世界发现才是怪事。

## 02 初露锋芒

LEBRON JAMES

当后来全世界都惊讶于勒布朗·詹姆斯对篮球运动的透彻理解时，他们大概不会想到，这一切源自于他和童年的小伙伴们组成的那支篮球队，一支真正的兄弟球队。

如果你在球场上也曾有这样的兄弟队友，或者哪怕只是比较固定、友好的老球友，你就能明白，在球场上有这样一个团队是多么难得。这不仅仅意味着高度的默契和精妙的配合，更意味着一种充满温情的宽容和信任。有这样一群队友，你可以在某个时间段内随意做你喜欢的事情。比如尝试你刚学会的过人动作，哪怕结果可能是一次失误，他们甚至愿意全力配合、试验你的想法，让你明白，哪些可以成为行之有效的经验，哪些只是你的空想。你永远不必担心会受到队友乃至对手的嘲笑，因为你的队友都是你的兄弟。

知行合一从来都是最有效的学习方式。就在这样的过程中，勒布朗·詹姆斯形成了勒布朗式的篮球风格。他崇拜乔丹，对突破后将自己挂上篮筐这种行为艺术充满渴望，没有人能抵挡他的全速启动。同时他也喜欢跳投，虽然没有乔丹那般全面精巧的中投，但却拥有合格的射程。他真正的特质将他和乔丹区分开来，甚至让人认为他的灵魂中隐藏着“魔术师”约翰逊。总之，他早早拥有了开阔的视野和扎实、精确的传球。

换言之，勒布朗·詹姆斯眼中的篮球世界，一开始就是一个完整的整体，一个他可以吞吐控纵的整体。他观察着每一个队友和对手的站位和移动，然后反复总结、推演。渐渐地，他对球场上的每个人的运动和停顿都能不以目视而以神遇。原本纷纷纭纭、混混沌沌的球场开始在他心中变得明晰、简单。他看着他们对抗、移动，就像一个高明的棋手俯瞰着整个棋局，心念一动便能未卜先知。然后他就开始用自己的攻击和传球去指引队友，让他们做出更合理、更聪明、更准确的移动，而后自然就会获得更多的机会、更多的胜利。渐渐地，队友们视他如神。他们尽可能地将球交到他手里，让他为整支球队发号施令。如此，他不仅是无坚不摧的箭头，还是运筹帷幄的军师。

有了勒布朗·詹姆斯这种天生的帅才领衔，没过多久，这支兄弟战队便在阿克伦得到了认可。没有人能否认詹姆斯的出类拔萃——八年级的时候，他已经长到了 182.8 厘米，可以胜任球场上的 5 个位置。顺便一提，在观众看来，他对比赛仿佛有一种近乎本能的嗅觉。突、传、投，一举一动皆有章法，但我们知道，这只是因为他已经掌握了这项运动的本质。当然了，最重要的是，他太强大了，小小的阿克伦，乃至整个美国初中联赛，根本不可能有哪个人可以和他相提并论。

这支兄弟篮球战队取名为“俄亥俄东北投篮明星队”，由乔伊斯的父亲执教。1997 年，詹姆斯和他的小伙伴们在全国赛事这样的大场面上露了把脸——他们获得了在犹他州盐湖城举办的 AAU 美国业余体育联合会六年级组参赛资格。

两年后，他们前五战全胜，一路杀进 AAU 八年级组决赛，迎战南加州全明星队。尽管最终以两分惜败，但勒布朗·詹姆斯是那场比赛的头号英雄。年轻的小伙伴们充满了成就感，在那以后，詹姆斯和“超级四人组”发誓一起继续篮球生涯。他们一起进入了圣文森特·圣玛丽高中——一座位于阿克伦城中心的教会学校。这座以学术著称的传统院校，即将在未来的四年里见证篮球史上一段无与伦比的高中生传奇。

精力无穷的詹姆斯此时尚未放弃让他挥洒天赋、摆脱贫困的橄榄球。在高中生涯第一场篮球赛之前，他戴上头盔，成为圣玛丽高中橄榄球队的外接员。几周后的 1999 年 12 月 3 日，这个高一新生才身穿 23

号球衣，在校篮球队首次登场。这支实力强劲的球队横扫千军如卷席，以 27 胜 0 负的创纪录战绩赢得球队自 1984 年以来的首个州冠军。

勒布朗·詹姆斯鹤立鸡群，他场均不到 20 分，但却无处不在，同时领跑球队的篮板、助攻和抢断榜。在球场上，哪怕是一个从来不看篮球的人，也能一眼看出他的超逸绝伦。更有传言说，克利夫兰的一家代言公司已经向他暗送秋波。

在高一结束的夏天，他又长高了约 10 厘米。即使以 NBA 的标准衡量，也已经是标准的前锋身材，足足有 201 厘米。阿克伦城到处都是关于他的传说。为了让更多人看到 2000/2001 赛季的揭幕战，比赛被安排到了阿克伦大学的罗兹球馆（Rhodes Arena），5000 多名“詹蜜”蜂拥而至，詹姆斯带领球队轻松获胜。从这一刻开始，圣玛丽高中的新纪元开始了。

在 2001 年 1 月苦战输给橡树山勇士队之后，他们针锋相对，后来居上，在常规赛剩下的赛程中始终领跑战绩排行榜，并在季后赛中狂扫对手，卫冕州冠军。在俄亥俄州杰罗姆·斯科特·恩斯坦中心（Jerome Schottenstein Center）举行的决赛吸引了超过 17000 名球迷。其中包括北卡主教练马特·多尔蒂和加州主教练本·布劳恩。万众瞩目下，勒布朗·詹姆斯技压全场，在球队获胜的两场季后赛中合计拿下 54 分，毫无悬念地带走联赛 MVP。

这一年詹姆斯场均得到 25.3 分 7.4 个篮板 5.5 次助攻，和埃迪·库里、夸梅·布朗这样的未来 NBA 超级高顺位新秀比肩，一同入选全美第一阵容，同时成为俄亥俄州历史上第一个来自高中二年级的州篮球先生。

当然了，我们都知道，对于詹姆斯这样的荣誉收割机而言，这不过是一个开始罢了。这种荣誉，他会在高中生涯拿到手软。

IRISH
23
adidas

03

## 少年巨星

LEBRON JAMES

高二结束的那个夏天，詹姆斯参加了阿迪达斯 ABCD 训练营，正式在全国观众面前亮相。心有多大，舞台就有多大。詹姆斯这样的天才，就是为大场面而生的。此时，来自纽约的身高 203 厘米的前锋兰尼·库克正准备参加 NBA 选秀，也来到这次训练营积攒人气。但詹姆斯完全掌控了训练营的比赛，让库克相形见绌。最后，在所有球员都参与的总结性比赛中，他和库克对位。库克率先发难，但詹姆斯后发制人，笑到了最后。他拿到 24 分，并将库克防得找不到篮筐。最后，他送上一记 25 英尺（约 7.62 米）的压哨三分绝杀，完美！

整个过程中，ESPN 的摄像机寸步不离，各路球探目不转睛。这正是詹姆斯想要的舞台，他酣畅淋漓地将自己的才华挥洒了出来。在此之前，他身上的标签一如后乔丹时代所有天赋卓绝的摇摆人——所谓“乔丹接班人”。但在近距离观察了他的比赛之后，专家们终于做出鉴定，他身上固然有乔丹的属性，但他的灵魂是“魔术师”约翰逊。在见识了他令人窒息的弹跳之后，一个记者从英格兰国王詹姆斯六世修订的圣经上得到了灵感，送给他一个神光四溢的绰号——“King James”，翻译成中文，就是著名的“小皇帝”詹姆斯。这就是人们对他的期许，未来的篮球帝王，他必须是未来的篮球帝王，否则他就对不起自己的天赋和才华。而此时，他不过是一个 16 岁的少年。

他在这次训练营中上演的剧本太完美了，完美得需要一点绯闻来撩拨一下世界的情绪。在 21 世纪，这太简单了，《纽约时报》随即爆料，天才般的詹姆斯正考虑在圣玛丽高中三年级结束后参加 NBA 选秀。这真是一条让 NBA 联盟心猿意马的流言啊！这中间当然也不缺乏勒布朗·詹姆斯本人有意无意地推波助澜。他喜欢让世界猜测，他享受这个世界对他的好奇，他的沉默本身就是对八卦爱好者最大的鼓励。

就这样，一个高中二年级生忽然就站到了舞台的最中央。这当然不仅仅是虚荣心和好玩，事实上这是一次团队策划——谁都知道詹姆斯奇货可居，他的身边早早地聚集起一个专业的商业团队，负责将他推送给全世界，并围绕他构建起一个庞大的商业网络。你不得不佩服这个团队的时代嗅觉，他们准确地把握住了网络时代来临前夜的际遇，将宏伟的商业运作和一个篮球天才的整个职业生涯紧紧结合在一起，互为表里，彼此推动。

这并不是他们一厢情愿的空想，因为在乔丹退役之后，NBA 联盟也确实需要一个篮球神话来维持篮球王国的格调。而勒布朗·詹姆斯无疑是最佳人选之一。

于是，时来天地皆同力，运去英雄不自由。乔治·麦肯、维尔特·张伯伦，甚至迈克尔·乔丹和科比·布莱恩特都没能在职业生涯的开端赶上这样一个时代、这样一场运作。只有勒布朗·詹姆斯出现在了这个位置，从这层意义上讲，勒布朗·詹姆斯，在他16 岁的夏天就已经注定，他将在未来的 20 年里，成为一个最富争议的篮球人物，誉满其身，谤满其身。一如他接受完《体育画报》采访后在背后的文身——天选之子。他将在美利坚合众国拥有最多的财富和最高的赞美，但同时也将承受最沉重的期许和最尖刻的指责。在这种背景下，他不仅仅是一个个体，他的名字就像一个无边无际的力场，吐纳风云，包罗万象，集天堂和地狱于一身。

言归正传。詹姆斯最终当然还是否认了流言。但“King James”的传说已经风靡四海。很快，《灌篮》杂志邀请他执笔嘻哈篮球的一个专栏。与此同时，迈克尔·乔丹邀请詹姆斯参加他的一个独家训练，在训练中，他要先后和安托尼·沃克、朱万·霍华德和“便士”哈达威这样的球员一一对抗。詹姆斯在芝加哥的卡梅尔山（Mt. Carmel）篮球工厂和安托尼·沃克建立了友情，至今他依然是詹姆斯最信赖的顾问之一。

回到家后，詹姆斯开始为高中三年级橄榄球赛季做准备，却遭到格洛丽亚反对，原因是橄榄球的对抗太激烈了，他现在已经是炙手可热的篮球天才少年，名副其实的万金之躯，万一受伤就不划算了，但詹姆斯仍坚持己见。他在高中时代最后一个橄榄球赛季里纵横来去：在一周里贡献了 3 次传球得分，整个赛季合计 52 次接球，持球冲刺跑出风驰电掣的 1000 码（914.4 米），15 次达阵。圣文森特·圣玛丽橄榄球队以 7 胜 3 负进入州季后赛，并在首场季后赛以 28 比 20 取得胜利。但詹姆斯在比赛过程中左手食指骨折了，他隐瞒了伤情，在决赛中出场，不过球队最终还是输掉了比赛。至此，他的橄榄球生涯结束了。

塞翁失马，焉知非福。这次左手受伤让他不得不在一段时间里大量使用右手——他是一个左撇子。这让他的左右手更加均衡，他可以用右手完成投篮，进而让右手成为常规投篮手，他的右路突破也越发迅疾有力。左撇子的弱侧手问题通常更加严重，连哈登、吉诺比利这样的鬼才都难以例外。但在屡屡被指责为技巧不纯的詹姆斯身上，这一点竟然并不明显。是的，他的强大掩盖了他在这方面付出的无法想象的努力，但我们必须知道，这种努力对他篮球生涯的重要性，一点也不比他独步篮坛的天赋差。

高三开始了，关于对他未来的猜测已经漫天飞舞。对于詹姆斯个人而言，拿着还不错的、平均分 B 的成绩单，他当然可以选择读大学，加州、佛罗里达、密歇根、俄亥俄州立、北卡、杜克，一切皆有可能，以他的实力，只要随便一个暗示，这些大学的篮球教练和相关高层人物瞬间就能踏破他家门槛。

但问题是，勒布朗·詹姆斯怎么可能去上大学呢？哪怕仅仅是去上一年？他已经是世界上重要的篮球人物之一了，各大报纸、杂志的炒作越堆越高，在他身旁铺陈出最绚烂的云彩，将他直推九天之上——他的名字频频出现在国内各大报纸的头版头条。耐克和阿迪达斯为和他签约争得头破血流，有内部人士说最终的价码可能达到 2000 万美元。这样的一个高中生篮球神话，怎么可能先变成大学生，然后再进入 NBA 呢？那样一来，招牌就被砸掉了一半。构建起这个神话的团队和网络，是决不允许这种事情发生的。

但无论如何，现在时间还早。这样的流言和猜测，无非是新一轮的宣传罢了。

04

## 美元的正反面

LEBRON JAMES

在这种背景下，詹姆斯开始了高三赛季。赛季中期，科比为吸引他加盟阿迪达斯，送了他一双带有美国国旗的篮球鞋。客场对阵克利夫兰骑士的时候，“鲨鱼”奥尼尔亲自到阿克伦大学的JAR球馆（JAR Arena）观看他的比赛——这是什么样的阵势？你要知道，当时正值“OK组合”连续两年加冕冠军，一路直奔三连冠霸业而去的如日中天的时代。这对史上最强大的内外组合，一个是正当盛年的联盟第一人，一个正一日千里地成为最优秀的年轻球员，未来更是以中生代王者身份和新生代领衔者詹姆斯长期分庭抗礼的殿堂级巨星。再加上之前迈克尔·乔丹、“便士”哈达威的邀请，“至矣尽矣，蔑以加矣”。这些已经是对一个未来王者最大的肯定和赞许了。

圣玛丽高中再度打进了州决赛，但詹姆斯整晚都在和背部痉挛做斗争。在俄亥俄州立大学校园2万多名球迷疯狂的呐喊声中，他们最终以63比71不敌辛辛那提，无缘三连冠。但这丝毫无损“小皇帝”睥睨天下的地位：他场均拿下28分9个篮板6次助攻，被佳得乐、《今日美国》和《Parade杂志》联合评选为全美年度最佳球员。

一桩有趣的故事在此时发生了：NBA联盟下的克利夫兰骑士队主教练约翰·卢卡斯不顾NBA条款规定，偷偷邀请17岁的詹姆斯到骑士队参加非正式试训。卢卡斯因此被联盟开出了15万美元的罚单并禁赛两场，但卢卡斯依然觉得赚大了。能够如此近距离和詹姆斯亲密接触，联盟罚多少咱就交多少，不差钱。自家的孩子不亲谁亲？克利夫兰的少年天才，将来当然要为克利夫兰效力。后来的故事发生后，这个桥段当然就成了“King James”传奇的又一个经典主角。

詹姆斯花了一整个夏天来重新调整自己的三分球和罚球，因为这两项投射在刚刚过去的赛季出现了起伏。他的罚球命中率不足六成，实在有点对不起他恐怖的杀伤力。

当然了，他行事一向周到完备，并非除了训练馆外哪里都不去。他继续在各种训练营巡行，所到之处，记者、球探前呼后拥如同帝王出巡。他继续挑逗试图攀附他这棵摇钱树的两大商家，以一种诡异的方式展示了自己的幽默：去阿迪达斯训练营时，他穿了双耐克；而去耐克全美训练营时，他又穿了双阿迪达斯。

对于后来不喜欢他的球迷而言，这一切简直无聊透顶，因为这到底还是不是一个纯粹的篮球运动员？但詹姆斯是真正的弄潮儿和时代驭手，独立潮头如履平地，引领着这股即将席卷世界的商潮。他非常明白，这一切都要以他的球场实力为核心。身边有众多专业人士围绕，他当然比大多数人都明白如何完善自己。他特意为自己雇了个私人训练师，于是人们看到，2002 年秋天，高四开学时，他的体格达到了 NBA 级别。他的对手和队友看着他，仿佛看到一头霸王龙。

圣文森特·圣玛丽高中这座小庙知道这是大神恩泽此地的最后一年。一万年太久，只争朝夕，想靠这块金字招牌赚钱，一定要趁早。他们和东北俄亥俄达成协议，卖掉了十个主场比赛的收费转播权——你可以从电视里看詹姆斯，但是得付 7.95 美元。ESPN

也愿意向全国转播2002年12月詹姆斯对阵橡树山高中的比赛，哪怕这支劲敌的王牌“甜瓜”安东尼已经去了雪城大学。他们甚至开始出售传说中的季票——125美元一张。黄牛党顺便还会告诉你，别想着单场的球票了，早没啦！

高四赛季的揭幕战，2000多名球迷在阿克伦的小球馆里失望地看着威尔斯顿中学毫无还手之力——詹姆斯率领球队砍了对手一波46比10。然后？然后上帝也看不下去了，用一场风暴中止了比赛。第二天，圣玛丽高中把乔治公共高中打了个101比40。两周后，全美167万个家庭通过ESPN鉴赏了他“屠杀”橡树山中学的英姿——圣玛丽高中65比45大胜，而他一人独得31分13个篮板。2002年12月30日，詹姆斯18岁生日，橄榄球传奇杰罗姆·贝蒂斯和一代人的偶像阿伦·艾弗森给他发来了生日祝福。

至此，他和世界级明星们这一连串的互动无不在说明一个事实，他已经是体育世界里顶级的精英圈子里的一员了。他身外的广阔世界和小小的阿克伦形成鲜明的对比。小池水浅，难藏有角之龙。他随便一个转身，就能让这个小城市一片稀里哗啦。比如他的母亲，竟然跑银行去贷款，买了辆配三个电视的悍马H2送给儿子。嗯，确实不贵，才5万美元嘛，对将来的宝贝儿子而言，这简直是九牛一毛。但真正的冲突就在这里，哪怕他真的是帝王之躯，可现在他真的只是一个高中生啊。这种奢遮豪气，你这是玩给谁看呢？真是糟蹋财富！

美国的媒体似乎有一条共识：NBA球员声色犬马、纸醉金迷无可厚非，但高中生和大学生嘛，是不是应该保持点无产阶级的朴素作风呢？

当然了，这其中有一个好说不好听的缘故。以21世纪的美国高中、大学联赛和NBA这种超级名利场之间的紧密纠葛，一个超级明星怎么可能在进入NBA之前真正两袖清风呢？这根本是不可能做到的事情，名和利从来都是紧紧联系在一起的。但是大家都会形成一种默契，不把事情做得那么露骨。校友会、电视台、掮客们可以通过买卖电器、汽车，私人宴会，请客以及“见证友谊”等方式进行馈赠，而绝不会用明目张

胆地赠送这种粗陋失礼的暴发户举动——这也太有辱青少年的纯洁心灵了。

这就是一种“潜规则”，“潜规则”有时候比“明规则”更具约束力。对于勒布朗·詹姆斯一家和他们身边的团队而言，这似乎是一种故意为之的举动，要的就是轰动性。所以他们也就无法阻止这个世界的口诛笔伐——圣文森特·圣玛丽高中不敢触犯主流意见，表示一定会考虑惩罚一下他们的财神爷。

然后？然后当然就没有然后了。

此外，不久后詹姆斯和耐克敲定了最后的合同价码——7 年，9000 万美元。算上其他合同，堆在他身边的美元已经超过了一个亿。作为对比，和他并称“绝代双骄”的卡梅隆·安东尼，拿到的价位是平均每年 350 万美元。

05

## 白金状元

LEBRON JAMES

在悍马事件一个月之后，詹姆斯确实被禁赛了两场，但却是因为另外一件事。2003 年 1 月 25 日，詹姆斯接受了两件赠送的球衣，价值 845 美元。真是顶风作案啊！州联盟毫不犹豫，立刻“冰冻”了他两场。

球探们苦口婆心地解释联盟的用心：“他是个好队友，他愿意听从教练意见，他尊敬教练。他是史上高中毕业生中为 NBA 准备最充足的，任何一个 NBA 球队选了他，他都可能成为球队的最强球员和领袖。他会经历一些艰难时刻，但他有希望达到乔丹、科比那个级别的高度，他能全方位影响比赛。你唯一需要担心的是，他是否足够成熟，来抵抗周围那些改变他好习惯的压力。也许这次球衣赠送事件能帮助他避免犯错误。”

但这段话对勒布朗·詹姆斯而言，什么也不是。他已经在九重天上行走惯了，虽说是“天步艰难”，但也不是小小的州联盟所能随意束缚的——他直接雇了律师弗雷德·南斯来打官司申诉。

官司打赢了，他也没让官司白打。解禁后第一场对洛杉矶的西切斯特，圣玛丽高中以 78 比 52 大胜对手，他一个人就 35 投 21 中得了 52 分，刚好抵过对手全队。好的，竟技体育，赢家通吃，何况本来也不是什么大不了的事情。于是勒布朗·詹姆斯的名字又开始在各种头条上泛滥，在一片“天选之子，快到 NBA 来拯救篮球”的狂热膜拜声中，之前的一切全都成了浮云。

那个赛季，他们只输了一场，但并非战败，而是因为违规而被判输球。詹姆斯场均得到如外星人般的 31.6 分 9.6 个篮板 4.6 次助攻 3.4 次抢断。毫无意外，圣玛丽高中又一次打进了州决赛。这是勒布朗·詹姆斯的高中生涯告别战，18454 名球迷来到了现场。2003 年 3 月 23 日，高中生涯最后一场比赛开球前，詹姆斯缓步走向母校的球迷区，伸出手指在空中做出了一个“No. 1”的手势，俨然是对高中篮球生涯和球队成绩的总结。开局才 19 秒，他的暴力扣篮就让全场沸腾。终场前 5 分 30 秒时，他两罚全中，帮助主队以 31 比 25 领先，然后是一次远射和一记反身扣篮。

比赛结束了，圣玛丽高中四年里第三次摘下冠军桂冠。为勒布朗·詹姆斯彪炳史册的高中篮球生涯落下了最完美的休止符。

毫无疑问，詹姆斯的名字和成就几乎等同于圣玛丽高中篮球历史的所有辉煌。整个高中生涯，他总共得到 2657 分 892 个篮板以及 523 次助攻。史无前例地三度入选全美第一队，三度当选俄亥俄州篮球先生。应美国篮球名人堂之邀，圣文森特·圣玛丽高中将詹姆斯的 23 号球衣送到了马萨诸塞州的篮球名人堂。

如此，再见了阿克伦，再见了圣玛丽高中。他还会回来，但他不再只属于这里。

他属于世界篮球。于是，毫无意外的事情最终发生了——在麦当劳全美高中生明星赛上，他宣布，参加 2003 年 NBA 选秀。

单论一届新秀中顶级巨星的出现频率，拥有詹姆斯、韦德、安东尼、波什的“03 白金一代”足以和伟大的“84 黄金一代”和“96 黄金一代”相提并论。时隔七年，

NBA 迎来了又一个新秀盛世。和詹姆斯并称“绝代双骄”的卡梅隆·安东尼，早早集齐各种得分武器，并可以顶上大前锋位置，在雪城大学场均拿下 22 分 10 个篮板，大一就率队拿下 NCAA（全国大学体育协会）年度冠军，同时成为四强赛表现最杰出的球员——身为一年级生，他已经征服了整个美国大学篮球界。马奎特大学的德文·韦德，一个低调但却充满爆炸力的魔鬼后卫，NBA 史上仅次于乔丹和科比的二号位。还有威克森林大学的鬼才前锋约什·霍华德，堪萨斯全能内线尼克·科里森，佐治亚理工以加内特为模板的一年级恐龙大前锋克里斯·波什。此外，大卫·韦斯特，T. J. 福特，达科·米利西奇，这些名字也都有着不可低估的知名度和绚烂无比的早期生涯。

但没有人怀疑状元会是谁。谁都知道，这一年的状元签又名“勒布朗签”。悬念只在于，哪个队能拿到状元签。最后当然是克利夫兰拿到，完美，全城狂欢。在无数道羡慕嫉妒恨的目光中，骑士队老板吉尔伯特欲说还休：“我们拿了状元签，让我来好好考虑下…… 嗯，也许，大概，我们可以给勒布朗一个机会！”

早已习惯此类桥段的詹姆斯也很配合：“的确的确，我很希望克利夫兰考虑一下我。”

当然了，这确实只是一个冷笑话。谁都知道，如果骑士不用这个状元签，克利夫兰球迷会直接把冈德体育馆塞满炸药炸平，选秀大会开始前，骑士队总经理说道：“我得抓紧时间练习一下勒布朗·詹姆斯这个名字的正确发音，万一我念错了，球迷肯定会杀了我。”

于是毫无意外，2003 年 6 月，选秀大会，勒布朗·詹姆斯身穿一件《冒牌天神》里摩根·弗里曼式的白西装，第一个从小绿屋中走出，和 NBA 联盟总裁大卫·斯特恩握手。至此，勒布朗·詹姆斯的辉煌人生，正式转移到了镁光灯下。一个从 2001 年的阿迪达斯训练营就开始酝酿的漫长神话，毫无偏差地写完了第一章。

# 第二章
# 降临克城

01

# 克利夫兰的悲惨体育史

LEBRON JAMES

1982 年 12 月，《纽约时报》上出现了一句直白的嘲讽：“泰德先生，您老是职业篮球史上最最最最烂的老板，鉴定完毕。”

泰德何许人也？此君正是当时的克利夫兰骑士队老板。20 世纪 80 年代初，他买下了骑士队。他的骑士老板生涯，不过短短三年，但却是惊世骇俗的三年。仅仅三年，他就以一种极端的方式让 NBA 历史永远记住了他。

嗯，比如《纽约时报》给他的鉴定。

三年时间，每年超过 80 场常规赛，他的骑士队一共赢了 66 场球，但却足足换了 6 个主教练，球队人员变动合计 39 次。

但和他 1981 年那次著名的选秀签交易事件相比，上面的那些都只能算是花絮。他把一个首轮选秀权给了湖人，然后当赛季打出 15 胜。嗯，你猜到了，可喜可贺，骑士抽到了状元签。哦，不，这是湖人的状元签。而且，湖人正好还是那年的总冠军！于是 NBA 史上独一无二的奇观出现了，1982 年的湖人成为史上唯一一支拿到状元签的总冠军球队。湖人用这个签选中了伟大的詹姆斯·沃西——湖人“Show Time ”时期的攻击箭头。沃西后来在 1988 年总决赛第七场打出 36 分加三双，让湖人牢牢锁定整个 80 年代的统治权之余，自己也加冕总决赛 MVP。

本是用来辅助弱队的选秀签被玩出这种效果，大家也只能长叹一声天地不仁，损不足以奉有余。这实在是太奇葩了，联盟甚至为此推出了著名的“泰德·斯特皮恩规则”：不允许连续两年交换掉首轮选秀权。

事实上，这出离奇的闹剧只是克利夫兰悲惨体育史的一个缩影。

克利夫兰虽然不是纽约、洛杉矶那样的超级都市，但这个城市并不是穷乡僻壤，篮球队和橄榄球队俱全。但问题是，自打 1964 年这个城市的橄榄球队登顶 NFL（美国职业橄榄球大联盟）之后，这个城市再也不知冠军为何物。如果说这个城市第一段著名的悲剧史叫作“冠军的状元签”，那么第二段悲剧史大概可以叫作“乔丹的垫脚石”。

1986 年夏天，克利夫兰似乎终于时来运转。他们在选秀大会上目光如炬，一举拿下

罗恩·哈珀、布拉德·多尔蒂和马克·普莱斯三大名将，就此奠定了复兴的基础。他们的好运气一直持续到 1987 年的选秀大会，选中了“闪电控卫”凯文·约翰逊。1988 年 2 月，他们适时送出凯文·约翰逊和三个选秀权，换来了 29 岁的扣篮王——中投如神、能飞善跳的拉里·南斯。

一支攻防兼备的青年军就此成型。当时正站在联盟之巅的“魔术师”表示：“他们是 20 世纪 90 年代的球队，能力很均衡。等他们集体成长起来的话，非常可怕。”

但 NBA 史上不断出现的经典桥段又出现了。两支青年军同时崛起，结果往往是一支压倒另一支。一支在经历血与火的考验后一路通向冠军王座，而另一支则在连番战败之后成为王者的垫脚石。比如 21 世纪初的湖人和国王。骑士崛起了，但和他们同时崛起的，是迈克尔·乔丹和他的红色公牛。

1989 年 5 月，他们和乔丹狭路相逢，两支青年军死战到生死局最后三秒钟。然后迈克尔·乔丹悬浮在空中躲过防守，压哨一击让骑士瞬间死亡。这一球在史书上留下了特定的名号——“The Shot”。这个名号背后，是乔丹职业生涯最伟大的绝杀之一，也是克利夫兰心头永恒的伤疤。

1992 年，他们终于突破前两轮，杀到东部决赛，等待他们的，又是乔丹。但是，他们又被乔丹干掉了。1993 年东部半决赛，又是乔丹。这次乔丹没有给他们任何机会，直落四局横扫不说，还毫无道理地在晋级的第四场用第二记“The Shot”绝杀揭了克利夫兰的旧伤疤。1994 年东部首轮，克利夫兰人抬头一看，对面又是熟悉的红色——好吧，这次乔丹已经去打棒球了，不会再扔“The Shot”刺激他们了，但克利夫兰又输了。

等到乔丹第二次复出再取三连冠时，悲惨的克利夫兰又宿命般地扮演了一次配角。

至此，横跨近十年，他们面对芝加哥公牛五战全败。少年子弟江湖老，年轻时迷人的梦幻色彩至此终于彻底褪去，伤病频仍的他们就此无声无息地消失在了史书的字缝中。这就是詹姆斯到来前的克利夫兰体育史——被灾难洗劫到一无所有，冥昧荒原，雷雨交加。往前一季，他们的主力中锋伊尔戈斯卡斯受伤，从此身上遍布固定器械，油滑的老派控卫安德烈·米勒带领一群 CBA 队友只拿到惨烈的 17 胜，否则他们也拿不到状元签。

但现在不一样了，一个头戴王冠、足踏祥云的天才少年来拯救这里了。詹姆斯的律师弗雷德·南斯说道："所有的注意力都在涌入克利夫兰，人们期望看到他的一切。不久后这里就会像拉斯维加斯一样被点亮，万家灯火，是一个 18 岁的少年引爆了这一切。"

02

## 首秀惊艳

LEBRON JAMES

事实上，最高级别的NBA巨星们没有一个是在进入NBA之后的某年才发生质变的。在他们最擅长的、最具标识意义的方面就更是如此。

新秀赛季的迈克尔·乔丹场均得到28.4分，随便一个反向垫步，就能越过任何防守者。但用他自己的话说："人们都在谈论我的突破，但却忽略了我的左手、我的跳投和我的背身。"张伯伦在NBA的第一场比赛，面对纽约尼克斯砍下了43分28个篮板，新秀季场均得到37分。进入NBA的第一年，"魔术师"就在当年的总决赛第六场客串中锋，以42分15个篮板7次助攻拿下总冠军。邓肯则是NBA史上最典型的完成品新秀。伯德还在印第安纳大学时就征服了"红衣主教"。"鲨鱼"登陆NBA不久就扣碎了两块篮板。科比的新秀赛季并没有得到太多机会，但你只要扫一眼他的夏季联赛，你就会发现他17岁时的技术完整度足以让乔丹之后的任何得分后卫羞愧。

这就是巨星们的起点：他们最核心的能力早就奠定了基础，只是需要一个适应的过程才能得到最充分的展现，而绝不是在进入NBA后忽然从无到有。

勒布朗·詹姆斯呢？毫无疑问，他也是这类巨星中的一员。那么他在球场上最擅长的、最具标识意义的东西是什么呢？当然是突破。勒布朗·詹姆斯在篮球世界里最重要、最有价值的标签就是，他是NBA史上最强大的突破手，完全用不着加之一。突破的精髓在于速度与力量在关键点上的爆发和持续。詹姆斯还不到19岁，但他已经有了最伟岸的小前锋体格——203厘米的身高，112公斤的体重。关于他的速度，帕特·莱利的评价是"一列速度和韦德相同的火车"，我们都知道，韦德的绰号是"闪电侠"。更有悖常理的是，以这样的体重，他还能有110厘米的垂直弹跳——和比他轻几十斤的乔丹不相伯仲。

如果满分是5分，他可以打6分如此你就可以相对直观地理解专家们对他的天赋评定了。他确实不以技巧著称，苛刻点你也可以说他技术粗糙，但技巧这个词太宽泛了。单就突破这一领域而言，他爆炸般的持球启动，扎实的控球移动，均衡的左右手，在这个年龄做到这一点，对一具这样的天赐之躯而言已然足够了。是的，他挂着"乔丹接班人"

Kings
52

的标签，但具体的细节和一个大而化之的宣传标签是两码事。你如果非要用后卫的技术标准来要求他，那就只能送你“按图索骥”四个字了。

这就是 NBA 史上最恐怖的突破机器在 NBA 的最初形态。单就突破而言，你能找到第二个这样的新秀吗？事实上，就是在所有 NBA 球员中去找，你也凑不够一只手的数目。

美国时间 2003 年 10 月 29 日，骑士客场对国王。18 岁 303 天的勒布朗 · 詹姆斯打了人生第一场 NBA 比赛。那时节正是萨克拉门托的紫色烟花最后的绚烂，“鱼腩”骑士当然不是对手。国王击鼓传花般晃晕了他们，六人得分上双，以 106 比 92 轻取。但詹姆斯让比赛至少保留了 45 分钟的悬念，直到最后三分钟，他们才缴械。

第一节最后三分半，国王 31 比 19 领先到 12 分，全场第一次把骑士甩开。但詹姆斯神龙暴起，40 秒内连续抢断毕比、佩贾、克里斯蒂，把国王著名的外围三首发断了个遍，三次抢断全部形成快攻得分，当他抢断佩贾直冲前场凌空暴扣时，全场窒息——他随意一跳，头部便和篮筐平齐——瞬间追到 25 比 31，逼迫国王暂停。然而詹姆斯一下场，骑士就继续挨揍，第二节 7 分 20 秒他重新上场时，分差又变成了双位数。詹姆斯这晚的侧翼中投准得出奇，他持球切入和篮下终结的手法虽然略显怪异僵硬，却足够有效。更重要的是，他还能用传球不断找到空位的队友，这可是 NBA 级别的节奏，就像一个定点射手突然要打移动靶，这太让人吃惊了。骑士用了两节时间来完成这场漫长的追赶，第四节初，詹姆斯一记传球给了三分线外的布雷默，后者一记远射得手，骑士 85 比 83 完成反超。但也差不多到此为止了，在詹姆斯一记中投得到骑士第 92 分之后，他们今晚的得分就定格了。

这已经足够了，勒布朗 · 詹姆斯打了 39 分钟，20 投 12 中，得到 25 分，并有 6 个篮板 9 次助攻 4 次抢断，这是 NBA 史上最著名的首秀之一，压倒以往任何 NBA 高中生球员。他知道有太多人注视着他，所以他酝酿了一个完美的首秀，这下全世界都清楚“勒布朗签”绝非浪得虚名了。他绝不是一个完成品，但他所展现出的东西已经足以让你浮想联翩。

03

# 黎明之前

2003 年 11 月 29 日，克利夫兰和孟菲斯鏖战双加时，詹姆斯足足打了 55 分钟，28 投 14 中砍下 33 分 16 个篮板 7 次助攻，这是他职业生涯第一个 30 分，也是 NBA 史上最年轻的 30 分。12 月 13 日对波士顿，他狂暴地横冲直撞，搏到 18 次罚球，拿下 37 分。事实上，此时的詹姆斯并没有出现在小前锋位置——和乔丹一样，他打的是得分后卫。除了施展招牌式的“单骑冲阵、波开浪裂”，然后直袭篮筐或者大范围转移球，他时常在侧翼和底线无球游弋，用空位跳投、空切接球上篮蹭分——这和后来的詹姆斯颇有些不同。他的中投聊胜于无并不让人奇怪，只是他似乎不太适应 NBA 的三分线，或者应该说他的远射甜点有点少，集中在两个 45 度附近。

他是克利夫兰的救世主，骑士队给了他足够的权限，当前辈高中生在这个年龄基本上都在蹲板凳或者当边缘人时，他平均每场能打 39 分钟并获得 19 次出手机会。但他自己很谦逊，这是里基（里基・戴维斯）和大 Z（立陶宛中锋伊尔戈斯卡斯）的球队。戴维斯是个混不懔的得分手，曾经有过两大壮举：一次醉酒后险些烧掉猫王故居；一次为了拿到一个篮板凑出生涯唯一一个三双而往自家篮筐投球。当然了，最著名的桥段则是他被骑士交易后说出了一句神论：“我以为骑

23
TOYOTA
GRIZZLIES
42
GEICO
GEICO
GEICO

士选詹姆斯是要让他来辅佐我。”

这种花絮并不会改变一个事实，那就是勒布朗·詹姆斯在骑士的核心地位。他来这里还不到两个月，2002/2003 赛季场均接近 20 分 5 个篮板 5 次助攻的里基·戴维斯就被骑士送去了波士顿——詹姆斯的新秀赛季一共有六场比赛得分不到两位数，但有四场是在他职业生涯前两个月。除去对 NBA 的适应期，这大概也是原因之一。如此，骑士的外围没有人能和这个 18 岁的少年分庭抗礼了，这就是詹姆斯的实力和地位。作为一个高中生，他的能力、际遇、球队地位全都领先于同龄人，他的 NBA 生涯，注定会有一个另一种高度上的开端，远远甩开所有高中生前辈们，就算和绝大多数大学球员相比，他的起点高度也毫不逊色。

选中詹姆斯只是骑士试图振作的重要一步，他们还有大量的工作要做。克利夫兰更换了主教练，当年私训詹姆斯的约翰·卢卡斯无福执教自己看中的天才，那个赛季开始前保罗·西拉斯接替了他。此外诸如里基·戴维斯的走人只是一个缩影，事实上，在勒布朗·詹姆斯的新秀赛季，克利夫兰的球员变化相当繁复：短短一季，足足有 21 个球员在这里打过球。有的中途加盟，有的半途离开，有的惊鸿一现，有些则和一个符号没有太大区别。这是典型的克利夫兰管理层风格，虽然没有再闹出泰德先生的笑话，但他们总能将一些事情搞得无比滑稽乃至夸张。

大刀阔斧也许是一件好事，所谓不破不立。但这里不是洛杉矶和波士顿那种重返王座就像回后花园的豪门，他们从来没有冲出过东部，没有豪门的经验和实力，其运作效率也就可想而知了。詹姆斯在 NBA 赛场上的第一个月，骑士只拿到了 5 场胜利。此后他们渐渐振作，但还是起伏不定，输多赢少。最终 35 胜 47 负，即使是在孱弱的东部，他们也只能排在尴尬的第九名。

勒布朗·詹姆斯的个人表现足以安慰克利夫兰，场均 20.9 分 5.5 个篮板 5.9 次助攻 1.6 次抢断，得分、抢断队内第一，助攻队内第二，更是继“大 O”罗伯特森和“篮球之神”迈克尔·乔丹之后第三个场均 20+5+5 的超级新秀。最佳新秀评选中，118 张第一选票，他获得 78 张，击败了数据稍逊但却进了季后赛的“甜瓜”安东尼。

此外，骑士在 2002 年夏天选中的矮壮前锋、篮板小怪、技巧完整的蹭分高手卡洛斯·布泽尔，那个赛季场均得到 15.5 分 11.4 个篮板，成为克利夫兰近十年来第一个场均两双的球员。再加上兢兢业业、中投精湛的立陶宛巨人伊尔戈斯卡斯场均 15.3 分 8.1 个篮板 2.5 次封盖的表现，克利夫兰终于惊惶稍减。

2004 年夏天，他们继续新动作，从费城得到了斯诺，从奥兰多搞来德鲁·古登。赛季中期，他们又把西拉斯教练炒掉，扶正助理教练布兰登·马龙。但布泽尔“背叛”了——他和克利夫兰已经初步达成口头协议，但一转身就收下了爵士队的 6 年 8000 万美元。这倒也不能怪他，因为骑士给的数目连爵士的一半都不到。

骑士的计划已经被破坏。

虽然勒布朗·詹姆斯上演整个 NBA 史上都罕见的二年级飞跃，在生涯第二个赛季打出恐怖的场均 27.2 分 7.4 个篮板 7.2 次助攻 2.2 次抢断，命中率提升了 7 个百分点达到 47.2%，35.1% 的远射命中率也比上赛季的不足三成大有长进。他两次砍下 50 分，四次拿下三双，入选 NBA 全明星东部首发以及年度最佳阵容二队，MVP 评选排名第六。惊艳的新秀在第二个赛季突然黯淡者比比皆是，但詹姆斯根本不知道传说中的“新秀墙”为何物，一点儿也不像一个刚过 20 岁的少年，毫无阻碍地从一个超级新秀变成了真正的超级明星。的确以他的起步高度，做到这一点，需要的确实只是一个适应过程罢了。

但他们却没能比上赛季的排名更进一步，这是命运给他们开的一个恶毒的玩笑。赛季最后一战前，他们和新泽西网队战绩持平，相互争夺东部第八的位置。骑士对猛龙，网队对凯尔特人。勒布朗·詹姆斯全力以赴，打满 48 分钟砍下 27 分 14 个篮板 14 次助攻的三双，骑士 9 分小胜。而那厢的网队已然半场落后 17 分，但卡特全场 37 分，网队在第三节打出排山倒海的 32 比 8，一举逆转。詹姆斯痛苦地低下了头说：“我只想着要拿下这场比赛，我做到了这一点。但我们还需要别人的一些帮助，可惜我们没能得到。”

网队和骑士的战绩再次打平，但他们和骑士交锋时战绩占优，于是骑士再次以常规赛第九名结束了赛季。

至此，刚过 20 岁的、天才的勒布朗·詹姆斯完成了他在 NBA 的成人礼。

MAKE NOISE
MAKE NOISE
MAKE NOISE
COMMUNITY
JAMES
23
DALLAS
41

# 第三章
# 单骑时代

01

## 狂飙乍起

LEBRON JAMES

基于篮球的基本常识，克利夫兰知道，应该在勒布朗·詹姆斯之外再找一个持球点。克利夫兰一直在努力，比如詹姆斯新秀赛季，戴维斯走人之后，接替者叫作杰夫·麦金尼斯，那赛季骑士的队内助攻王。以詹姆斯已经表现出的冲击力，只要第二持球点基本合格，克利夫兰就大有可为。但合格的持球点，就像超音速飞机的引擎，在 NBA 从来都是稀有物品，而且也没有球队会随便交易这种球员——你看看詹姆斯的价值就知道了。

一番左挑右选下来，克利夫兰选中了华盛顿奇才的二当家，2004/2005 赛季场均 22 分的抢断王，入选年度最佳防守阵容的、26 岁的拉里·休斯。只要看克利夫兰拍出的 5 年 7000 万美元大合同就知道，他们对拉里·休斯君充满了期待——仅在詹姆斯一人之下而已。

一个能提供优秀的防守、突破和组织的二当家，当然值得克利夫兰这么做。但如你所想，这种好事怎么会让克利夫兰摊上呢？他们在自由市场上猎取到当打之年的强力球员的概率等同于见鬼。所以能被他们赶上的好事，同时也往往是坏事。嗯，拉里·休斯先生在克利夫兰的故事，将会成为这一论断的新注脚，且不说此人长于突破，短于投篮，2004/2005 赛季三分球命中率仅有 28%。与詹姆斯难以兼容还可以商量，但可怕的是，此人有着一以贯之的伤病史，职业生涯从未在任何一个赛季打满 2400 分钟。这么说如果不够直观，你还可以这样理解：在绝大多数情况下，他一个赛季缺席 20 场比赛都算少了。

同时来到克利夫兰的新人，还有唐耶尔·马绍尔、达蒙·琼斯两个射手。丹尼·费里成为新任总经理。主教练布兰登·马龙的过渡期结束，马刺系的麦克·布朗继位。

新赛季开始，客人优先，2005 年 11 月休斯主控，詹姆斯则负责得分。除了对 76 人拿到三双——36 分 11 个篮板 10 次助攻，对快船送出 9 次助攻，詹姆斯在其他场次的助攻不曾超过 6 次，但场均 28 分比第二个赛季更进一步，骑士也一度打出漂亮的 8 连胜。12 月他们刚决定搞点变化，就吃到一波 1 胜 5 负——詹姆斯主控，休斯无球跑动。休斯手里没有球，约等于令狐冲手里没有剑，战斗力分分钟跳水，此前得分从未低于两位数的休斯，在 12 月一口气“贡献”了 4 场个位数得分。对雄鹿一战詹姆斯飙下职业生涯第三场 50+，也没能换回一场胜利。

正所谓一阴一阳之谓道，球权在休斯和詹姆斯之间一个来回，骑士找到了自己的中道哲学，12 月中旬打出一波 6 连胜。对巨星云集、志在冠军的迈阿密，詹姆斯 41 分 10 助攻带走胜利，更是其中的精彩桥段。但这一切暂时没有什么长远意义了，12 月底，刚在克利夫兰打了不到 28 场比赛的休斯踩中了伤病地雷，就此高挂免战牌直到 2006 年 4 月。骑士用了两个月时间，10 场败仗摸索出来的套路就此一切免谈，重新进入紊乱期。没用多久，接替休斯位置的替补卢克跟着伤停，骑士连正常的排兵布阵都困难了。

这在克利夫兰的小历史上，当然是大大的不幸。但对于 NBA 历史就另说了——勒布朗·詹姆斯，欢迎加入 2005/2006 赛季孤胆英雄俱乐部！

2005/2006 赛季是一个众神云集、各显神通的伟大赛季。科比、艾弗森这两个后乔丹时代最疯狂、最强大的得分手，各自带领着一群 NBA 队友。时势所迫，霸王末路，不得不一骑当先，万里独行，2005 年 12 月，艾弗森的场均得分已经飙到场均 33 分以上，职业生涯最高。科比刚刚从三角进攻的镣铐中挣脱出来，以三节 62 分压倒达拉斯小牛全队之类的神迹，将场均得分也推到了 33 分以上，最终在 2006 年年初连续 4 场砍下 45+，并以 48 分赢下和艾弗森的直接对话，实现反超；到了 2006 年 1 月 22 日，单场 81 分壮举水到渠成，场均得分直奔 20 年来未见的 35 分而去。

现在，勒布朗·詹姆斯也不得不大包大揽，启动自己的极限了。他来得很是时候，12 月底，众神的表演都还在酝酿，而他一加入进来，就成了最耀眼的众神之一：2006 年 1 月 14 日，对阵"进攻旋风"菲尼克斯，詹姆斯 46 分 7 个篮板 8 次助攻；一周后对爵士，51 分 5 个篮板 8 次助攻——生涯总得分已经累计达 5000 分；1 月底再战太阳，再砍 44 分 11 个篮板 7 次助攻，完成复仇。

如果不是他在球队状态已经哀鸿遍野的情况下，仍然不断地给空位的队友近乎固执地传球，他的恐怖表现几乎要成为常态。嗯，进入 3 月和 4 月后，他终于这么做了。3 月 12 日对迈阿密狂飙 47 分却惜败，但他就像一列在螺旋公路上飞速驰往山顶的列车，在不停的旋转和狂奔中将高度和心跳频率连续推升。3 月 22 日对山猫，37 分 11 个篮板 12 次助攻的大号三双只是一个开始，此后直到 4 月 8 日对新泽西 37 分 5 个篮板 7 次助攻。期间 9 场比赛，他连续 9 场得分都在 35 分以上，其中包括对热火的又一个 47 分外加 12 个篮板 9 次助攻以及成功复仇。骑士跟随他的频率所向披靡，9 战 8 胜，牢牢锁定了过去两个赛季擦肩而过的季后赛。你知道他的全能，他总是篮板助攻一把抓，所以，在这两个星期里，他给世界营造了一个幻觉：他每个夜晚都能随心所欲地砍下或者无限接近40分加三双。

这个繁华的奇迹之年的常规赛结束了。科比的单场81分、三节62分不必多说，更有赛季场均35.4分，27场40+的飙分神话，艾弗森场均33分紧随其后。诺维茨基场均27分9个篮板率领小牛拿到60胜。安东尼场均26.5分不算显眼，但绝杀如同家常便饭。纳什在菲尼克斯完成了伟大的平民神话，用挡拆和传球缔造了凤凰城的海市蜃楼，让五大首发去其三的菲尼克斯继续打出50+胜场。二轮秀阿里纳斯场均29.3分得分榜排第四，成为独一无二的励志象征。韦德的常规赛虽然没有这么耀眼，但却以一次NBA史上屈指可数的总决赛表演成了最后的胜利者。

勒布朗·詹姆斯的成绩单则是场均31.4分7个篮板6.6次助攻，骑士打出50胜东部第四，詹姆斯MVP评选排名第二。这是他职业生涯场均得分最高的一季，也是他数据最漂亮的几个赛季之一。在惊世骇俗的二年级生涯之后，他的三年级生涯同样出乎所有人意料，呈现历史级的三连跳——没有人能在21岁时如此强大。他还远未到完美，但当他以他最擅长的东西全力出击时，人们不得不承认，他已经是这个世界上顶尖的几个篮球巨星了。

至此，当人们讨论谁是现役的头号篮球巨星这一话题时，勒布朗·詹姆斯的名字虽然未必是最后的答案，但至少也是必不可少的入围者。而他不过21岁而已，许多NBA球员这个年龄还在上大学呢。

2006年休斯敦全明星赛，在麦迪的主场，西部的巨星们都很默契，以科比为首，都在为麦迪做球，科比全场8次助攻6次给了麦迪。麦迪也不负众望轰下36分，西部早早大幅度领先。但东部决定找点存在感，他们推出詹姆斯为箭头，然后让全明星赛杀手“活塞四虎”辅佐之，能砸了场子最好，再不济也不让西部把表演和胜利一起带走，否则太没面子。看看东部这诡异的组合：詹姆斯冲击力十足，更兼初出茅庐，无所顾忌；活塞军团庄严肃杀、机械无情，毫无娱乐细胞，根本不管你全明星不全明星，上了场就是拼。结果也就可想而知，西部的领先迅速消失。最后时刻科比一记技压全场的“背后胯下换手运球穿过双人夹击+后撤步超级后仰跳投追平比分”赢得满堂彩，为麦迪的MVP做出最后努力。但韦德一记抛投反超，詹姆斯把麦迪防出一个空气球，科比眼疾手快拿下

前场篮板，却立刻又莫名其妙丢球了——西部的胜算遂在一片混乱中被逆转，一如 2001 年阿伦·艾弗森的故事。

如此，詹姆斯在他职业生涯第二次全明星赛上砍下 29 分，强取 MVP，成为这一晚的星中之星，一如他这个赛季的横空出世。他懒得慢吞吞地论资排辈，他的实力也足以让他有信心挑战权威，就是这么简单。

02

# 乳虎啸谷

LEBRON JAMES

詹姆斯 NBA 生涯中的第一个季后赛对手是华盛顿奇才。在 NBA 总是有这样的故事发生，两支年轻球队同时崛起，然后一支每次相遇都能踩着另一支的尸体奔向更高峰。比如当年的克利夫兰骑士就是迈克尔·乔丹最著名的垫脚石之一，他们足足被乔丹干掉了五次。如果他们之间的胜利者抵达了最后的王座，那就是史书最喜闻乐见的成王败寇的故事。胜利者可以以此证明自己天纵神武、君权神授，失败者则只能哀叹自己时运不济、遭遇真神。

所以，你可以想象克利夫兰的激动——终于可以让其他球队体验一下他们当年的感觉了。

但在此之前，什么都是不确定的。季后赛是残酷的代名词，和常规赛大不相同，不管你常规赛多么风光，在季后赛玩砸了一切都是浮云，所以经常会有明星级球员被嘲讽为“常规赛球员”。在常规赛，且不说防守强度小得多，更重要的是，你每场比赛的对手都是不同的。换言之，对手们没有太多机会去知行合一，一边和你作战一边研究你的攻防战术，然后形成针对性策略并付诸实施。但到了季后赛，在漫长的两周时间里，两支球队各自用放大镜反复研究对手的虚实强弱，一旦打到四场以上，双方在对方眼里基本上就已经毫无秘密可言了。这意味着，只要你有致命弱点，千万不要祈求侥幸，对手只要具备操作能力，肯定会死死抓住的。

所以，詹姆斯的 NBA 季后赛第一战让人期待——他的常规赛数据太漂亮了。诚然，这时候的詹姆斯还不是一个完成品，他的中远投很粗糙稚嫩，但对于一个超级突破手而言，也不算太坏，你如果真的放大量空间给他，让他的投篮近似于定点投篮，只要他别想太多，他就能让你付出代价，这在常规赛已经被多次证明了。再者，篮球的胜利是一个攻防体系对另一个攻防体系的胜利，并不在于特定的某个人。拉里·伯德说过，我欢迎包夹，因为这意味着我的对手出现了空位。对詹姆斯来说，也是一样的。

勒布朗·詹姆斯的突破，是最接近突破本质的突破。没有花哨的晃动和假动作，就是速度和力量在关键点上的爆炸性发挥。他从不依靠变向幅度，只是避开对手的身体正中心以免进攻犯规，然后他就可以无视一切碾压而过。他一对一突破时最常用的两招，一是后退两步然后直线起速直入重围，二是聊胜于无的晃动之后，一记胯下运球，同时完成隐蔽的步伐调整，然后换强手直接起速。

这是最直接最有效的招式，也是突破的本质。当你在关键点上的速度和力量拥有压倒性优势的时候，你就可以直接解决问题。篮球本来就是这样。

但突破第一个对手只是开始，你随时可能受到对手侧后方向过来的延阻、协补、夹击，但先处战地而待战者逸，当对手不得不这么做的时候，他就被动了。而且，除非是真正到位正面延阻，否则你还是难以阻挡詹姆斯。如果你侧半个身位给他一个身体接触，一般的突破手立马就会被强行降速，但詹姆斯起步后的力量更加可怕，这种迟滞行动对他没有任何作用，他会直接把你撞得东倒西歪，而且自己的运动速度和轨迹几乎毫无变化，仿佛只是一架战斗机抖落了机翼上的鸽子。或者，以他的恐怖步幅，只需要一个反向跨步就能实现摆脱。一旦你被他顶到了身侧，以他恐怖的体格高度和宽度，别说正常防守了，粗暴的犯规和拉拽也未必能阻止他的篮下终结，莱利所谓的"一列拥有韦德速度的列车"，就是看多了这种场景的真实感触。

这就是詹姆斯的可怕之处，常规的延阻、迟滞很难防住他的冲击，而如果把防守强度再往上加，在他的突破路线上进一步压缩空间，又会造成其他区域出现明显的空当，以詹姆斯的球场视野，手腕一抖球就像炮弹般飞过去了。换言之，大多数球队并不是无力阻挡他的突破，而是无法以常规的、不让防守阵型失衡的手段阻止他。一旦为了阻止他的个人突击而付出这种代价，大多数时候是不划算的，除非骑士的射手群都在梦游，或者在关键时刻手软。

这就是超级突破手的价值，有这样一个球员，哪怕只在他周围环绕一批射手和蓝领，也能组建起一支中上游球队。

果然，在绝对的实力面前，季后赛和常规赛的那点分别何足道哉。人生第一场季后赛，21 岁的詹姆斯豪取三双——32 分 11 个篮板 11 次助攻，骑士轻取奇才。这是 NBA 史上最著名的季后赛处子秀之一，一如他三年前的 NBA 首秀。第二场他得到 26 分，第三场立刻狂飙 41 分，第四场奇才扳平大比分，第五场他立刻回以 45 分。第六场最后时刻，他对站在罚球线上的阿里纳斯送出诅咒："你懂的，如果你罚不进，有个人就会接管比赛。"阿里纳斯随即两罚全失，詹姆斯一记助攻给了"宇宙第一射手"达蒙·琼斯，后

者手起刀落终结了这个系列赛。

时隔十年，克利夫兰终于再次品尝到季后赛晋级的滋味。而在人生第一个系列赛中，詹姆斯给出的成绩单简直无法更完美了：6 场比赛，5 场得分 30+，两场 40+，场均 36 分 7 个篮板 7 次助攻，外加两次绝杀、一次助攻绝杀。对面的励志典范阿里纳斯场均 34 分，克利夫兰和华盛顿剑拔弩张两周之久。所有这些加起来，难道还不足以成就一个经典的系列赛吗？

但很不幸，提起这个系列赛，球迷第一时间想起的，绝不是詹姆斯的成绩单，而是他第五场那记著名的“四步上篮”绝杀：裁判神游物外地纵容了他的走步，让他的绝杀成了联盟的谋杀。

谁都清楚詹姆斯在联盟未来规划中的地位和意义，但事情做得这么露骨，也未免太缺乏底线了。这并不是詹姆斯的过错，但却和他紧紧联系在了一起，无从辩白。虽然这并不妨碍世界承认他的实力，但对于一个志在成为世界级篮球偶像的篮球运动员而言，其损失不可估量。

03

## 人生“天王山”

LEBRON JAMES

只需要一个 2007 年东部决赛第五场，就足以代表詹姆斯的整个 2006/2007 赛季，其他的一切，都是这一战的陪衬。对于詹姆斯而言，他可以忘掉这一季的一切，但他绝不会忘记这一战，这一战的成就甚至超出了这一季的辛劳。无论是詹姆斯的整个职业生涯，还是在 NBA 历史上，这一战都是屈指可数的神迹。在 NBA 官方总结 21 世纪前十年时，这一战与科比的单场 81 分之战并列，分别称为 21 世纪前十年季后赛、常规赛最佳单场表演。不出意外的话，在 21 世纪的前二十年，这两个选项也不会发生变动。

詹姆斯的 2006 年季后赛在活塞身上结束，但他输得足够有尊严。前两场惨败之后，詹姆斯带着克利夫兰死战不退，连扳三场，把大比分改写为 3 比 2。在第四战的时候，拉希德・华莱士发誓，这是骑士最后一个主场比赛。他此前也曾这样发誓，从未落空，但这一次终于放了空炮。克利夫兰甚至只差一步就可以连扳四场掀翻活塞：第六战在克利夫兰速贷中心的激情声浪中，他们只输了两分。第七场去到钢铁无情、马达轰鸣的底特律奥本山宫殿，他们才最后崩溃，惨败 18 分。

一如乔丹当年和活塞的戏码，超凡入圣的天才左冲右突，几乎以一己之力把邪派魔宫打得粉碎，但最后还是被反噬了。

所以，当 2007 年季后赛他们再度相遇，骑士再度以 0 比 2 落后，并再度 2 比 2 扳平，将比赛推入天王山时，世界表现出惊诧和愕然。一个 22 岁的青年，带着一支才华短缺、僵硬丑陋的球队，竟然和一支统治东部的钢铁雄师展开了肉搏，犹如《新龙门客栈》最后时刻的黄沙之战，流沙淹没腰间，双方挣扎、对劈、搏命、一言不发，最后胜利者踏着对手的尸体爬出地狱。

这一战，从第四节 6 分 5 秒詹姆斯 17 尺（约 5 米）跳投命中，到 3 分钟后詹姆斯篮下得分，期间克利夫兰颗粒无收，机器般稳定的中投手汉密尔顿连得 8 分，88 比 83 反超。随后古登罚进一球，然后骑士所有的得分都来自詹姆斯一人——这样说并不夸张，是的，他一个人包揽了后面所有的得分。

2 分 17 秒，詹姆斯射中三分，将比分追到 87 比 88。漫长的僵持之后，终场前 31 秒，詹姆斯突入篮下一记暴扣反超。比卢普斯还以一记标志性的“Big Shot”，三分球命中。詹姆斯再来，终场前9.5秒再度冲入篮下得分，两队打平，进入加时赛。詹姆斯连续的强突杀伤搏罚球让骑士以微弱优势领先，加时赛还剩33.7秒时，他又是一记20英尺（约6米）开外的中投。100比96，双方的比分犬牙交错，但华莱士罚中两球后比卢普斯再度出手。只用了3秒就形成突破造成詹姆斯犯规，两罚全中将比分追平。

第二个加时，詹姆斯坚决果敢的中远投弹不虚发，连续在18英尺（约5.5米）开外命中三球，包括一记三分球。他的投射姿势怪异且不标准，因为全是高难度的急停和强拔，只有上帝才知道他是怎么进入这种状态的。活塞终于有点明白了，这个见空当必传球的家伙现在根本不打算传球，他要一个人解决问题。认识到这点对他们来讲已经迟了，詹姆斯在最后2.2秒再度冲入篮下，滑翔中掠过两名活塞球员的围堵抵达篮筐上篮命中，一个人甩开了四个人的防守。这一球终于绝杀了活塞，比赛结束了。

骑士主教练麦克·布朗像宣誓效忠的中世纪骑士般走了上来，虔诚地亲吻了詹姆斯的额头。是的，这一切太不可思议了！骑士的最后30分，有29分来自詹姆斯，他一个人在最后15分钟里干掉了活塞。这样不折不扣的孤胆英雄神话，足以和迈克尔·乔丹对凯尔特人的63分、克莱德·弗雷泽总决赛第七场36分19次助攻的NBA季后赛奇迹相媲美。

这样的战役，是天才和上帝的合作，可遇而不可求，一生也未必会碰到一次。但勒布朗·詹姆斯在他22岁时打出了这样一场比赛，就此登泰山而小天下。

这一季的常规赛，他的数据开始回落，场均27分7个篮板7次助攻，和二年级时相仿，罚球命中率生涯最低，出战的78场常规赛更是只有一场得分超过40。在前两轮系列赛中，横扫华盛顿也好，六战解决新泽西篮网也好，10场比赛，他半数以上得分都在30以下，最高不过36分。对活塞系列赛前两战，他合计29分不是关键，骑士连续两场3分惜败也不是关键，关键是他因为最后时刻传球给唐耶尔·马绍尔而遭受到媒体指责。这种球，超级巨星应该自己来啊，怎么可以害怕承担责任呢？詹姆斯回应：“如果有下一次，我还是会传。”

总而言之，一向惊艳的他，直至这场天王山之战前，相比之前都有些黯淡，甚至连他之前最被人赞许的无私和大局观，也因为没能赌中而遭遇非难。但随着天王山这一战，所有的一切都被扔进了大西洋。他一直以来的行为模式就是那样，典型的商人思维：量

AMILTON
32
54

化风险，量化收益。他坚持认为，队友空位投篮比他自己来一记高难度中投靠谱得多，虽然两者都可能不进，但前者终究是机会较大的一个选项。

在他连续两次赌输，队友一片兵荒马乱之后，他就陷入了绝境，但也正因为如此，他不再考虑传球，专注于自己的进攻。于是不经意之间，神话诞生了。在球出手之前，谁也不知道结果如何。人生最大的痛苦就是在未知中做决策，詹姆斯可以把许多未知变成已知，但在更高级别的篮球比赛中，未知仍然存在——这个时候，决策和赌博仅有一线之隔。兵法尚权变，篮球亦如是。于是，天王山之战最后时刻，詹姆斯选择了自己出手。如果他赌输了，他在最后时刻那些惊世骇俗的投篮选择只会让他遭受更猛烈的批评。但他赌赢了，成功超越了自己眼下的极限，因为活塞料定他不敢这么做，他从未在季后赛这样赢过。

这并非他的常态，以后他还是会传球，会合理地处理比赛。但至少，这一战给了他一个启示：原来，我还可以这样赢下比赛。你知道的，对于他这种级别的球员，已经很难获得这种启示了。

这一战让他越过了活塞。活塞在第六战诚惶诚恐，生怕他再搞出什么神迹，全场夹击不离左右。詹姆斯被封锁到 11 投 3 中，但他依然凭借无敌的突击搏到 19 次罚球，全场有 20 分进账。更重要的是，骑士的射手群毫无阻碍，吉布森替补出场 9 投 7 中得到 31 分成为最大奇兵。骑士打出系列赛最酣畅的胜利，以 16 分优势大破活塞。

克利夫兰瞬间感时花溅泪，建队以来，他们第一次打进了总决赛，在他们所期许的王者的率领下。但这只是一次美丽的意外，它完全来自勒布朗·詹姆斯在 2007 年 5 月 31 日那个夜晚福至心灵的赌博。谁都知道，骑士绝不是总决赛级别的球队，只是谁也无法预料詹姆斯的个人神力。

但也就到此为止了。

马刺和骑士对得起史上最无悬念系列赛的预测，也对得起史上收视率最低总决赛的恶名。四场比赛之后，马刺拿到了他们第四个奇数年冠军。詹姆斯褪去了神奇，场均 22 分 6 次失误，命中率 35.6%，骑士被横扫。但没有关系，詹姆斯早已满足了克利夫兰现阶段的所有妄想。所有人都相信邓肯在詹姆斯身旁的耳语，“未来是你的”。

至此，勒布朗·詹姆斯走完了他的 NBA 生涯前四年，留下了 NBA 史上最壮丽的生涯开端。同时，他也履行完了他的新秀合同。但克利夫兰怎么会让他进入自由市场呢?

前一年就和他谈好了续约事宜。在这个年龄，大多数球员刚刚从大学加盟 NBA，詹姆斯在 NBA 却已经有了一段辉煌的战史，以及一场注定被传说百年的比赛。

人生最大的痛苦就是不知道自己有多强大，而现在，勒布朗·詹姆斯知道了。在詹姆斯和活塞激战的时候，一名专家全身战栗地写道："千万不能让他战胜活塞，否则他会统治东部——至少十年。"

USA
BRYANT
10

# 第四章

# 御驾亲征

勒布朗·詹姆斯传

## 01 亮剑美洲杯

LEBRON JAMES

2007 年夏，詹姆斯代表美国队参加美洲杯。对于有着“梦之队”之称的美国国家队而言，此时是一个特殊的节点。在 1992 年由乔丹、约翰逊、伯德领衔的第一代“梦之队”横扫世界之后，NBA 顶级巨星们对国际比赛的热情逐次衰减。NBA 官方也不想自己旗下的球员冒着受伤的危险，在休赛期去为国家队义务打工。“梦之队”的星光遂渐渐暗淡，2000 年悉尼奥运会总决赛，他们被一记可能的三分球绝杀考验过，好在运气不错，他们最终还是赢了。但这正是他们在世界篮坛统治地位瓦解的开始。2004 年雅典奥运会，他们被吉诺比利领衔的“阿根廷黄金一代”玩弄于股掌之间。2006 年在日本东京，以“03 黄金一代”为中坚构建的“梦七”队被希腊队机械般的挡拆配合绞碎。

詹姆斯的前两次国家队之旅便是如此。2004 年在雅典，他得不到拉里·布朗的信任。2006 年在东京，他在国际篮联的规则下无比挣扎，尤其是 FIBA（国际篮球联合会）与 NBA 迥异的走步规则，更让他手足无措。

连续的折戟终于让 NBA 高层和国家队领导们紧张起来了：美国篮球对世界的统治遭遇了挑战，NBA 联盟对 FIBA 的碾压优势似乎也无从体现。于是一番动员下来，联盟第一人科比第一次登上国际赛场。与之同去的，还有殿堂级控卫基德。美国终于派出了自己最强大的阵容。

因为基德和科比的存在，也因为詹姆斯自己的进步和对国际赛场的适应，他狂暴的突击开始像横行 NBA 一样横扫美洲杯。他成了美国队的第一快攻利器，以及球队的第二组织者。他的快攻速度配上基德无所不至的传球和科比领衔的高压防守反击，让比赛成了闪电战。美国队压迫抢断或迫使对手仓促投失，基德挥出 15 米开外的跨场长传，勒布朗·詹姆斯就立刻在场地的另一端砸出一记势大力沉的战斧飞扣。

对委内瑞拉，詹姆斯 7 投 5 中 11 分 3 次助攻。对维京群岛，18 分钟里 4 投全中 5 次助攻。对巴西，他的表现更进一步，24 分钟内 11 投 8 中，三分球 6 投 4 中 21 分。对墨西哥，7 投 6 中，三分球 3 投全中 19 分。对乌拉圭，11 投全中 26 分，其中包括 4 个三分球。半决赛对波多黎各，11 投 9 中，19 分 9 次助攻。两次面对 2004 年奥运冠军阿根廷，他合计 26 投 17 中，决赛中他的三分球更是不可思议地 11 投 8 中扫落 31 分。

如此，从挣扎到横扫，一年而已。不断进步的跳投、越发良好的大局观和传球手法，配上防守端步伐的进步，等于国际赛场上的游刃有余。更有趣的是，他习惯性地想要自己控制一切。2004 年，他对拉里·布朗说：“我可以组织一支球队。”2007 年他没这么说，但他却真的在试图当整支美国队的领袖。当然了，他立刻就遭到了某些反击，在一支拥有科比的球队里，国家队管理层担心詹姆斯的强势狂傲引发矛盾，甚至考虑不带他参加北京奥运会。但詹姆斯很快给出了许诺，这事才算作罢，他毕竟还只是一个小辈。

但也正是从这个时候起，他在媒体面前的态度开始发生变化。他刚刚让骑士实现了历史性的突破，本来他就被克利夫兰人预期为“帝王”，现在，他要真正开始左右骑士队的决策了。他并不避讳这一点，他甚至希望世界看到他在克利夫兰的独特地位。主教练迈克·布朗知趣地退出，让他成了骑士在媒体面前的头号发言人。

这似乎有些不可思议。但如你所知，在一个拥有勒布朗·詹姆斯的地方，发生这种事是迟早的。而在他经营的商业圈子里，他已然和“帝王”没什么两样了，他可以主导那里的一切。

## 02 荣膺得分王

LEBRON JAMES

2007/2008 赛季常规赛刚打完第三场，骑士的二号外围持球手拉里·休斯就受伤了，詹姆斯被迫大包大揽。2007 年 11 月 14 日对魔术，他拿下 39 分 13 个篮板 14 次助攻，但骑士 116 比 117 加时惜败。两天之后对爵士，他狂砍 40 分 10 个篮板 9 次助攻，最后时刻从"叛徒"布泽尔手里断球制胜。11 月 21 日对森林狼，他轰进 6 记三分球得到 45 分。三天后在多伦多，他炮制出 37 分 12 个篮板 12 次助攻。隔一天去到印第安纳，他例行公事般地拿下 30 分 11 个篮板 10 次助攻。两天后面对凯尔特人"三巨头"，38 分 13 次助攻的数据让人麻木。整个 11 月，他场均砍下 32 分 7.7 个篮板 8.4 次助攻。

可怕吗？太可怕了，除了骑士和湖人，还有谁会这样毫无人道精神地透支自己的王牌球员呢？

嗯，所以 2007 年 11 月 28 日在底特律，勒布朗·詹姆斯受伤了——骑士随即一波六连败。12 月 11 日，他被迫复出。但直到 2007 年圣诞节之前，骑士的战绩是 12 胜 16 负。嗯，你最好还没忘记，他们是上赛季的东部冠军。

迈克·布朗开始做调整，重新强调防守。布朗在进攻端只懂得挥舞詹姆斯这柄屠龙刀乱砍，但这位录像剪辑分析专家在防守端和马刺精神一脉相承，他随时可以把球队锤炼成半场钢铁堡垒。前 28 场的 12 胜 16 负中，骑士有 17 次让对手得分超过 100。但之后的 18 场比赛，对手破百只有 4 次。用德鲁·古登的话说："我们找到去年的感觉了。"

那么进攻端呢？古登答："我们有'勒布朗·电子游戏·詹姆斯'。"

确实如此，截至 2008 年 1 月，詹姆斯有着场均 30 分 8 个篮板 7 次助攻的数据——风云际会的 2006 年井喷表演被他穿越般地重现了。骑士 12 胜 16 负后，是一波 14 胜 4 负。2008 年 2 月，新奥尔良全明星赛，那里是新崛起的三年级联盟头号控卫，正在和科比争夺 MVP 的克里斯·保罗的主场。但经历过 2006 年休斯敦全明星的詹姆斯不管这些，他和雷·阿伦联手引领了东部的胜利。君子剑得分更高，但他 27 分加准三双的数据更全面，于是再夺全明星 MVP。

与此同时，骑士和超音速、公牛完成了三方交易。骑士送出古登、休斯、香农·布

朗和唐耶尔·马绍尔，得到本·华莱士、乔·史密斯、德隆特·韦斯特和瓦利·斯泽比亚克。本·华莱士——正在老去的四届年度防守球员；德隆特·韦斯特——193 厘米的双能卫，狡猾老练，而且有一手定点远射；乔·史密斯——1995 年的老状元；斯泽比亚克——曾经的全明星级别神射手。

如果是五年前，这拨人加上詹姆斯足以让克利夫兰提前预订总决赛。

如此，2005 年夏天以来的骑士的阵容成为了历史。在漫长的闹心体验后，他们终于放弃了休斯这个鸡肋二号持球手。折腾了半天，他们却在最核心的问题上回到了原点——克利夫兰再次只剩下一个强力持球点了。于是，这个赛季的命运也就可想而知。

2007/2008 赛季常规赛结束，骑士 45 胜 37 负。考虑到正碰上球队的变革期，这个战绩不算难看。詹姆斯场均 30 分 7.9 个篮板 7.2 次助攻的爆表数据足以竞选常规赛 MVP，但受了战绩拖累，最后排名不过第四。尽管如此，他拿到了职业生涯第一个得分王。赛季初当他领跑得分榜时，记者问他，有信心拿下得分王吗？他谦逊地答：“洛杉矶的那个男人是不会让这种事发生的。”但最后他做到了，科比没能实现得分王三连庄，但他得到了梦寐以求的常规赛 MVP。

21 世纪的得分王大都有这样一层意义：来，让世界看看，当你只剩下自己可以依赖时，你能爆发出多大能量？面对这种问题，艾弗森、麦迪、科比先后给出了惊天动地的答案。如今，詹姆斯以自己的方式加入了他们。

03

# 独撑生死局

LEBRON JAMES

东部季后赛第一轮，骑士三年里第三次遇到华盛顿奇才。第一场，詹姆斯上半场得12分，但下半场他突然加速，之后的20分几乎全是用突破上篮拿下。比赛打到84平时，他随心所欲地撞破贾米森和海伍德的夹击，上篮得手。然后在比赛还余55秒时越过史蒂文森，一记抛射锁定胜局。赛后他耸耸肩："我203厘米，113公斤重。我长这体格不是为了每天跳投。我突破，制造身体接触，就这样。"

这大概是詹姆斯对嘲讽他跳投不够坚决、稳定的人最经典的一次回应，完美地体现了一个超级突破手应有的觉悟。

第二场悬念小得多，詹姆斯在第三节一发力，分差就奔着30分去了。之后骑士输了第三场，但在第四场绝杀险胜。当时詹姆斯再一次选择相信了队友而且他赌赢了。他在终场前6秒一记传球给了三分线外埋伏的韦斯特，后者起手一记三分球，克利夫兰以大比分3比1拿到赛点。骑士在第六场彻底搞定了奇才。詹姆斯以标志性的27分13个篮板13次助攻的三双为系列赛收官。他的传球养肥了两大射手，斯泽比亚克和吉布森合力投进了10记三分球。于是，骑士和华盛顿在各自崛起路上的相爱相杀，至此落下了帷幕。

大Z总结说："我们有勒布朗，其他29支球队没有。这就是最大的区别。"

季后赛进入第二轮，事情就没有那么简单了。他们要面对的是NBA史上最恐怖的防守球队之一，以及拥有分工最合理的"三巨头"的波士顿凯尔特人。时隔22年，这支以邪恶的绿色为装饰的老派球队，终于从王朝的废墟上站了起来。

史上最强大的突破手VS世间最严密的半场阵地。波士顿将怎么对付詹姆斯？他们的防守灵魂，年度最佳防守球员加内特表示："就像重量级拳击，就是身体对抗。没有优雅，没有躲避，你死我活的一场，防守之战。"

这只是一种艺术的表达。实际上，詹姆斯VS加内特，最恐怖的防守破坏者VS最高效的防守修复者，真是针锋相对、相映成趣。

加内特有这样一种可怕的魔力，只要他站在场上，"绿衫军"的半场阵地就会连空气都充满令人窒息的恶意。凯尔特人伸缩自如的防守，正是进攻发起点单一球队的克星。

詹姆斯的突击可以在任何防守阵型上制造破绽，“绿衫军”也不会例外。但他们的快速运转可以有效弥补绝大多数破绽。加内特的存在可以让球队赢得足够的时间去轮转补漏，因为他可以随时出现在最致命的区域去迟滞、延阻对手，逼迫对手减速或者传球。当对手不得不改变策略时，“绿衫军”的阵型已经完成调整。除非骑士在詹姆斯之外还有一个人，可以和詹姆斯形成呼应，在破绽出现后紧紧咬住，将破绽继续放大。

但骑士并没有这样一个人。

第一次在季后赛做客波士顿花园总会有些独特的体验。第一场，詹姆斯 18 投 2 中，12 次失误，险些拿到一个尴尬四双。最后一分钟，他三次上篮、一记三分球全部失手，其中一次上篮属于他上一百次能进 99 次的那种，但也毫无例外地滑筐而出。凯尔特人防得骑士全队命中率仅有 31%，只放空大 Z 得到了 22 分。凯尔特人以 76 比 72 取胜，分差之所以如此接近，是因为“三巨头”只有拿到 28 分的加内特还在状态。此役皮尔斯仅得 4 分，雷·阿伦 4 投 0 中吃了鸭蛋。

第二场，皮尔斯和雷·阿伦找到了手感，但詹姆斯仍然在重围中挣扎——24 投 6 中。73 比 89，骑士败得比第一场还要彻底。皮尔斯明确地点出了骑士的软肋，“勒布朗是唯一推进骑士前进的，只要控制住他，就能控制住骑士”。但詹姆斯表示这没什么，“0 比 2 落后，我们以前也经历过”。

是的，克利夫兰积贫积弱，他们和强队的博弈，一开始总是落于下风，然后以敬畏之心挑战，颤抖之身追赶。2007 年东部决赛，他们壮丽地连扳四局，这一次会如何呢?

回到主场的第三战，骑士第一节就打出 32 比 13，一路领先直到 108 比 84 取胜。詹姆斯依然手感不佳，但悬崖边上的骑士们情急搏命，比前两场坚决得多，只要足够坚决，他们就能抓住凯尔特人的轮转缝隙，把握住那些稍纵即逝的机会。这场比赛韦斯特贡献了 21 分，乔·史密斯则为 17 分。第四场，詹姆斯 20 投 7 中 21 分，但他有 13 次助攻，第四节就有 4 次。同时在防守端 3 次抢断 2 次封盖 6 个篮板，防得皮尔斯 17 投 6 中。最后时刻，他连续单手变向，越过两重阻碍杀到篮下，和凯尔特人天罗地网中的终极 BOSS 加内特图穷匕见：两人几乎同时起飞，但詹姆斯在空中最高点撞开了加内特，随即抡出一记横勇无敌的单臂砸扣。他落地时全场已是一片白手绢狂舞，这一球在慢镜头回放中更显唯美霸气，成了他在下一年季后赛的宣传片中的重要镜头。

但詹姆斯对此却另有说法：“这个系列赛，类似表演不太多，太多阻碍了。”

天王山之战回到邪恶的北岸花园。上半场还余 3 分钟，詹姆斯就已飙到 23 分，他前 11 次出手进了 8 个。但“绿衫军”在下半场重新控制了他，他之后 14 次出手，只投进 4 次。凯尔特人那边皮尔斯拿到 29 分，加内特得到 26 分 16 个篮板，少年老成的二年级控卫朗多偷到 20 分 13 次助攻。凯尔特人抢先占据天王山。

“赢球或者回家？”詹姆斯说，“我还没准备好回家呢。”

第六战是这个系列赛最典型的丑陋之战——74 比 69，典型的东部比分。骑士只能靠詹姆斯一个人驱动，而他也别无选择，只差 89 秒就打满了全场。全队 74 分，他一个人 32 分 6 次助攻，外加 12 个篮板。换言之，全队有近 50 分和他直接相关。下半场骑士仅得 32 分，他一个人包揽 19 分。第四节面对凯尔特人的反击，他连续两记跳投让骑士确立 7 分优势。凯尔特人不肯放弃，但他跟着一记传球给了三分线外的斯泽比亚克，后者一记三分得手，彻底敲定局面。“绿衫军”延续了他们从首轮开始的、客场不胜的尴尬，

连续两轮被对手拖进了生死局。

系列赛前四场，詹姆斯没有办法摆脱凯尔特人的围堵。但克利夫兰人贯彻大半个赛季的防守精神拯救了自己。“绿衫军”本就不以进攻套路见长，当骑士打得比“绿衫军”还像“绿衫军”时，比赛就成了纯粹的肉搏，而这正是骑士最擅长的，虽然凯尔特人也同样擅长。

在漫长的僵持中，詹姆斯渐渐熟悉了凯尔特人的防守套路，到第五场和第六场，前四场最高不过 21 分的他连续拿到两个 30+。简单地说，“绿衫军”引诱他投远距离两分球，而他也越来越敢于坚决出手。他有过 2007 年，东部决赛天王山之战的巅峰体验，一旦他坚决起来，他就能投进那种奇怪的跳投。一个系列赛到了生死局，双方相互之间已全无奥妙可言。于是，一切回到了原点。加内特说：“我们的策略是：大家让开，给皮尔斯球。”那骑士的策略是什么？把加内特那句话里的“皮尔斯”换成“詹姆斯”就是了。最终，詹姆斯 45 分，皮尔斯 41 分。在小前锋位置上，两个人一个是天赋的极致，一个是技巧的代言。两支球队的大量进攻就建立在他们两人的单挑之上，所以他们超然物外，随意所至，任意发挥。正常的篮球理论约束不了他们，只要他们觉得可以，他们就敢付诸实施，然后在令人窒息的气氛中把球打进。观诸整个 NBA 历史，这样的对决十年也未必能有一次。

这场壮丽的生死战双龙会，以皮尔斯最后的倒地扑球、仰天怒吼谢幕。凯尔特人越过了征途中最强硬的对手，直奔复兴的王座而去——他们最终击败了常规赛 MVP 科比领衔的湖人，拿下了那年的冠军。

詹姆斯在退无可退的时刻找回了最强大的自己，虽然这并没有换回一场胜利，但足够了。这本就是一个提前被判了死刑的系列赛和赛季。用詹姆斯自己的话说：“至少，那些球迷有机会忘掉伯德和威尔金斯的大战（那一战威尔金斯 23 投 17 中 47 分，伯德末节 10 投 9 中 20 分），而记下詹姆斯和皮尔斯的所作所为了。这一切会载入历史的。”

2007/2008 赛季的 NBA 之旅结束了，但他还有使命：北京奥运，“梦八”，救赎。

04

# 奥运显皇威

LEBRON JAMES

篮球无论攻防，都需要足够的机动性。进攻缺乏机动，就容易被针对防守；防守缺乏机动，就容易被各个击破。所以，篮球运动到了最高境界，往往殊途同归：进攻端机动的极致，是快攻；防守端机动的极致，是“区域夹击 + 高速轮转”。而这样的防守，恰好最能制造快攻，所谓攻守一体，便是如此。

当美国队的最强阵容出手时，他们就能在任何对手面前展示篮球的最高境界。是的，自奥尼尔之后，美国本土的中锋已经渐渐没落。但问题是，当一支球队同时拥有 2008 年的科比、詹姆斯、韦德时，某个特定位置的强弱已经不重要了。美国队也是这样想的，他们出征北京的 12 个球员，有六个后卫，五个前锋，只有霍华德一个中锋。毫无悬念，他们一一报复了当年的挑战者，八战全胜，场均净胜 27 分带走金牌。

对勒布朗·詹姆斯而言，这届奥运会的意义不在于他可以在世界的舞台上展现他粉碎时空的运动能力。对于熟悉他的人而言，自 2006 年以来，他在这个领域的天赋就像阿尔·帕西诺越老越帅气的颜值一样，是根本不需要过多讨论的东西。真正重要的是，他在篮球场上的角色以这届奥运会为契机，开始发生决定性的质变。人人都知道这三年来骑士真正有威胁的打法，因为他们往往只有一招，把球给詹姆斯，让他往篮下冲。换言之，入行以来，他的角色一直是一个持球的组织者和单打手。虽然在这一角色上，整个 NBA 历史上也未必有人能比他做得更好，但作用未免单一。他的中远投时灵时不灵，无法产生足够的无球威胁。这意味着，他在处理个人进攻时，就会缺乏足够广阔的选择，必须得确保持球在手才能发威。这种缺陷并不影响他每场拿下 30 分，事实上，这对他来说太轻松了。但当对手全力封堵他的切入路线时，比如刚刚过去的东部半决赛，以及 2007 年总决赛，他就难以应对了。

骑士找来拉里·休斯这个二号持球手，安排休斯接手组织，让詹姆斯专注于得分，就是基于这方面的考虑，他们需要培养詹姆斯的这种能力。但因为种种变故，最终骑士又回到了单练詹姆斯一人的模式上。原因很简单，休斯绝不是一个合格的强侧持球手。

但这次奥运会给了他实践的机会，有基德、保罗、德隆这样的超级控卫，科比、韦

德这样的顶尖得分后卫，随便拉出一个来也能在强侧让对手苦不堪言。这固然意味着，詹姆斯无法再垄断球权了，但同时也解放了他。他可以根据情况随意机动，到处扫荡，哪里有需要就出现在哪里。事实上，如果说天下无双的个人突击是詹姆斯的第一招牌，那么多个位置随意切换的全能身手就应该是第二招牌，甚至应该和第一不分先后——他最初就是这么打比赛的，什么都干。

其实，2007 年的美洲杯已经让他找到了跳投的感觉，于是万事俱备，东风也不缺，勒布朗·詹姆斯在赛场上的多样性开始逐次呈现。他经常在内线接到球，所以他第一次开始使用背身技巧，路数虽然有限，但也突传投兼备。当他无球移动时，他电速启动的弱侧空切成为打乱对手防线的犀利杀招。跳投的进步则让他的无球移动套路更加丰富，不容易被针对。他将这些新事物和他本来就已经无比强大的那些突击、传球结合在一起之后，可怕的事情出现了，只在一年之间，他就完成了对无球威胁的初步构建，让他的赛场选项凭空丰富了一倍。虽然这种构建只是初具规模，还需要时间去完善，但俨然已是气象万千、不可方物。

以他在奥运会的数据为例，他几乎打遍五个位置：场均 15.5 分在美国队中排第二，仅次于专门负责替补出场屠杀对方第二阵容的韦德；场均 3.8 次助攻，仍是第二，仅次于联盟第一控卫克里斯·保罗；封盖、抢断都是队内第一，堪称无所不能，无处不在。

所以，以北京奥运会为界，篮球世界要重新认识勒布朗·詹姆斯了。一个属于他的伟大时代，正呼之欲出。

NBA
XL
CAVALIERS
23
SPALDING
OFFICIAL GAME BALL
NBA

# 第五章

# 皇业难安

勒布朗·詹姆斯传

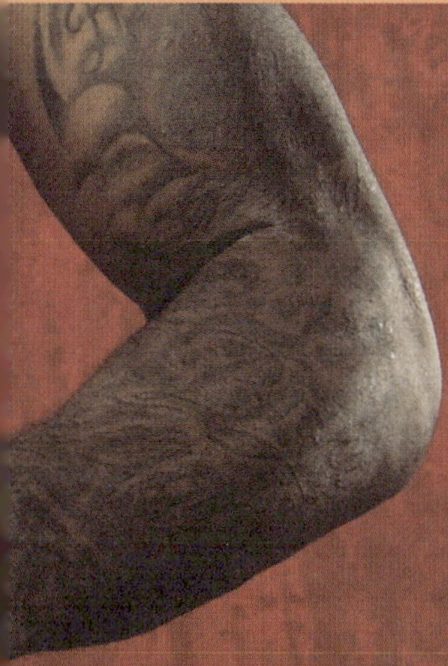

01

## 防守钢铁侠

LEBRON JAMES

勒布朗·詹姆斯具备成为顶级的机动协防者和单防大闸的一切先天条件。但一来防守端的学问和进攻端迥异，需要时间领悟，二来大量的持球进攻消耗着他的精力，脱不开身。但到了 2008 年夏天，质变的时刻终于到了。2004/2005 赛季，二年级时他已经能有场均拿下 2.2 次抢断。2005/2006 赛季，他开始尝试从侧翼机动伸缩来帮助队友。2006/2007 赛季，他的对球防守已然足够有压迫力。2007/2008 赛季，他的封锁传球路线断球一条龙加上大地轰鸣的追身大帽开始成为每日十佳球中的固定内容。

2008/2009 赛季，前面的一切被他融会贯通，高质量的对球施压，无处不在的轮转补位，他在防守端的角色至此基本成型。才华短缺的骑士自然不会放过这一新武器，他迅速将个人的防守能力与骑士的防守体系衔接了起来。骑士的后卫线矮小灵动，挡不住对手的碾压强攻。但许多时候，没关系，背后的詹姆斯、瓦莱乔、大 Z 早已构建好了陷阱。詹姆斯游弋中突然使出高强度的回缩夹击，瓦莱乔以鬼魅的移动让对手如同遭遇鬼打墙，大 Z 的步伐已然慢了，但欧洲中锋本能般的空间感以及他自身的高度，让他能够准确地卡住位置。勒布朗的速度和硬度，瓦莱乔的柔韧，大 Z 的高度结合在一切，三人的默契合作构建出刚柔并济的绞杀器。而詹姆斯正是其中最具活力和攻击力的新鲜血液。

赛季前詹姆斯煞有介事地宣称："我希望进入年度防守阵容。"至此人们才知道其中缘故，他并不是说说而已，开赛两个月，"小将军"约翰逊和杰夫·范甘迪这两个防守专家都在解说时赞美"勒布朗应该当年度防守球员"。这样的赞美背后，是他在防守端的彪炳战绩：2008 年 11 月 13 日，他防得"甜瓜"12 投 5 中 6 次失误；11 月 19 日，安东尼再度被防到 14 投 5 中；12 月 5 日，场均得分排名联盟第五的得分手丹尼·格兰杰，被他防得 7 投 2 中；次日，杰拉德·华莱士全场 6 投 0 中 4 次失误，还挨了他两记盖帽。

NEW YORK
4
NEW YORK
42
4:42
21

02

# 皇者的拼图

LEBRON JAMES

2008年8月14日，詹姆斯还在北京为金牌奋战时，骑士和雄鹿、雷霆完成三方交易，得到了雄鹿控卫莫·威廉姆斯。此人身高185厘米，25岁，上一季在雄鹿场均获得17.2分6.3次助攻。这是骑士这个夏天唯一重要的动作，但却是2008年2月之后最重要的一步。当初他们放弃休斯，单练詹姆斯，并导致2007/2008赛季的骑士再度成为彻底的一人球队时，你甚至可以指责克利夫兰人思路混乱。但随着小莫的到来，事情似乎一下子明了了。休斯走人，小莫与韦斯特构建出灵动精准的小型后场，德鲁·古登缓慢笨重，活跃、激情的瓦莱乔取而代之，再加上还有一个身高203厘米的NBA史上屈指可数的蓝领代言人本·华莱士，以及斯泽比亚克、乔·史密斯这种跳投为王型的角色球员。嗯，他们终于不再是那支笨重的、扛着攻城器械的、驱赶着“吕公车”的僵硬重步兵了。

2003—2008年这五个赛季的骑士，无论怎么折腾变化，最终还是得回到“把球给詹姆斯，我们拉开让他解决一切或者为我们创造机会”模式。他们的转移球固定、僵硬，而且一目了然。第一，找禁区的大Z单打，施展他那一手远到罚球线还能保持一定准心的勾手投篮。第二，寻找进入攻击位置的詹姆斯，让他单打或者吸引包夹，然后传球给其他人。第三，詹姆斯和大Z高位挡拆，然后以大Z拆开中投，或詹姆斯长驱直入，或向弱侧转移球为终结。

即便如此，若非有勒布朗·詹姆斯天下无双的神力维持，这种套路是无论如何也玩不下去的。你无法想象，克利夫兰人就是靠这种原始、粗陋的手法加上防守肉搏连续两年打出50胜，并一度杀进总决赛的。事实上，这种套路湖人球迷也绝不会陌生。因为若干年后，麦克·布朗先生到了湖人，以科比和拜纳姆为核心，将这一死气沉沉的套路在洛杉矶克隆出了2.0版本。

但现在不一样了。德隆特·韦斯特和小莫，虽然不能像詹姆斯那样持球搞破坏，但他们胆大果敢，抓住空隙就能射出高质量的急停跳投。这两人的职责并不重叠，韦斯特偏向于组织者，沉默、强硬，定点投射精准。而小莫则是典型的得分型控卫，人送绰号“莫不传”——这一手在乱战和转换中尤其管用，一旦节奏推起来，一番乱枪打鸟下来，

说不定就会发生“小莫连得7分，骑士刷了对手一个12比0”之类的小高潮。换言之，他们虽然招数和威慑力都有限，但作为进攻的起手式和辅助却是一个不错的选择，至少和前五年的骑士比起来，这简直是久旱逢甘霖。这样一来，骑士就不用让詹姆斯一上来就开足马力进入狂奔模式。他可以在弱侧施展在过去一年刚刚习得、在美洲杯和奥运会都有着不错的实践效果的新技能——弱侧游弋，无球摆脱，然后以简洁的接球跳投结束或以迅猛的切入接球形成瞬间突破，然后直接终结或者转移球。这种打破防守的招式，某种意义上和他持球强突是一样的，但无疑更省力、更迅疾，还能调动全队参与。

如果说以往的骑士进攻就是完全缺乏有效的战前准备动作，袭扰、迂回、佯动统统没有，上来就找自己的最强点拉开强攻——诚然，兵法讲究以正合以奇胜，但奇正并不是固定不变的，如此生搬硬套，已然失去了奇正的本意——那么如今的骑士就是另外一番模样，在他们的王牌精锐出动之前，他们有大量的迷惑动作，小莫和韦斯特的挡拆攻击先把对方的防守阵型带动，詹姆斯跳出来施以致命的一记迂回侧击，然后全队全线出击“收割人头”。如此，詹姆斯这个最强点反而在某些时刻扮演了奇兵。以奇为正，以正为奇，奇正循环无穷，这就比以前更进一步了。

虽然他们真正杀人的武器还是只有一个勒布朗·詹姆斯，但当一支球队拥有詹姆斯时，就足够了。他们开季1胜2负之后是一个8连胜，11月结束时推到14胜3负联盟第三，仅次于“绿衫”“紫金”两大豪门。11月的8连胜之后，是一波11连胜。连续四季场均出场40分钟以上的詹姆斯场均只打了37分钟，比新秀赛季还少两分钟。许多时候，他甚至可以在板凳上度过一个愉快的第四节。2008年结束时，他们猛进到26胜5负，主场不败。

03

# 首夺 MVP

LEBRON JAMES

从 2005 年詹姆斯的第二个赛季开始，他就开始成为常规赛 MVP 的热门人选。过去四季，他的排名分别是 6、2、5、4。如你所知，唯一的障碍就是战绩，没有人能和他比个人数据。2008 年常规赛后半段，记者问詹姆斯对常规赛 MVP 的看法，詹姆斯答：“我知道，在科比得到这个奖项之前，我毫无机会。”

但现在，科比已经得到了，而且重新成为豪强的湖人一路奔向总冠军而去，科比待在板凳席上的时间比詹姆斯还长，而且科比已然 30 岁了，对数据已然没什么欲望。当然了，詹姆斯本来也不怕和任何人比数据。所以，在时间进入 2009 年之后，詹姆斯领跑 MVP 榜单似乎是没有悬念的事情。但在 2009 年 1 月底，事情起了一点变化，湖人对灰熊，科比在一次上篮中撞上了队友拜纳姆的膝盖，导致拜纳姆当场重伤。这位年轻中锋对湖人的意义不言而喻，习惯了挑衅科比的媒体乐了：“湖人的冠军梦恐怕又要落空啦！没有拜纳姆，他们打不过波士顿。”

然后众所周知的，巅峰尾巴上的科比依然最擅长用得分来回应。湖人的下一场比赛在纽约麦迪逊广场花园，科比只用了 36 分钟就 31 投 19 中以及 20 罚全中剁了尼克斯 61 分，生涯第五场 60+，一举越过乔丹、伯纳德·金、张伯伦等前辈，创造了麦迪逊史上的最高得分纪录。这种表演并非昙花一现，2009 年 2 月的科比一路狂奔，一段时期内场均 35.5 分直奔疯狂的 2005/2006 赛季而去。2 月中旬做客克利夫兰时，湖人还顺手打破了克利夫兰的主场不败金身。

2007 年之后的科比就是这样，他早已收敛了，但杀神一怒，顷刻间便是席卷风云、山河色变。尼克斯死忠斯派克·李被他的表演征服了，苦笑着鼓掌。不但是他，整个麦迪逊广场花园都在反复吟唱“MVP”。科比掀起的这波狂飙并没有持续太长时间，但却让 MVP 榜单有了波动。本来就是他和詹姆斯稳居前二，所谓波动，当然就是他俩位置互换。

所以，詹姆斯需要做出回应。许多人对科比在 MVP 评选中漫长的失意意气难平，这种情绪很可能需要连续第二个 MVP 奖杯来抚平。于是，2009 年的 2 月成了一个被个人英雄主义表演充斥到令人眩晕的月份。2009 年 2 月 4 日，科比的表演刚过去两天，詹

姆斯来到了纽约。纽约沸腾了，热情的声浪让詹姆斯以为自己是在克利夫兰。只在第一节，纽约人就无比受用地挨了詹姆斯一记大招——单节 20 分，半场过后，詹姆斯的数据已经变成了恐怖的 34 分 5 个篮板 5 次助攻。比赛的进度推动着纽约狂想，最后的数据定格在 52 分 10 个篮板 11 次助攻，这是 1975 年之后的第一个 50 分三双。

以纽约为道具和舞台，联盟两大招牌巨星斗了个旗鼓相当。这一战将联盟热炒的“23 VS 24”推向了最高潮。虽然之后联盟经过审查取消了詹姆斯的一个篮板，但经典已经写下。更何况，不久之后，詹姆斯新的表演又来了。2009 年 2 月 20 日对密尔沃基雄鹿，他 29 投 16 中，再砍 55 分，三分是几乎弹无虚发的 11 投 8 中。下半场开始仅三分钟，他一口气席卷 16 分，大 Z 在一旁只剩下赞美和总结：“我在旁边，像在看场电子游戏。”

进入 2009 年 3 月后，骑士又是一波 13 连胜。对迈阿密、快船、太阳，他连续三场拿下三双。然后在萨克拉门托他又切回飙分模式，51 分 9 次助攻。这一场之后，骑士锁定东部冠军。“哦，33 年前的事了。”詹姆斯漫不经心地回应道。

当西边的洛杉矶也确定无法将战绩推过克利夫兰时，MVP 的归属彻底尘埃落定了。不到 25 岁的勒布朗·詹姆斯，成了克利夫兰骑士历史上第一个常规赛 MVP。这种纪录不算什么纪录，因为谁都知道，克利夫兰的纪录基本上都能以詹姆斯命名。比如 2008/2009 赛季，他场均 28.4 分 7.6 个篮板 7.2 次助攻 1.7 次抢断 1.2 次封盖，得分、篮板、助攻、抢断、封盖全都领衔全队，完全是匪夷所思的统治力。真正重要的是，勒布朗·詹姆斯在他进入联盟的第六个赛季，终于以一尊常规赛 MVP 为证，彻底奠定了联盟个人能力第一人的地位。NBA 史上独一无二、不可阻挡的篮球机器，完成了职业生涯最重要的一次升级，正气象万千、浩浩荡荡、横无际涯地统治着人们的视觉。

你看着他上场，看着他“爆炸”，虽然没有硝烟和火光，但却仍能感觉到他就像烟花般浮动在夜空，璀璨闪耀，凌驾于任何凡人之上。2009 年年初对雄鹿，他从后场发动反击，移形换影般越过所有人直扑前场。刚刚踏进罚球线一只脚的距离，他就飞了起来，那条让斯泽比亚克羡慕不已的左腿瞬间就将他推到了一个让地球人望峰息心的高度。地心引力在那一刻似乎失效了，他毫无下落的迹象，向前直线滑翔，仿佛跃入平流层的飞行器，他要飞去哪里？直到抵达篮筐，他所在的高度也没有明显降低。他整条小臂都在篮筐以上，从容完成了这次远程滑翔。换言之，恐怕他自己也不知道自己的极限——他起跳的位置，对他来说显然有点太近了。

这一球毫无人间气象……

20 年前，迈克尔·乔丹在扣篮大赛上用美轮美奂的罚球线扣篮让世界有了飞翔的幻觉。许多人都认为，那已经是人类的极致。而当 20 年后的勒布朗·詹姆斯在实战中以至少高了 15 厘米的滑翔高度完成这种表演时，全世界都是同一种感觉：地球有危险了！

天赋本就可以直接决定许多东西，篮球场上尤其如此。他有着卡尔·马龙般的金刚体魄，却跑得比 NBA 绝大多数后卫都快，还能够轻易跳到平视篮筐的高度，活脱脱一辆会飞的坦克。但他绝非四肢发达的简单动物，他的头脑和他的运动能力同样引人注目，这一点从他高中时代起就不是什么秘密，而如今，经过连续五年的不断升级完善，他已经是这个星球上最全面、最强大、最聪慧的篮球机器。拉里·布朗做出了最形象的表述：“你切开詹姆斯，看不见血液和神经，只看得见各种仪表和零件……”

2009 年季后赛第一轮，骑士四年内第三次遇到活塞。此时相遇，就像 1991 年乔丹对活塞的复仇。邪恶的反派老了，伤病频发、分崩离析，他们的“大脑”比卢普斯被送到了丹佛高原，换来的艾弗森又被他们自己禁锢了，根本无力抵挡历尽磨难、装备齐全、阵容严整的少帅所率领的新兴之师。骑士干脆利落地以 4 比 0 践踏而过，就此结束活塞连续六年打进东部决赛的黄金岁月。

2009 年 5 月 6 日，半决赛已经开打。勒布朗·詹姆斯正式加冕常规赛 MVP，毫无悬念地进入年度最佳阵容一队，同时职业生涯第一次入选年度防守阵容一队也在意料之中。更难得的是，在年度最佳防守球员的评选中，他的票数也仅次于新一代防守怪物德怀特·霍华德，险些攻防两齐，复制乔丹和“大梦”当年的壮举。

值得一提的是，他将颁奖仪式定在了圣文森特·圣玛丽高中。

CAVALIERS
23
Maurice Podoloff Trophy
KIA MOTORS
LeBRON JAMES
Cleveland Cavaliers

04

## 单骑射群鹰

LEBRON JAMES

东部半决赛，骑士对亚特兰大老鹰。老鹰是一支看起来充满后现代嗅觉的球队。他们将艾尔·霍福德这种打大前锋都略微嫌矮，以灵动、精准著称的内线推上中锋位置，去和对手们的巨人博弈。这倒并非他们原创，但他们对摇摆前锋的执着就堪称招牌了。在他们的主要轮换中，你还可以看到史上最矮盖帽王约什·史密斯、天赋中庸但单打技巧一流的乔·约翰逊，以及榜眼前锋马文·威廉姆斯。帕特·莱利曾经说：“未来的篮球是五个前锋在场上飞奔。”这句话正确与否另说，但可以肯定的是，21 世纪前十年，

没有比亚特兰大更虔诚的践行者了。

他们用如此均匀的身高布阵，当然也有自己的一番考虑，他们可以尽量进行一对一防守，不会出现明显的漏洞。但篮球教科书上早就说过，一对一防守的最大弱点，就是容易被局部多打少各个击破。为了防止这一点，老鹰进一步的应对是，他们的防守对收缩的偏执已经到了近乎懦弱的地步。总而言之，他们会努力保持在对手身前，但距离对手有多远就不能保证了。如此你就可以想象 203 厘米的约什为何能成为盖帽王了——他是全队唯一用激情和天赋来协防的。而以他们的防守策略，约什绝对不需要担心队友们被对手突破得太少以至于让他没有刷盖帽的机会。

这就是亚特兰大老鹰，他们热爱摆小个阵容，热爱摇摆前锋，但他们并不具备小个阵容真正的精髓。小个阵容在攻防两端以小博大，需要的恰恰是主动出击的血气和迅猛，恰恰是间不容发的高速轮转和区域夹击，否则他们就会被各种错位折磨致死。而老鹰恰恰相反，他们的防守几乎是被动和消极的最佳注解。说到这里，勒布朗·詹姆斯就可以大大方方地表示：本尊打任何摇摆人都是错位。

于是，三场之后，詹姆斯在这个系列赛一共打了 118 分钟，得了 118 分。第一场他 34 分钟内拿下 34 分 10 个篮板 3 次助攻 4 次抢断，骑士下半场打出 50 比 28，全场 99 比 72 血洗。第二场，老鹰队上半场就以 35 比 59 落后，毫无还手之力。回到亚特兰大，NBA 球队的尊严让老鹰必须得做出一点回应，上半场他们只以 46 比 47 落后一分，虽然下半场一开始就被轰了个 13 比 0，但他们大体上还咬得住。按照 NBA 的习惯，2 比 0 之后第三场就不会那么用力，所以第四节开始时，麦克·布朗想让勒布朗·詹姆斯休息。但詹姆斯拒绝了，他的意思很明显：亚特兰大不过是在交代场子。在这个节骨眼上，只要强硬地给他们致命一击，这个系列赛就可以宣告结束了。

何必浪费时间呢?

所以詹姆斯对教练说：“不用休息，我要为球队得分。”年度最佳教练默认。于是詹姆斯继续屠杀老鹰队，交出 47 分 12 个篮板 8 次助攻的王道数据，骑士以 97 比 82 发出致命一击，大比分 3 比 0 领先。系列赛果然毫无悬念了，克利夫兰的季后赛之旅，连续两轮以横扫告终。

05

## 东巅战魔术

LEBRON JAMES

事实上，即使有小莫这样一个乱战火枪手加盟，再加上詹姆斯这样一位联盟最大功率发动机，骑士也并不是一支快节奏球队。他们的防守，比之温暾暾的亚特兰大老鹰，当然强硬冷酷不可同日而语。但事实上，他们采取的防守策略，是典型的弹性防御。德隆特·韦斯特的步伐足够严谨了，风格也足够凶狠强硬，但小莫不可能守住弧顶第一线。而且这两位的身高也不过 193 厘米和 185 厘米罢了，实在不能苛求他们御敌于国门之外。所以，他们的防守主力部署在第二线，韦斯特做尖兵引导，把对手带进詹姆斯、瓦莱乔、大 Z 们构建的内线陷阱。

这样一来，相当于他们将弧顶这一退防出发点完全交了出去，对方有足够的余裕在一击不中后退守。所以，克利夫兰发起的反击，往往需要全队的协作及詹姆斯的超人变身才能实现，这样的打法，自然难以真正发起全民反击。

这意味着，他们立足的战略战术，有可能遭到针对。一旦他们的小个后场陷入阵地战，他们就缺乏足够的创造力，还是只能依赖詹姆斯。而以他们的防守硬度，他们又难免会陷入阵地战。在常规赛，他们被湖人横扫，也曾被火箭和魔术殴击，缘故就在这里，这几支球队都非常强调一个概念——高度。单纯的高度并不能决定什么，但在巧妙合理的运使之下，就能产生完爆克利夫兰的效果。

而 2009 年的奥兰多魔术更是这一概念的极致。若说克利夫兰骑士是一个怪物超人驱动着一群轻弓短剑的轻骑兵，硬是让他们在常规赛狐假虎威打出了摧枯拉朽的铁骑声势，那么奥兰多魔术就是长枪大戟、铁弓轰鸣，却又分合自如的步兵方阵。面对这种阵势，克利夫兰再想以小莫正面佯动，詹姆斯侧翼迂回的惯技破阵而入可就难了。

2009 年的 NBA 有两个超人，一个自然是勒布朗·詹姆斯，另一个就是魔术阵中的年度最佳防守球员，“魔兽”德怀特·霍华德。一个超级内线往往不需要另一个超级内线做搭档，就算是桑普森加“大梦”，邓肯加“上将”这种传奇双塔，也需要其中一个到高位去，让另一个人更自如地“屠灭”禁区。所以，魔术的大前锋是合同比球技还出名的拉沙德·刘易斯，一个拉长的小前锋。他们在后场配备了一个胆大包天的闪电小个控卫尼尔森，以“法国乔丹”在二号位专职防守和远射。这些并不足以让他们打出联盟

第四的战绩，他们的招牌武器是土耳其摇摆前锋希度·特科格鲁。或者说，他只是适逢其会遇到了这支魔术和他们的主教练大范甘迪，结果风云际会，登上了命运的巅峰。尼尔森的受伤，更促成了他的集权和辉煌。

土耳其人说，特科格鲁是他们的迈克尔·杰克逊。1999 年，全 NBA 都知道了这位 20 岁的土耳其篮球王子，“能投篮，能运球，能传球”，以及“208 厘米的身高，可以打许多位置”。这一切源自他的高中教练雷娜·卡莉斯坎。这位女士逼着他打控卫，磨炼他的运球、策划进攻和传球的能力。对于其他球队来说，他是一个巨大的错位，他高大，却又能突破和传球。固执而激情的范甘迪为特科格鲁设计了许多侧翼战术，让他全身心地投入到比赛中，做球队的指挥官，这让他成了一名特殊的小前锋。他比对手高出半头，视界遍及整个半场，无论是传球给霍华德，还是传球给四围埋伏的投手，或者自己单打，他都游刃有余。范甘迪说：“我不想限制他，因为我们需要他的创造力。”

当然了，如果他真的像文字描述的这么强大，他就不需要直到 28 岁才在 NBA 打上首发了。是的，理论上他打谁都是错位，但反过来也是一样的。他跟不上真正小前锋的切入速度，也扛不住大前锋的篮下强打，但在奥兰多，他的缺点全都变得不是缺点了，他的背后有连续三届年度最佳防守球员，NBA 史上跑跳能力最变态的中锋之一，对手似乎一动念就可以突破他切入篮下，但切入篮下后就需要面对那头能在两米开外把抵达最高点之前的皮球扇飞的“魔兽”了。而对手如果要在中远距离投篮，他就可以凭借身高臂展干扰了。

当他和德怀特打挡拆时，可怕的事情就出现了：“魔兽”的一身神力让他在转身内切时无往不利，而特科格鲁的出球路线又不会受到丝毫干扰，他又有一手精湛的射术，不能放空。所以，如果对手全力封堵德怀特的切入，外围的射手必然漏出空当，而这些变化全都会明晰地落在土耳其人的眼中。

这支典型的一内四外球队，在金州勇士崛起之前，在 NBA 史上单赛季三分球命中数排名第三，仅次于“七秒狂魔”德安东尼治下的两支球队——太阳和尼克斯。十四年前，不世出的两个超级中锋，“大梦”和奥尼尔曾各自带着一支布局类似的球队大战总决赛。而如今，那支曾经击败乔丹的超时代球队在蓝色的迪士尼乐园复活了。

06

## 一箭射天魔

LEBRON JAMES

魔术首先以常规招式对付骑士，特科格鲁领防詹姆斯，“魔兽”在背后随时预备。詹姆斯还没到禁区就吸引了年度最佳防守球员的注意力，他应对这种局面可谓得心应手，自他进入联盟以来，这样对付他的球队太多了。而他的价值，恰恰就在于此，让对手的两重防线不得不全都向他倾斜，然后骑士其他人就可以迂回侧后抄后门，所以贼滑的瓦莱乔在第一节连续偷袭禁区，很是愉快。

当“魔兽”两犯下场时，魔术不敢让特科格鲁继续防守詹姆斯了，但换了皮特鲁斯也是一样。这一年的季后赛一开始，中投大进的詹姆斯就像刚找到一个新玩具，爱不释手，屡屡尝试。而他的中投也没让他失望，对活塞、老鹰全都所向披靡，对奥兰多也不例外。

但小莫和韦斯特被摁住了……魔术恐怖的身高和臂展，将他们的挡拆空间和视野大幅度压缩，他们找不到跳投机会，也不可能像詹姆斯那样向侧后轻松传出好球。他们很小却不够快，没有速度和敏捷上的优势，高度上的劣势就无比致命了。如此，克利夫兰整个赛季倚仗的让詹姆斯神兵天降、扰乱敌阵的起手式不管用了——这意味着，克利夫兰的射术群一夜回到解放前，又得靠詹姆斯一次次喂球了。

魔术明白这一点，他们本就防不住詹姆斯，如今詹姆斯中投如神，无非是更加防不住罢了，但他们有取舍和底线，詹姆斯可以屠杀我们，但绝不能让他带动队友。等詹姆斯一对一体力耗尽，不得不寻求配合时，再集全队之力绞杀他的传球。

如前所说，骑士是防不住魔术的。他们的上线防守缺乏高度和强度，需要对手进入纵深后才能有效应对，但魔术的一内四外反其道而行之，将空间越拉越大。骑士的防守如果不跟着扩出去，魔术的射手群便等同投射演习。但一旦扩大防守，神力“魔兽”对上老迈的大Z，简直不堪设想，霍华德的一对一招式极尽简略，面框起三步勾射，或是一个跳步撞开防守直接扣篮。但身体上的巨大优势，让他如同屠龙刀切割朽木，无往不利。被射手群扯动的其他人仓促夹击时，霍华德虽然并不以传球著称，但包夹后出球是超级中锋的基本功，何况局面如此明了，空间如此开阔，他很轻松就能逆着骑士的夹击路线反向出球。如此，先处战地而待战者逸，后处战地而趋战者劳。奥兰多以逸待劳，之后最多只需要一次传导球，骑士的外围防线就宣告崩解了。

FG% 45
93
Allstate
MERIT
CAVALIERS
ORLANDO

0.6
Cadet
PIETRUS
JAMES
CONFERENCE
FINALS 2009

换言之，最需要压缩空间的防守遇上了最擅长向两个方向扯开防守的进攻。如此，攻防两端，一番长短优劣博弈之后，骑士的风格被完克了，他们的小快灵阵容没有明显的速度优势，但却吃尽了高度劣势的苦头。

詹姆斯所向无敌，41 分钟里 30 投 20 中，轰下季后赛生涯最高的 49 分。然而，二号得分手莫·威廉姆斯 19 投仅 6 中得到 17 分。特科格鲁 15 分 14 次助攻，霍华德屠杀内线，30 分 13 个篮板。而刘易斯游走自如，全场 22 分，最后时刻一记底角三分终结了比赛。魔术以 107 比 106 拿下第一战。比分上看起来骑士并没有落入下风，但那不过是勒布朗·詹姆斯一个人的神勇所系罢了。

第二战，骑士必须做出取舍了。很明显，他们不可能同时防住霍华德和魔术的射手群。在被动了整个上半场后，骑士在第三节彻底放弃内线高度——反正“大 Z”也防不住——让本·华莱士和詹姆斯担纲内线。这一年的霍华德是绝不会和对手客气的，他们在前两轮比赛中经历了两次令人印象深刻的绝杀，屡屡有累卵之危，倾覆之险。但他们都一一挺过来了，他们的心脏已经经过锤炼，绝不会因对手的豪赌而惊诧。于是，骑士的内线毫无悬念地继续被屠杀。

到了最后时刻，他们对特科格鲁也失守了。他们推上了帕夫洛维奇，一个脚步敏捷，身高足够，可以和魔术外围对位的球员。骑士这种球员并不多，詹姆斯之外，就是他了。但最后时刻特科格鲁果断单打，骑士的意图也正是防住三分球，逼迫魔术外围单挑。于是针锋相对，先是一记三分球打到 93 平，跟着压住帕夫洛维奇在他头顶一记诡异的抛射反超，留给骑士一秒钟时间。在一击得手的瞬间，土耳其人似乎找回了他们横扫拜占庭、波斯两大帝国的感觉，呈现给世界一个凯旋的弯刀战士般的微笑，让克利夫兰不寒而栗。

但幸亏，他给詹姆斯和克利夫兰留下了一秒钟。2 万名观众屏息凝神，紧紧抓住这根救命稻草。场边一个可爱的小女孩仿佛心爱的芭比娃娃刚被抢走，已经快要哭出来了，整个克利夫兰又何尝不是如此呢？来不及有任何多余动作，詹姆斯从禁区切出到弧顶，接球弹起，滞空出手，球还在空中，终场哨已经响起，时间竟然比结局先一步抵达终点。这是一个何等残酷的悬念？对克利夫兰来说，那一秒后的一秒，仿佛真的是在虫洞的另一端流逝，他们根本不知道究竟过去了多久。

当詹姆斯看到篮球坠入篮筐时，速贷球馆已经“爆炸”了。詹姆斯自己承认：“我后来只听到了一片尖叫。”

07

# 败北

LEBRON JAMES

壮丽的第二场最后一秒虽然让克利夫兰疯狂，但就系列赛本身而言，终究也不过是一场胜利，而不是四场。第二场比赛本身，和第一场并没有本质不同，同样的绝境，无非是第二次詹姆斯得到了拯救世界的机会，并且把球投进了而已。奥兰多在半决赛天王山之战体验过这种瞬间死亡，霍华德说，詹姆斯的绝杀让他一夜未眠，但第二天起来，他就想开了。

魔术全队也一样。来到奥兰多后，骑士输掉了第三场。詹姆斯 28 投 11 中，24 罚 18 中得到 41 分 7 个篮板 9 次助攻。但骑士继续在魔术的高度面前窒息，小莫的眼睛被打伤，大 Z、韦斯特等合计 37 投 13 中。魔术没有再给詹姆斯绝杀机会，以 10 分优势稳稳拿下。

第四场骑士绝地搏命，但最终还是演变成詹姆斯一个人的战斗。

霍华德继续屠杀骑士内线，27 分 14 个篮板，其中 10 分来自最后的加时赛。魔术的三分球流水线运转不停，全场 17 记三分球。就在常规比赛结束前 4 秒，土耳其人在诡异的微笑之后发出界外球，刘易斯从弱侧空切过来投中三分——大范甘迪的赌注押中了，魔术 100 比 98 领先。但詹姆斯直冲篮下造成犯规，在奥兰多的漫天嘘声中跌跌撞撞地两罚全中。这是最惊险的两次罚球，当时仅剩 0.1 秒，罚不进直接等于比赛结束。

奥兰多的情绪被裁判煽动了。霍华德怒吼："给我球！"然后连续两记扣篮，并全方位控制了篮下。最后，刘易斯两次罚球得手，115 比 111，给骑士留了 6 秒。詹姆斯继续抵抗，他在 8 米开外轰进一记不可思议的三分球，得到自己第 44 分，然后立刻扑过去对刘易斯犯规。时间剩下 3.2 秒，刘易斯的两罚一中让奥兰多不寒而栗——第二场的伤口还没有愈合呢。

但克利夫兰没有暂停了。詹姆斯刚过半场就在跑动中射出超远三分球，没进。魔术以 116 比 114 取胜，大比分 3 比 1 领先。克利夫兰的机会正在逝去，若非詹姆斯第二场的逆天改命，此刻他们已经被横扫出局了。但大范甘迪被詹姆斯的举动吓出一身冷汗，说道："詹姆斯在场时，3.2 秒就像两分钟那么长。"范甘迪还这么形容："用两个人防他，而他还能摆脱，接到球，射出一记投篮。这家伙不可思议。"

MAGIC
PL PT RB AS FG FT BK
Cleveland Clinic
ups
Cub Cadet
HOWARD
12
CAVALIERS
23
ORLANDO
20
13
35
19

第五场，退无可退的骑士继续往魔术的极端前进。大 Z 减少了出场时间，将阵容的高度进一步压缩。那意思很明显，他们明知道自己的小个阵容攻不破奥兰多的长枪大戟构建的步兵方阵，而且反过来内线会更加空虚，但所谓搏命便是如此，完全无视自己的伤口，只求在倒下之前多捅对方几刀，让对方的血先于自己流干。

骑士赌赢了，吉布森、韦斯特、小莫们逆流而上，以小博大。他们忘记了魔术的身高和臂展，果敢出击。小莫更是打出个人在本系列赛的最高得分 24 分——之前，除了詹姆斯，骑士没有人得到这种分数。有了他们的果敢，詹姆斯得以留下力气从容掌控全局，37 分 14 个篮板 12 次助攻的全面发挥让骑士的孤注一掷最终得手。大比分 2 比 3，他们保留了一点悬念。

但第六场刚过半，这点悬念就消失了，骑士上半场便以 40 比 58 落后。霍华德看明白了，他需要将骑士自己暴露出来的伤口挖到极致。指挥官特科格鲁也看明白了，骑士这是在求霍华德“杀死”他们，于是他不断传球给霍华德，成全了他们。“魔兽”就此磨牙吮血，打出系列赛个人最残暴的表现，全场 40 分 14 个篮板，每节得分都在 10 分左右，将血腥和阴影始终高悬在克利夫兰的头顶。

奋战五场，本系列赛得分从未低于 35 分的詹姆斯终于在第六战熄火了，只得到 25 分。魔术 103 比 90 取胜，4 比 2 淘汰骑士。即使如此，詹姆斯在这个系列赛的表现也依然堪称惊世骇俗：场均 38 分 8.3 个篮板 8 次助攻 1.2 次抢断 1.2 次封盖。这一伟大的表现别说这个系列赛，其得分之恐怖，数据之全面，综合起来整个 NBA 历史上也罕有其匹。对面的“魔兽”以场均 25.8 分 13 个篮板回应，虽然数据上无法匹敌詹姆斯，但魔术首发系列赛场均得分全部上双，刘易斯场均 18 分，特科格鲁场均 17 分 6.3 个篮板 6.7 次助攻。这就是骑士无力抵挡的了。

按说虽然败北，詹姆斯的表现就算称不上震古烁今，因为人们对他要求太高，但起码也是轰轰烈烈、虽败犹荣吧？然而没有人这么说，因为这个系列赛掺入了太多其他成分。在万众期待“23 VS 24”的年度大戏时，NBA 也在向这个方向努力。于是单纯快乐的奥兰多莫名其妙地成了裁判的敌人和剧本中的反派。霍华德对此体验最深，这个系列赛他最可怕的数据不是得分和篮板，而是场均 5.5 次犯规，其中三次六犯离场。裁判知道他对克利夫兰的恐怖威胁，所以想方设法束缚他的手脚，莫须有的、可吹可不吹的、以克利夫兰的标准不是犯规的犯规，在他身上全是犯规。实在不行，就干脆把他送下场。

霍华德只是最大的一个受害者，一个缩影。这个系列赛的哨子，堪与著名的 2002 年西部决赛相提并论了。但那一次，裁判来回在湖人和国王之间无脑似的找平衡。而这一次，基本上是向着克利夫兰一边倒。

体育联盟也是商业联盟，这种事情并不是个例，但哪次观众也不会买账。霍华德是联盟公认的天真、阳光型球员，被人当头扣篮或者屠杀 30 分，都无法阻止他呵呵傻笑。但这个系列赛，他笑不出来了。在比赛大局已定时，他像是终于被解禁的猴子，快乐地跑到前场扔了一个三分球并说道："我知道全世界都在谈论科比和勒布朗，好像我们铁定要出局。但现在，作为一支球队，我们能击败任何人。"

詹姆斯没有和魔术队员握手就离开了，这更增添了舆论倾泻在他身上的火力。所以，他的球场表现就被放到一边了。在世人心中，体育比赛中的裁判，至少在初心上，应该是纯粹的，而这是一个不纯粹的系列赛。一如詹姆斯职业生涯的第一个系列赛，他的数据和表现全都非凡人所及，但裁判的哨子总是让人像吃了苍蝇般难受。

关于这个系列赛，后世最经常提起的，注定是裁判，但有些事实还是要知道的。这一年的季后赛，在个人层面上，是勒布朗·全世界都习惯了他的"怪物属性·詹姆斯"，职业生涯最惊艳的两个年份之一。

如此，詹姆斯惊天动地的 2008/2009 赛季结束了。他的团队距离冠军还有一段路程，但至少他已经是这个星球上最强大的篮球运动员了。即使是七个月后，他也才 25 岁。

第六章
# 初次决定

## 01 命运的按语

LEBRON JAMES

2010年之于詹姆斯的意义，是一段早早被命运写下的按语。话说2006年夏天，克利夫兰人看着自己21岁的“帝王”乳虎啸谷、百兽震惶，心里充满了丰收的喜悦和自豪。彼时彼刻，如果一定要让他们对勒布朗·詹姆斯在克利夫兰的光荣统治加上一个期限的话，那当然是一万个一万年。面对克利夫兰人虔诚的请愿，“皇帝”的回答是：“我愿意，直到——我不愿意为止。”

当然了，詹姆斯并不会这么说。但毫无疑问，他是一个对自己的人生轨迹有着精确计划的人。以克利夫兰在体育史上的前科，以詹姆斯入行时世界对他的期许，他需要掌握回旋的余地。所以，在他的四年新秀合同还剩一年时，他和骑士管理层经过一番协商，签下了一个有趣的“3+1”合同——他同意提前续约，但只续四年，而且他在新合同第三年结束时拥有跳出合同的权力。这意味着，2010年夏天，勒布朗·詹姆斯将会进入自由市场，待价而沽，择木而栖。

时间越向2010年逼近，联盟的悸动就越强烈。2008/2009赛季，他还不到25岁，但却已经完成了职业生涯的又一次蜕变，加冕常规赛MVP，从一个运动怪物变身为恐怖的篮球机器人。毫无疑问，虽然他还没有取得科比的成就和地位，但他已经是这个星球上最强大的篮球运动员。没有人能像他那样，一启动就能改变比赛。

谁都清楚，2010年夏天，这个人的选择将会左右王座的归属、联盟的格局。更重要的是，2010年的夏天并不只有詹姆斯。那将是已经走向壮年，正在成为联盟中坚力量的“03白金一代”的博弈盛宴——“03四杰”除了卡梅隆·安东尼，詹姆斯、韦德、克里斯·波什都会出现在那里。时代暂时仍由“96黄金一代”把持，但风物长宜放眼量，未来终究是他们的。

纽约人最是积极，每次尼克斯遇上骑士，他们都会用一场惨败向詹姆斯暗示：看，我们是多么需要你啊！2010年就要到了，快来“世界之都”做“世界之王”吧！纽约并非只有暗示，他们请来了“七秒狂魔”德安东尼教练，打造最合詹姆斯口味的旋风篮球。他们开始有计划地清空球队工资单，只等为詹姆斯奉上天文数字般的合同并为他构建新球队。

“西储都会”克利夫兰虽然并非穷乡僻壤，但和纽约一比，那什么也不用说了。“世界之都”的市场能量已经恐怖到某种境界了，他们能把烂了十年的尼克斯的球票价格轻松炒到联盟第一，能让一个二流球星找到巨星般的存在感。毫无疑问，纽约那句骄傲的宣言“如果你可以在这里成功，你在任何地方都能成功”在篮球领域也是毋庸置疑的。

詹姆斯对商业的热情，是众所周知的。所以，大约从 2008 年开始，在关于詹姆斯未来去向的肥皂剧里，头号女主角从来都是纽约尼克斯。每次詹姆斯对尼克斯砍下 50 分加准三双之类的数据，就会让这种流言变得更加可信。詹姆斯会去纽约吗？ 2007 年以来，詹姆斯都以他最惯常的回应流言的方式告诉好奇的人：别急，到时候你就知道了。如你所知，表露在外，他还是无可无不可。他有一群纽约明星好友，与网队小老板、歌星 Jay-Z 过从甚密。他戴着纽约扬基队的球帽让纽约人浮想联翩、让克利夫兰人伤心欲绝（克利夫兰是纽约扬基队的死敌），但也就如此了，他其实没有任何决定性的言行，也不可能有，在 2010 年夏天之前。

这其中的利好是明显的，克利夫兰为了挽留他不得不积极行动起来，否则也就不会有 2008 年全明星赛后的大交易，以及骑士之后两年的狂飙崛起。

2009 年夏天，被霍华德和特科格鲁打得毫无脾气的克利夫兰开始做针对性补强——沙奎尔·奥尼尔喊着“为国王（king）赢得戒指（ring）”来了。即使早已不再是当年叱咤风云的巨无霸，奥尼尔和詹姆斯这两个名字出现在同一张球队名单上时，还是让人激动不已。克利夫兰为此花了大价钱，当时是“鲨鱼”5 年一亿美元合同的最后一年，谁也知道，这是帕特·莱利作孽，38 岁的“鲨鱼”此时哪里打得出 2000 万级别的比赛呢？但克利夫兰毫不犹豫，为了能让自己的真命天子满意，这不算什么。与此同时，他们还为特科格鲁量身定制了一个对位者——安东尼·帕克。职业生涯后期的奥尼尔并不适合勒布朗·詹姆斯的球队，但在常规赛，克利夫兰要求并不高，只要到时候能限制下那头“魔兽”就足够了。

2009/2010 赛季的揭幕战被视为“测量之战”。对手是凯文·加内特归位的“绿衫军”。2008 年他们碾过骑士直奔冠军而去，2009 年他们因为加内特受伤而无缘卫冕。正如他们的主教练所说，当他们首发齐全时，他们还没有输过一次季后赛。这是他们的气势，也是他们的实力。用这样一场比赛，在揭幕战验证一下“皇帝”和他的禁卫军新赛季的战斗力，真是一个不错的想法。

奥尼尔首发出场，29 分钟里 11 投 5 中得到 10 分 10 个篮板小两双。他老了，确实推不动凯尔特人的“招牌肉盾”帕金斯。而且有他这样一个缓慢的“铁浮屠”在场，半场之内到处都是肌肉和手臂，詹姆斯也难以进入他一往无前的闪击战模式。但骑士不可能一开始就扔掉对奥尼尔的尊敬，依然耐心地配合他的节奏，詹姆斯也不例外。

凯尔特人对此非常满意。只要奥尼尔在场，他们就能让骑士在攻防两端别扭至极。但骑士毕竟还有一个无所不能、不知疲惫，足足打了 45 分钟的勒布朗·詹姆斯。只要奥尼尔下场休息，他就立刻让比赛进入自己的模式。凯尔特人无力阻挡他 22 投 12 中 38 分 4 个篮板 4 次助攻 4 次封盖 2 次抢断的发挥，但却利用他和奥尼尔之间的不协调逼出他 5 次失误，牢牢控制着领先。最后时刻，当詹姆斯终于决定全面接管比赛时，已经无力回天了。第二战，詹姆斯砍下 23 分 11 个篮板 12 次助攻的三双数据，但骑士吃到了连败。

这种局面持续了一段不短的时间。前六场比赛，骑士 3 胜 3 负让人颇感意外，詹姆斯更是有四场比赛失误都在 4 次以上。

2010 年夏天将近，克利夫兰对失败也越来越敏感。麦克·布朗不再继续试验了，大家都看詹姆斯的吧。虽然这其实是一个不小的失落，但骑士的球队大架构并未改变。至少在常规赛，“勒布朗·超级机器人·詹姆斯”随时可以带领球队找回 2008/2009 赛季的所向披靡。之后 9 场比赛，詹姆斯 8 场得分超过 30，战绩 8 胜 1 负。对结下了怨念的印第安纳步行者更是得到 40 分 9 个篮板 7 次助攻。既然如此，那就一切照旧吧，先让詹姆斯带领我们拿下常规赛再说别的。

于是理所当然地，詹姆斯和他的骑士再度统治了 2009/2010 赛季的常规赛。骑士 61 胜 21 负继续领跑全联盟，连续两季打出 60+ 胜场，若非詹姆斯在 2010 年 4 月 6 日带队冲上 60 胜之后选择休养生息，他们的战绩会更恐怖。詹姆斯在 76 场比赛里场均 29.7 分 7.3 个篮板 8.6 次助攻 1.6 次抢断 1 次封盖的数据更是独步天下，两相辉映，相得益彰，第二尊常规赛 MVP 比第一次加冕时更无悬念。

Maurice Podoloff Trophy
KIA MOTORS
LeBRON JAMES
Cleveland Cavaliers
Maurice Podoloff Trophy
2009-10 NBA Most Valuable Player Presented by KIA
LeBRON JAMES
Cleveland Cavaliers

02

## 骑士的新装

LEBRON JAMES

他们的战绩并不比去年更出色，但却成功引发了对手们的恐慌乃至妒忌。在全明星赛之后，交易截止日来临前，他们主要做了两件事：第一，他们从瓦解的死敌华盛顿奇才那里得到了他们的三剑客之一，得分怪才安托万·贾米森；第二，用来和贾米森做交换的骑士主力中锋伊尔戈斯卡斯随即被华盛顿裁掉了，于是骑士用老将底薪重新签下了他。

嗯，你看明白了。这基本上约等于骑士空手套白狼，几乎没有付出任何代价就得到了一名优秀的得分手，“皇帝”的骑士团更添强援。在来到骑士后的 25 场常规赛里，贾米森场均足足有 16 分。而且他正是那种詹姆斯最喜欢的三、四号位摇摆选手，射程广阔、灵活机动，拥有一整套诡异的投篮手法和切入技巧。

在 NBA 成熟的规则下竟然会发生这种事情？是的，骑士再一次违反了联盟的规矩，一如他们当初私下接触詹姆斯。因为没有一定的时间间隔，骑士是不可以再签回伊尔戈斯卡斯的，但这件事最终不了了之。于是可想而知，在四步上篮绝杀，修改走步规则之后，勒布朗·詹姆斯身上又多了一条联盟庇护、造星的证据。

口水漫天飞舞时，骑士已然炙手可热。从 2010 年 2 月 17 日贾米森加盟，磨合数场比赛之后，骑士轰出一波 13 连胜，在之后的一个月时间里没有吃到一场败仗。ESPN 迫不及待了，立刻将克利夫兰预测为最后的总冠军。骑士自己也有些眩晕，他们还远不是冠军，但他们比冠军还任性。

2010 年 4 月 4 日，对阵凯尔特人，最后时刻骑士落后两分。当是时也，一向快攻如电的詹姆斯眼前一片开阔。只要他冲过去，就可以用一记命中率 99% 的扣篮追平比分。但他没有这么做，而是豪迈地射出了一记莫测高深的急停三分球。除了一心期待赢球的凯尔特人球迷，世界瞬间被雷到目瞪口呆，因为这俨然是一个赢到手发软的赌神在施舍对手。看，老子随时可以追平，但就是老子不想，老子就是要直接赢一个漂亮的，如果没赢，就当送你们个礼物了。这种事情发生在别人身上都不会产生这种惊世骇俗的效果，除了詹姆斯。谁都知道他恐怖的篮下终结能力和对上篮的执着，绝大多数时间里，我们绝对不会看到詹姆斯在有明显的冲击禁区机会时却选择远射的，在生死时刻就更不可能

看到。我们常常看到的，反而哪怕对手放他两步，他也要继续冲刺到底。但这一次却是个诡异的例外。

这甚至可以当作那支骑士的缩影和写照——他们看起来所向无敌。而与此同时，他们的主要对手们都陷入了挣扎。湖人被伤病侵袭，常规赛末段频频输球。“绿衫军”老了，经常战略性放弃比赛。唯有骑士，就像他们光芒四射、金刚不坏的领袖一样，充满激情和活力。这种活力甚至显得有点轻佻放荡、惹人生厌。这在他们看来，可能真的只是一种革命乐观主义精神的体现。但在对手们看来，这似乎有点提前宣布冠军归属的意思了。拜托，季后赛还没开始呢！

本来嘛，人生偶尔轻狂一次也没什么不好。比如 1996/1997 赛季的芝加哥公牛，某种意义上，他们可能比 72 胜的 1995/1996 赛季更无敌。若非他们在赛季收官阶段胡闹，他们不但可以连续两季打出神话般的 70 胜，更可能刷新刚刚创下的 72 胜纪录。但问题是，时过境迁之后，人们就只会记得他们 69 胜的联盟第一战绩，以及最后的总冠军了。

像骑士这样，板凳席上全天候欢腾，赛前的拍照、舞蹈，以及比赛间花样齐全的击掌庆祝手法，在他们没有登顶前，自然会让人觉得浮躁自大，甚至有不尊重对手的嫌疑。但问题是，这何尝不是球队良好氛围的一种体现呢？就比如 2004—2007 年，那三个赛季的湖人，哪怕场上正在上演科比美轮美奂的单场 50 分，球队的板凳席也是一片死样活气，连机械、礼貌的鼓掌都欠奉。

所以，只要詹姆斯能带领球队成功，这些都不是什么了不起的问题。这一切只会成为“我就是喜欢你看不惯我却又拿我没办法的样子”之类的经典桥段。但一旦他们失败，“詹皇”人中之龙，实力绝伦，倒还好说，而其他角色诸如莫·威廉姆斯、瓦莱乔之流，就难免被贴上跳梁小丑的标签，并成为一支暴发户球队底蕴不足的铁证。他们提前预支的轻狂，将会变成最惨痛的羞辱。

詹姆斯休息了十天后在季后赛登场，首轮对公牛。这支罗斯领衔的青年军完全无力阻挡阵容深不见底的骑士。

第一战，詹姆斯中规中矩，24 分 6 个篮板 5 次助攻 4 次封盖，骑士第一节就奠定两位数的领先优势，一直保持到最后。第二战，公牛顶住了，罗斯、诺阿、洛尔·邓三人得分超过 20，和骑士战斗到最后。但詹姆斯以奢华的 23 投 16 中 40 分 8 个篮板 8 次助攻针锋相对，在第四节将公牛的反扑挡了回去。更足以让公牛崩溃的是，他的这些进球，基本上全来自禁区外的跳投。赛后他还面无表情地来了一句：“谁让公牛放我投篮呢？”

第三战，公牛两分险胜，但詹姆斯依然无人能敌，26 投 14 中 39 分 10 个篮板 8 次助攻 3 次封盖的表现殊不比第二战逊色。

第四战，詹姆斯砍下 37 分 12 个篮板 11 次助攻的大号三双，骑士以 121 比 98 大破公牛取下赛点。第五战，詹姆斯继续 19 分 10 个篮板 9 次助攻的全面发挥，贾米森站出来递交投名状，14 投 8 中蹭到 25 分，骑士大比分 4 比 1 轻松晋级。

有问题吗？一点问题也没有。

是的，如果另一支球队的当家球星发挥到了这种地步（如果他能发挥出这种水平的话），球迷一定会觉得他被逼到了绝境。但詹姆斯随随便便就打出了这种表现，一点也不显得吃力。好吧，真正的问题在于，这仅仅是首轮比赛而已，就让当家球星输出这样的重火力，这多少可以说明骑士在进攻创造上的单一。他们经过了一系列惊天动地的补强，甚至冒着违反规则的危险，但大张旗鼓闹了一个赛季，他们还是只有一个勒布朗·詹姆斯可以担当真正的进攻发起点。是的，这是一个几乎无敌的发起点，是史上最强大的面框突破者。但在篮球运动中，“单一”本身就是一个致命的弱点，无论那个“一”多么强大。

03

# 绿军的阻击

LEBRON JAMES

半决赛，对手是又老了一岁的“绿衫军”。但他们的血气、纪律、骨头硬度一点也没有丢掉，朗多的奇迹崛起弥补了加内特、皮尔斯的些许衰退。更重要的是，他们依然拥有联盟最严密的防守网络。在2012年之前，加内特就有这种恐怖的魔力，只要有他站在场上，“绿衫军”的半场阵地就会连空气都充满令人窒息的恶意。

这种强侧堆积、伸缩自如的防守，正是进攻发起点单一球队的克星。詹姆斯的突击可以在任何防守阵型上制造破绽，“绿衫军”也不会是例外。但他们的快速运转可以有效弥补绝大多数破绽，除非骑士在詹姆斯之外还有一个人，可以和詹姆斯形成呼应，在破绽出现后紧紧咬住，将破绽继续放大。但如你所知，骑士并没有这样一个人，半个都没有。2008年对阵时的攻防博弈，此时仍然有效。

但媒体才懒得分析这些攻防博弈呢，他们只知道，也只想知道，没有人可以阻挡詹姆斯。是的，没有人能阻挡詹姆斯，但战胜骑士并不一定非要阻挡詹姆斯。再者，詹姆斯是一个随时可能自己阻挡自己的人。

第一战结束后，骑士速胜的呼声更加响亮。“绿衫军”的确在上半场制造了麻烦，领先优势达到两位数。但詹姆斯成功突围，全场35分7个篮板7次助攻3次抢断，带领骑士后来居上。事实似乎证明，“绿衫军”的罗网虽然严密，但詹姆斯早已不是2008年那头尚显懵懂的怪兽了，他的外星人般的速度和力量足以撞破防守，就像飞鹰越过篱笆一样简单。

但事实上，离奇的变化才刚刚开始。

第二战，勒布朗·詹姆斯的MVP庆典战。去年此时，他加冕后摧毁了亚特兰大。但此时却是另一个极端，连同詹姆斯在内，骑士仅有3人得分上双，以86比104被血洗。詹姆斯的突击被抑制了，队友们随之一片哀鸣。詹姆斯只出手15次，24分7个篮板，但却仅有4次助攻，一向在弱侧依赖他的牵制而生存、上一场14投8中的莫·威廉姆斯这一场9投1中。

就是这样，加内特的存在可以让球队赢得足够的时间去轮转补漏，因为他可以随时

FG%
47
STEALS
3
CELTICS
9
CELTICS
20
CAVALIERS
23

出现在最致命的区域去迟滞、延阻对手的攻击，逼迫对手减速或者传球。当对手不得不改变策略时，“绿衫军”的阵型已经完成了调整。如果说詹姆斯是最强大的防守破坏者，那么加内特正好相反，他是防守修复者的终极形态。尽管此时早已不是他最敏捷的时代了，甚至可以说他已经再也回不到 2009 年大伤前的状态了。但防守总比进攻来得稳定（这和防守方的被动并不矛盾），他依然可以在某个时间段内提前封住詹姆斯的切入角度，让他错失最佳时机。

第三战，詹姆斯再度冲破重围。他无视“绿衫军”的防守陷阱，坚决一对一完成攻击。第一节就砍瓜切菜般羞辱了皮尔斯，单节 8 投 7 中 21 分，骑士全军突击，一举打出 36 比 17 的梦幻开局。“绿衫军”血气已衰，无力追击，骑士 124 比 95 大胜。打到后来，一向忠诚的波士顿球迷对主队一片嘘声。

第四战，拉简·朗多站了出来。29 分 18 个篮板 13 次助攻的超级三双，杀得骑士后场丢盔弃甲。“绿衫军”97 比 87 扳平总比分。詹姆斯甚至不得不站出来表态：“下一场我来防朗多。”

事实上，詹姆斯的表现有时候让人疑惑。他第一战的35分7个篮板7次助攻，以及第三战的38分8个篮板7次助攻，堪称是当仁不让、遇强越强，让人大呼大丈夫生当如此。但他第二战仅出手15次，第四战梦游般18投7中，却又让人疑惑他对比赛的欲望。诚然，谁都知道，勒布朗·詹姆斯就是这样一个篮球运动员，在他看不到明确的机会或者被逼到绝境前，他总是习惯性地多想想、多看看，而不是立刻把比赛带进个人攻击模式。如此一来，他就难免时常显得消极无为，甚至被指责缺乏担当。但一旦到了绝境，他基本上都能站出来，即便不能取胜，也能以神勇的发挥让观众无话可说，比如2008年那个第七场。

当然了，只要他最终取胜，那么他忘记时空存在多次，把最后一球传给马绍尔之流也好，被防守人放出两米却犹豫着投不进中远投也好，都会成为一种有趣乃至可爱的传说——传说中超人的弱点就是这么吸引人。谁能没有弱点呢？只要知道自己的弱点，并最终战而胜之，那么弱点就不是真正的弱点。

但很不幸，2010年的东部半决赛天王山之战，詹姆斯没有站出来。没有谁防住了他，是他自己把自己放逐到了弱侧和边线，他一边投着永远不会进的远距离两分球，一边在边线围观不知所措的队友。触球即传，毫无作为。凯尔特人的领先优势在向30分蔓延，但他依然像个意志坚定的观众。一向对他奉若神明的克利夫兰球迷也看不下去了，向他送出漫天嘘声，但他似乎充耳不闻。他到底怎么了？

这一战，骑士88比120被血洗。而联盟最强大的球员，25岁半的常规赛MVP蝉联者，却是惊世骇俗的14投3中，仅得15分。他是不可能“打”出这种比赛的，因为他是勒布朗·詹姆斯。他如果打成这样，那就可以直接视为放弃了比赛。是的，他就是放弃了比赛。

勒布朗·詹姆斯怎么了？这个问题简直比天王山之战的结果还重要十倍。据说当时詹姆斯深受自己手肘伤势的影响，还据说当时场外各种离奇的流言蜚语满天飞，这些因素直接影响了詹姆斯的心智与状态。好吧，鬼知道一支在常规赛期间欢歌笑语的球队是怎么突然闹出这种爆炸性新闻的，而且偏偏还发生在他们在季后赛连遭失败的关键时刻。但无论如何，一个事实是很明显的，那就是因为某些没能放到台面上的原因，勒布朗·詹姆斯和克利夫兰骑士队，已然彼此离心离德了。但到底是什么破坏了骑士队的团结，就真的只有他们自己知道了。

谁都知道，一支失去了凝聚力的球队在季后赛就只有一个结局——出局。

第六战，詹姆斯依然和球队貌合神离。他用27分19个篮板10次助攻9次失误的全面数据体现出的存在感，仿佛只是为了给球迷一个交代，骑士根本没有像一个团队那样在战斗。加内特这一场主要有两个贡献：第一，他用招牌动作翻身跳投在进攻端摧毁了安托万·贾米森，直接奠定了凯尔特人的主动；第二，他以自己在明尼苏达12年的苦守为教材，在詹姆斯的耳边低语道："忠诚有时候会伤害你。"加内特可能多虑了，在有些问题上，詹姆斯的思考和实践，可能比任何球员都深刻、主动。

94比85，"绿衫军"晋级。现场镜头拍下了詹姆斯离去的背影：他决绝地拽下了自己的23号骑士球衣。无论他夏天的选择如何，他都不会再穿23号球衣了。换言之，这将是他身披23号球衣的最后一场比赛。如此，克利夫兰骑士队的又一个气势如虹的赛季突然间就烟花寥落了。

骑士的赛季结束了，但以詹姆斯为主角的夏季大剧《詹姆斯去哪儿》才刚刚开始。人们甚至连指责嘲讽他的失败这一人生乐趣都省略了，一心期待他的新动作。

# 04 皇帝的决定

LEBRON JAMES

NBA 的 2010 年之夏注定被写入历史……

2010 年之夏，科比·布莱恩特用七场苦战击败“绿衫军”，举起个人第五座、湖人第 16 座总冠军奖杯，就此彻底奠定了他 21 世纪前十年 NBA 第一人的地位。这是他人生的顶峰，也是“96 黄金一代”最后的盛宴。

科比、奥尼尔、邓肯先后统治了过去和现在，但对于未来而言，这个夏天的自由市场上的博弈结果甚至比一次总决赛还重要。原因无他，勒布朗·詹姆斯、德文·韦德、克里斯·波什领衔的“03 白金一代”集体进入了自由市场。毫无疑问，正当盛年的他们即将成为 21 世纪第二个十年的统治者。勒布朗·詹姆斯就像是选妃的帝王，俯瞰着整个篮球世界，反复权衡。

如此，在这个绚烂的夏天，一边是洛杉矶的冠军游行，一边是勒布朗·詹姆斯的选妃大赛。一边是现在的王者，一边是未来的帝王。

于是，又一个只能由詹姆斯制造的场面被呈现了出来。

仿佛整个世界都参与了讨论和猜测。而那些局中之人，更是一个比一个紧张忙碌。一时之间小小的克利夫兰车水马龙，使者往来于道，虔诚地奉上自己球队的心意，并等待詹姆斯的检阅。如媒体所愿，一个绝世天才的价值被一群人用高度商业化的方式展现了出来，这是只有 21 世纪的人们才能制造出的海市蜃楼。如此，且不必忙着决定，让流言好好飞一会儿吧！这种情景，他体验过太多次了，简直堪称轻车熟路。总而言之，这样也行，那样也好，无可不无可。我喜欢纽约，但我也爱克利夫兰。你问我最后选哪里？对不起，这么早就告诉你还有什么意思？

因为有詹姆斯这样的时代性人物存在，在“03 白金一代”统治 NBA 赛场之前，他们已然在场外开创了一个全新的时代。作为他们的密友，2008 年崛起的新生代控卫巨星克里斯·保罗也参与了进去。在这个疯狂的夏天，记者不止一次地报道，詹姆斯、韦德、保罗们一起聚会，商讨未来的种种可能——直说吧，他们可能会在同一支球队打球。原因很简单，似乎永远不会老去的“96 黄金一代”禁锢他们太久啦，他们要主宰自己的命运。一如韦德在输给凯尔特人后破釜沉舟般的誓言：“这是我最后一次首轮出局！”

最后，人们才发现，“03 白金一代”的想法并非异想天开，有一位神人在背后用实际行动支撑着他们的狂想。这个人就是迈阿密教父、神算子帕特·莱利，他以未卜先知般的长期操作满足了“03 白金一代”的渴望，将詹姆斯、韦德、波什聚集在美丽的南海岸，一举铸造出最巅峰、最强大的“三巨头”。巨星们暮年组团在 NBA 历史上并不少见，远有张伯伦、韦斯特、贝勒，中有“大梦”“滑翔机”、巴克利，近有詹姆斯、韦德的噩梦——“绿衫军三巨头”。但这样的巅峰组团，确实是闻所未闻，这甚至有点破坏游戏规则的意思，三支球队的当家球星在同一支球队打球了。最强大的三名中生代球员，有两个出现在同一支球队了。

在联盟其他球队看来，这简直是赌输了就直接上来掀赌桌嘛，不带这样的！但问题是，整个过程并没有任何不合法之处，无懈可击。于是，莱利的操作让世界叹为观止。而勒布朗·詹姆斯离开的方式则让世界一片哗然，他没有给可怜的克利夫兰人任何心理准备，突然就通过电视直播了自己的“决定”：“我决定将自己的天赋带到迈阿密。”

这又是一场典型的詹姆斯团队式的作秀，他们的路数就是这样，只要足够轰动，足够爆炸，足够浪费流量，其他的都是浮云。这在法律上同样是无懈可击的，但谁也得承认，在普罗大众看来，这多少有点欺骗和不道德的成分在内。是的，理论上他不必承担任何责任和指责，因为他和克利夫兰之间本就是商业性质的合作。在商业层面上，他这么做一点问题也没有。但问题是，一来普罗大众们不会站在同样的立场上思考问题，二来他的团队早期也没少拿“家乡”“梦想”“忠诚”“为克利夫兰带来冠军”来为他做包装。这些标签太符合大众的心理需求了，尤其是克利夫兰的人们。许多人因此成为詹姆斯的球迷。而现在，这些动人的标签不再符合这个团队的利益诉求，它们立马就被粗暴地撕掉了。

尽管时代空前开放，人们对利益的追求也越来越理所应当，但这并不等于你可以公然挑战主流价值观。于是可想而知，那个夏天的那场直播，将詹姆斯推向了口诛笔伐的风口浪尖。是的，舆论并不能将他怎么样。而且这个世界上本身就没有纯粹的东西，所有的纯粹都是理想和包装。但这恰恰体现出一个人、一支团队的经营能力，所谓从心所欲不逾矩，又道是君子爱财取之以道。一个完美的天王巨星，一支顶尖的商业团队，是绝不会将利益二字写在脸上的。尽管他们的实质人人心知肚明，但绝不会在大众面前破了幻象，这就是他们的境界。

毫无疑问，詹姆斯和他的团队，本来也是有这种追求的。但很不幸，当他们走到2010年夏天时，他们终于对这种追求失去信心了。在韦德和波什已经完成聚首的局面下，对孤军作战深有体会的詹姆斯如何还能稳坐克利夫兰呢？以克利夫兰在常规赛的恐怖战斗力，又怎么可能通过选秀找到詹姆斯的“皮蓬”呢？是的，他还年轻，还可以再赌一把。但他早早被推到九重天上的定位已经不允许他继续赌了。他必须站到联盟之巅，以最快的速度。这不是他一个人能决定的，他从一开始就不是一个人。

如此，2010年的夏天，詹姆斯在命运的中途更换了历史为他准备的剧本，毁灭了他足足用了十年时间建立起来的英雄幻象。他演不下去了，虽然他演得足够好，足够壮观，某些章节将会被历史永远铭记。

遥想2007年东部决赛第五场。詹姆斯像一头被逼到绝境的野兽，他别无选择，只能向着坚不可摧的对手一头撞去，结果是对手被他撕碎了。当时，有人说，千万不能让他击败活塞，否则他会统治东部——至少十年。

那是詹姆斯第一次让这个世界在兴奋和恐惧之中战栗。在那之前的2006年，他刚刚把沉沦的克利夫兰湿淋淋地捞起来并拖进季后赛，而且还让这支在那个伟大的23号脚下受尽屈辱的球队13年来第一次赢得系列赛。之后是什么呢？他们居然3比2领先了活塞？好吧，“还好”活塞四年中第二次制造了绝地逆转，否则记者们会愣在那里想不出适当的形容词的。

由于都在活塞统治的时代入行而且第一次抢七都输在活塞手里的缘故，詹姆斯和乔丹之间新添了某种宿命般的连接。所以你可以想象2007年5月底世界的骇然了：咦，不是说好英雄要被连续打倒三次才光荣复仇的吗？怎么这么快就世界和平了？“小皇帝”已经迫不及待地要加冕成为詹姆斯一世了吗？如果他真这样想，有人可以阻止他吗？

如你所知，乔丹在崛起的路上连续三次输给活塞，而詹姆斯只输给活塞一次就永远地赢了。历史在这个时候发挥了他的幽默和智慧：嗯，我可以让詹姆斯只输给活塞一次，但我可以让詹姆斯遇上三支活塞。2007年总决赛，“西部的活塞”马刺横扫了他。2008年东部半决赛“取代活塞的活塞”凯尔特人让他第二次输掉了抢七大战，死死地扼住了他的咽喉，将他看起来近在咫尺的加冕礼无限延期。

当一个人长时间徘徊于王座的边缘却始终无法登基时，致命的变数就会如雷鸣电闪般袭来，然后将一切惨烈地毁灭。于是，龙战于野，其血玄黄，一个开头无比美妙的故事在 2010 年夏天戛然而止，然后不可抑制地走向另一个极端。

从这个角度讲，我们有理由怀着敬意诅咒“绿衫军”，因为他们强行篡改了一个美妙的故事。哦，不对，是两个，一个和历史传奇有关，叫作“接班乔丹”，一个和当代风云有关，叫作“23 VS 24”。

关于第一个故事，也许一开始就是错的。人们似乎没意识到詹姆斯身边始终没有那个“皮蓬”。你可以说这是因为人们执着地相信詹姆斯的强大，并且期望他挑战那种近乎极端的个人英雄主义传说。但事实上，传说都是经过剪裁的，原样根本不是那回事儿。不信吗？很好，我知道你可以找出“斯特西·金联手乔丹狂砍 70 分”和“库克联手科比狂砍 83 分”之类的故事，但你给我找出一个“莫·威廉姆斯联手勒布朗·詹姆斯勇夺总冠军”之类的故事试试？

如此，在克利夫兰蝉联了常规赛 MVP 之后，詹姆斯在满世界的热情猜测中离开了。也许他终于意识到那些传说只是传说，而且早已被传说者篡改成了空中楼阁。

逼一个天才去做天才也做不到的事情，然后嘲笑他的失败，岂非正是人类的通病之一？只要我们稍微放低一下我们那疯狂的目光，我们就会意识到那个未完的故事有多动人。一步一个台阶从“鱼腩”到东部冠军不必多说。在他们最疯狂、最炙手可热的年份里，即使除了詹姆斯，克利夫兰骑士队的其他人和天赋毫无关系，他们也依然可以凭借詹姆斯全权主导的进攻，以及全队协作的防守反击连续两年 60 胜，连续两年获得常规赛冠军。同样的事情，克里斯·韦伯的国王和史蒂夫·纳什的太阳可以名留青史，而詹姆斯的骑士就只能让人遗忘。就连他那无与伦比的，最年轻却又最壮丽，根本没有同龄人能望其项背的前七年职业生涯，也因此一时黯淡。

克利夫兰是一个死结，是一副枷锁。詹姆斯甩脱了它，却被迅速套上了另一副枷锁。从此那个救世主形象被人们屏蔽了。他就此成为 2006 年的科比之后的又一个天使和魔鬼的结合体，即使他以后成功了，这个形象也已经不可改变。何况，现在他还没有成功，这就是他的新幻象。

行文至此，不得不感叹，迈克尔·乔丹这个篮球史上最伟大、最完美的神话，在这个时代实在是不可复制的。

NBA
HEAT
6

# 第七章
# 胜败无常

01

## 热火三巨头

LEBRON JAMES

迈阿密海岸度过了一个疯狂的夏天，但当赛季开始时，许多具体的问题就不是疯狂所能解决的了。他们拥有联盟最强的三个球员中的两个，没有教练会因为手下的球员太强而烦恼，但热火主教练斯波尔斯特拉确实需要费点心思，他们怎么打呢？詹姆斯和韦德都是习惯有球在手的球员，而且他们从来也不是一个好射手。如果纯粹客观考虑，一切自然是以詹姆斯为主，联盟第一的个人实力谁都无法否认。但问题是，这里是迈阿密，是韦德的地盘——自从 2006 年那个神话般的总决赛之后，韦德就是这里的灵魂和战神。2008/2009 赛季的血气狂飙，让韦德也获得了与艾弗森、科比、詹姆斯平齐的孤胆英雄名号。

此时谁也不敢说，德文·韦德应该给詹姆斯当二当家。因为此时的詹姆斯虽然强大，但却并没有在球队地位上压韦德一头的资本，而且韦德的性情外柔内刚、绵里藏针，谁若胆敢上前肆意触犯，谁就会立刻遭到恐怖的反击。总而言之，只要韦德不明确开口让步，他们之间的地位就是对等的。更有趣的是，他们以兄弟的名义聚会，兄弟之间这种事反而没法端上台面讨论了。

于是这个问题就成了热火上下讳莫如深的禁区。迈阿密人民的眼睛是雪亮的，他们当然明白这种微妙的感觉。他们在角色球员乔尔·安东尼罚球时高喊“MVP”——这意思非常明显，连乔尔都是 MVP 了，你们三位，尤其是韦德和詹姆斯，自然就更是 MVP 了。

在这种背景下，加上热火对角色球员的构建还未能真正到位，他们就很难打出持续流畅的进攻，因为一支球队想要成型，彼此之间的协作是必须完善的。他们拥有两个最强大的突破手，而且他们正当巅峰，可以随意撕开对手防线，但撕开之后呢？就像一场战争，你在对方阵地上打开缺口只是一个开始。接下来你得考虑，怎么从这个缺口上迅速投入决定性力量，进行穿插分割，然后才能逐次在各个区域解决战斗。如果你的应对不够及时，那么结果就是对方迅速补上了缺口，或者通常收缩后撤避免了被穿插分割。

篮球也是一样的。你不可能一直让最强大的那个球员单骑冲阵去解决问题。简而言之，如何转移球，如何弱侧牵制，如何掩护、移动，如何在詹姆斯、韦德突破后形成持续配合并最终彻底摧毁对手的防守都是需要考虑的问题。

如此，热火跌跌撞撞打完前 17 战，9 胜 8 负胜率堪堪过半。詹姆斯出手次数锐减，17 场中只有 3 场比赛得分超过 30 分。但这只是磨合的阵痛罢了，NBA 的比赛毕竟是巨星主导的游戏。在一场空中会议之后，热火突然发力，轰出一波 12 连胜。输掉一场之后，又是一波 9 连胜。热火在“三巨头”的使用上，用的是最简单的办法——把他们上场时间错开一部分，让每个人都有机会在某段时间里乾纲独断。

新年伊始，他们展现出恐怖的战斗力，虽然这种战斗力往往由个人发挥体现，但足以震撼整个联盟。2011 年 1 月 9 日，他们做客波特兰玫瑰花园，面对球迷的挑衅，勒布朗·詹姆斯以 44 分 13 个篮板 6 次助攻回击。2 月 3 日对奥兰多，詹姆斯第一节就飙出 20+，全场砍下恐怖的 51 分 11 个篮板 8 次助攻。这种表现带着詹姆斯强烈的个人情绪，他被漫天的口水淋了小半年，他一点儿也不想保持沉默直至夺冠。每到一个客场，他都试图和充满恶意的球迷针锋相对。球迷的嘘声越响，他的攻击就越凶猛。

2010 年 12 月 2 日，他在直播决定加入热火后第一次回到克利夫兰打比赛，以这个

城市对手的身份。这个城市对他充满恨意，烧毁了他的球衣，撤了他的横幅和广告牌，更对他报以最恶毒的诅咒。吉尔伯特丝毫不考虑克利夫兰的一团乱麻，公然怒吼：“我们会比那个叛徒先拿到总冠军！”

但别说总冠军了，他们连送一场失利给迈阿密和詹姆斯的机会都没有。当时个人发挥尚且起伏不定的勒布朗·詹姆斯送给故人一场 38 分，上半场就让比赛失去了悬念。

2011 年 3 月 27 日，对阵休斯敦火箭，热火“三巨头”共同创造了伟大时刻：詹姆斯 33 分 10 个篮板，韦德 30 分 11 个篮板，波什 31 分 12 个篮板，三人同时轰出恐怖的“30+10”式数据。往前追溯一场，对 76 人，他们三人则是同时取得“20+10”式的数据。整个 NBA 历史上，也找不出这样一支寡头垄断、豪横粗暴的联合军团。诚然，他们没有哪怕一个最简单的战术体系，他们就是随时确保有超级巨星在场，然后抓住对方羸弱的部位狠揍。世间本来就没有能够匹敌他们的首发，更遑论替补。大多数球队的轮换阵容只要遭遇了他们三个中的一个，基本上就只有挨打的份儿。

更何况，迈阿密还拥有最可怕、最刚猛的防守风格。无论什么球队，一旦拥有了詹姆斯、韦德这样两个在同位置上最强壮、最具爆炸力的外围球员，他们的外围防守压迫性就会达到某种最可怕的境界。詹姆斯、韦德就像当年的乔丹、皮蓬，简直就是为外围压迫而生的球员，他们的速度和弹跳太恐怖，可以在禁区和三分线之间自由切换，这意味着他们可以随时随地进行局部多防少而不担心漏人，他们的速度完全可以补全那点空间，向外能扑三分手，向内能追大中锋。

詹姆斯、韦德都是这种防守的爱好者，他们从不满足于防住和自己对位的人，而是到处帮队友的忙，轮转抢断、补位封盖无所不为，这种防守是充满攻击性的。他们追求的不仅仅是防下来，而是打乱对方的进攻秩序，然后趁乱夺取球权继而反击。拥有詹姆斯、韦德的球队一旦得到反击机会，他们几乎不会失手。在此后四年里，詹姆斯、韦德以扭曲粉碎时空概念的速度分进合击、凌空飞扣的场景，几乎成为迈阿密每场比赛的固定演出。事实上，也正是因为这样，他们才能在进攻战术极其贫瘠单调的情况下，斩获足够的分数。一言以蔽之，热火在防守端的一切努力，都是为了把比赛带进转换中，打简单篮球，用他们的天赋直接粗暴地解决问题。“梦之队”就是这样吊打全世界的，从来都懒得和你一板一眼玩半场攻防，跑也跑死了你。

在 NBA 用这种打法可以获得最后的成功吗？在总决赛结束前，谁也不会知道。

但无论如何，热火已经统治了联盟的视觉。他们的比赛无论输赢成败，都是烈焰天风般狂野壮丽。他们是联盟的公敌，在每个有比赛的夜晚都会被一大批观众瞩目，看着他们以不可思议的方式掌控比赛。无论你对他们是什么评价和态度，你都得承认，这是世界上最奢华的篮球比赛。

热火最终以 58 胜 24 负、东部第二结束了“三巨头”的第一季常规赛。考虑到他们为磨合付出的 9 胜 8 负的开局，最终能有这样的战绩已经可以充分证明他们的实力。詹姆斯和韦德场均得分都在 25 分以上。詹姆斯场均 26.7 分 7.5 个篮板 7 次助攻的数据依然华丽，但他在 MVP 评选中输给了三年级新锐控卫德里克·罗斯。罗斯场均 24 分 4 个篮板 8 次助攻的数据并不比他更出色，但公牛拿到了 60+ 胜场，常规赛对话中也是公牛占优。当然了，这些都不是主要理由，主要的理由我们当然都知道。这个理由还顺便导致了韦德无缘最佳阵容一队。韦德表现绝对配得上一阵，但热火的战绩，以及热火的公敌身份，再加上科比的江湖地位，最终也就可想而知了。

联盟甚至在故意营造一种氛围——来，大家一起努力，打倒邪恶的迈阿密“三巨头”，我们会给你们奖励的。

但此时此刻，已经不是他们 9 胜 8 负，人人都敢冲上去揩油的磨合期了。即使嘴上不承认，大多数人心里也明白，这支热火将成为季后赛最炽热、最霸道的球队。

02

# 烈火燃东巅

LEBRON JAMES

事实正是如此。热火的东部之旅堪称焚天灭地，所到之处，寸草不生。东部首轮对费城76人，他们一举手一扬眉就直落三局，将76人逼到3比0的绝境，然后在第五场晋级。半决赛遇到他们聚会前的假想敌“绿衫军”，詹姆斯、韦德强弱侧拉开，轮番冲击，随时呼应，将世界上最严谨的罗网瞬间撕碎，又是一个五场晋级。

詹姆斯在半决赛第二战35分，第四战又一个35分，晋级战33分，连续得分场面屡见不鲜，一举驱散了心头的阴霾。第五战凯尔特人追到88平后，已然无力再战，在詹姆斯势不可当的个人攻击下一溃千里。终场哨响起时，詹姆斯已经忍不住流下了泪水，这支邪恶如同鬼魅的不死之师带给他的失败和屈辱太多了，他甚至不得不放弃NBA史上最壮丽的前七年职业生涯来换取胜利。

然后是东部决赛，对面是罗斯和他的公牛。那是德里克·罗斯职业生涯最巅峰的时刻，他年轻的身体似乎随时可以爆炸开来，迅疾、灵巧、柔韧，就像一柄可以随意扭曲翻转的蔷薇软剑。公牛和凯尔特人的防守风格是一脉相承的，公牛主教练锡伯杜正是凯尔特人的前任助教，两队的防守体系都是他的杰作。

热火的防守是最冷酷的鬼门关、断头台，夹击之凶狠，轮转之严密，几乎令人窒息。没有什么人可以持球越过他们的雄关漫道。罗斯也不能，只有第一战是个例外，热火四处围剿罗斯，然后被三分球和前场篮板轰垮了。但此后四场，罗斯在詹姆斯极具压迫性的一对一领防，和热火连绵不绝的延阻与夹击下寸步难行。热火就此连下四城，鹏抟九霄而去。

公牛的强侧堆积防守也在折磨着热火，但热火有两个逆天改命的怪物。第二战持续到最后时刻，詹姆斯在高位连续完成一对一单挑，和韦德掀起一波得分高潮摧毁了公牛。如果你只看比分，根本想不到这是一场在最后三分钟内决胜负的比赛。更典型的是最后的晋级战，最后3分14秒，热火还65比77落后12分，他们似乎已经准备回迈阿密再战了，但詹姆斯和韦德并不这样想，这样的时间对他们来说甚至有点太长了。两人只用了不到三分钟，就联手轰了公牛一个16比2，此时时间还剩下足足29秒，这瞬间的乾

REB
ASSTS
STLS
BLKS
BULLS
TheraMax
HEAT
6
HEAT
TheraMax

坤逆转、攻守易势让公牛茫然不知所措。罗斯绝望地在三分线外左冲右突，试图寻找投篮机会，但韦德没有让那记投篮发生，他闪电般从詹姆斯背后闪出，一帽劈下，比赛结束，总决赛门票到手。

热火回首西望，觉得正拍马赶来的西部对手似乎有些奇怪——这样一支温暾暾的球队是怎么打到总决赛的？难怪江湖传言，西部的球队爱花哨，一点儿也没有东部的近身互搏掷地有声。

来的是达拉斯小牛，豪迈的牛仔，大气的绅士，一支独特的球队。在这届总决赛结束后，他们将赢得这个世界最高级别的敬意。

我们似乎已经习惯了达拉斯每个赛季的悲剧结尾。因为他们的悲剧实在太多，而且动辄花样翻新。一出出大喜连着大悲的多幕剧，让人的心脏急停急起。好吧，历史上总决赛 2 比 0 领先被翻盘也不是没有，拿下超过 60 胜首轮被“黑八”也不是没有，四年三次首轮出局的高排名球队同样也不是没有。但是…… 能让以上这些随便一样发生在自己身上，都会让人留下一辈子阴影的人间惨事，在五年之内统统在一个人身上发生？这个……只怕只有上帝能做到吧？达拉斯的确是被上帝诅咒了，人们瞠目结舌大惑不解之余，顿时产生了悲伤疲劳，顿时对这群疯狂的牛仔们失去信心，觉得这实在是一支命运太过悲摧的球队。于是人们在潜意识里，将他们和冠军彻底划清界限，然后对他们做到的一切表示淡定，免得心脏再受折磨。

但是，这支小牛依然让人纠结。因为他们在创造悲剧的同时也在创造奇迹，他们折磨人的心脏同时却又刺激人的视觉。过去十年，尤其是湖人衰落的那几年的达拉斯风暴，

与马刺的闷骚，太阳的绚丽，一起成为狂野西部的重要组成部分。他们铁骑狂奔，如风来去，活脱脱篮球世界里的日耳曼骑兵。他们可以在某个夜晚，用暴风般的切入和跳投瞬间轰杀任何强队；他们可以在某个系列赛里豪气冲天地大战七场，然后淘汰一个其他球队根本不指望淘汰的对手。所以，虽然最后往往以悲剧收尾，但这样一支球队，你是看呢，看呢，还是看呢？

但小牛终于还是慢慢淡出了主流球迷的视线。世人给他们定位是这样的：假如湖人是骄傲且华丽的贵族，那么小牛就是纵酒狂歌的名士。大肆张扬的湖人可以一而再，再而三地收集总冠军奖杯，而放浪形骸的小牛却只能怀才不遇，空有满腹锦绣，只能在疯狂的达拉斯自斟自饮，举杯邀明月，对影成三人。恍惚间岁月催人老，而唯独达拉斯身在酒中乾坤，浑然不知天地之岁月。他们的确超脱地如同魏晋名士，流觞曲水，饮酒赋诗便是整个世界。渐渐地，似乎他们自己也不再追求那个每支球队原则上都应该追求的东西，他们只是在属于自己的舞台上每年狂舞一回，即使带着三分悲情，也能拿出历尽劫难后“人生不如意，十之八九”的顿悟姿态潇洒退场。似乎有比赛的日子就是他们的节日，没有比赛的日子他们也依然是疯狂、乐观、大气的牛仔。

某种意义上，人们真的没有说错，小牛真的是太有名士的气质了。他们永远热爱干净简洁但连续用起来就显得繁华无限的各种跳投；他们不爱胳膊缠胳膊，大眼瞪小眼的阵地战；他们永远热爱像风一样洒脱，像酒一样浓烈，像大河一样充满灵气的奔跑。

人们绝对没有想到，小牛会以这样的方式重新回到人们的视线中。当然，他们绝不是被人们以粉丝呼唤巨星的方式喊回来的，他们是带着像牛一样的倔强，自己强行冲回来的。他们三下五除二地横扫上届冠军湖人，头也不回地奔向西部决赛，然后在西部之巅寂寞四顾。猛然间发现，昔日的同伴们都已经老了，只有自己还在散发着没大没小的“老夫聊发少年狂”。总而言之，他们风风火火地杀回来了，在这个湖人、马刺、太阳、活塞、凯尔特人集体衰落的时代。

就这样，他们作为时代的遗老，来到总决赛迎战最强大的新生代联合军团。

小牛对战热火，是两种风格的极致。小牛自在如浮云，热火挺立如标枪。一个是内敛的文士，一个是桀骜的将军；一个面带微笑，一个金刚怒目；一个练的是太极拳，一个使的是金刚指。一言以蔽之，小牛如水银，无孔不入，热火如烈焰，无坚不摧。

这简直是完美契合武学审美的经典桥段。那么，开始吧……

03

# 争霸风云决

LEBRON JAMES

远征是历史的风景，有时壮丽，有时惨烈。

詹姆斯已经等了很久，他的内心被如潮水般汹涌而来的舆论拍打撞击。他知道，他不能等待这个世界为他加冕，他应该去开拓，去战斗，去进行一次开国定鼎的远征。仅仅是一个夏天，就已经有了沧海桑田般的恍若隔世。詹姆斯如果在挥汗如雨的训练之后，独卧于地板细细品味这个“远”字，他应该会生出无数感慨。远可以是距离之远，是绚烂迷离但却略显陌生的迈阿密海滩距离普普通通的克利夫兰故乡的距离，是美航球馆距离波士顿、芝加哥、达拉斯的距离。当然也是在这些城市间往复，最终又回到迈阿密的距离。来来往往的线条，勾勒出亦幻亦真的英雄宿命，杂乱却又清晰。

远可以是时间之远，是在迈阿密顶着克利夫兰故乡亲友的诅咒战斗的时间，是被骑士球迷用以发泄的23号球衣燃烧的时间，是人生第一次打季后赛到2011年季后赛又一次开始的时间，是从上一次进总决赛到故地重游的时间。当然，最让他心中泛起神圣战栗的，还是他为了冠军而奋斗等待过的时间。时间可以让人疯狂，千年之下，多少人为了早生华发而栏杆拍遍。

在总决赛第一场的防守端，小牛玩的是诸葛孔明的八阵图。人人都在脚上做功夫，移动此呼彼应，章法井然，江流石不转。詹姆斯当然是一辆飞天坦克，此时在他眼中看来，眼前一个个他完全不必把任何一个人的身板放在眼里的小牛队员统统化身反战车锥。一个个混凝土三角锥挺立于他和篮筐之间，如果强行通过，坦克就会被这些东西开膛破肚，但坦克可以命中远射。面对小牛的联防，詹姆斯三分球5投4中。

热火以惯有的方式在第一场谈笑间卷走胜利。詹姆斯和韦德突然发动的、瞬间可以轰杀任何单人防守的、雷霆万钧的无解进攻，毫无悬念地摧毁了小牛最后

6
50
6

四分钟的防守。韦德最后时刻在基德头顶盛气凌人地连续干拔跳投，然后助攻詹姆斯以离开地面至少 110 厘米的窒息高度凌空扑击扣篮，结束。

这一战的收尾方式让小牛有些沮丧，他们赛后在更衣室里几乎要崩溃了。他们中有人直言：“韦德简直就是神。”让小牛队员说出这种话并不容易，毕竟 2006 年的羞辱是永远不会褪色的噩梦。

所以，当第二战热火在最后五分钟领先到 15 分的那一瞬间，美航球馆一片欢欣鼓舞，以庆祝胜利的姿态为韦德的绝命三分球喝彩。那时节，小牛看起来真的是崩溃了。在那一瞬间，不知道有多少专家在高喊“这是史上最无悬念的总决赛”。特里已经不回防了，但热火漫不经心地连续打出两次蹩脚的进攻，特里趁机打了两次幸运的快攻。

小牛奇迹般地稳住了。在这之前，他们的大纛已经扑地，阵型已经散乱，但两次快攻之后，他们又开始战斗了。热火顿时愣住了：刚刚不是已经要收工了吗？他们眼看着之前 14 投 5 中的诺维茨基，在这一段时间内 8 投 5 中，先是一记三分球将他们推向绝境，

然后是一记背转身突破越过波什上篮绝杀。诺维茨基给他们留了 3 秒钟，韦德一路狂奔，跑动中三分出手，“咣当”一声，韦德倒地，比赛结束。

这是这届总决赛最诡异的五分钟。在这五分钟之前，小牛正在以最懦弱的姿态等死，没有表现出任何值得尊敬的地方。他们的王牌诺维茨基在热火连绵不绝的夹击和骚扰下，根本无从施展那一套无敌的单打跳投，老迈的基德更不是冲锋之将。但就在热火精神松懈的那一瞬间，他们立刻暴起反击，一举拿下比赛，让所有观众眉毛一挑：“哦？原来他们真的没放弃啊。”

第三战迈阿密立刻以绝杀回应了绝杀，让达拉斯的欢呼戛然而止。最后 40 秒，詹姆斯和韦德在强侧被深围九重，于是转移弱侧，克里斯·波什面前一片开阔，轻松跳投，命中制胜球。迈阿密又开始轻狂了。第四战前，詹姆斯和韦德甚至在球员通道里极不礼貌地模仿诺维茨基咳嗽，诺维茨基那时患上了流感。

前三战小牛处在绝对下风，被屠杀一场，绝杀一场，他们赢下的第二场则怎么看怎么像是侥幸。但大比分终究是 1 比 2，而不是 0 比 3。任何球队遇上热火的比赛强度都会眩晕恐慌，小牛也不例外。但三战之后，他们渐渐稳住了。他们甚至开始主动变阵，将 183 厘米的小个子何塞·巴里亚推进了首发。一连串神奇的变化就此开始。

04

# 巴里亚式匕首

LEBRON JAMES

前三场，巴里亚一直按部就班地做他在小牛经常做的事情——推节奏，打挡拆，试图打乱对手的防守——中规中矩。

但热火的防守轮转速度冠绝联盟，在原来的战术体系下，巴里亚的存在意义不过是让小牛在更短时间内运球过半场罢了，不可能指望他像对付湖人一样对付热火。他身材矮小，热火对挡拆的钳形防守让他经常在被夹击后传不出球。而一旦他一对一突破了领防者，“三巨头”人人具备的快速移动和恐怖弹跳，以及角色球员的积极性，立马就会让他陷入重围，传球上篮两不能。

正因为如此，第二场的小牛几乎受到灭顶之灾，巴里亚在重围中举步维艰，连续失误，热火偏偏又是最擅长打快攻的球队，詹姆斯、韦德一旦冲起来，没有人能让他们停下。在小牛触目惊心的失误数字后，是最后六分钟落后 15 分的绝境。

即使输掉了第二战，势头依然在热火那里。第二战小牛几乎是死里逃生，而且他们依然没有找到防守詹姆斯和韦德的办法。小牛的进攻也依然在热火的闪电防守下手足无措。热火在客场极为不利的情况下拿下第三场，更是让小牛瞬间退到悬崖边缘。

但卡莱尔终于在特里和巴里亚身上找到了破解热火的迅速夹击，快速轮换，强势压迫式防守的进攻方式。在这孤注一掷的时刻，巴里亚背负着肢解热火防守的使命，季后赛首次首发登场了。小牛的策略，一言以蔽之，乱战。简而言之，简化配合，迅速终结，根本不给热火的夹击之钳发威的机会。球过半场后，小牛没有任何停顿，人球俱动，一刻不停，等到热火判明进攻意图，小牛的进攻已然完成。

如果只是这样，那并不足以对热火的防守造成足够的威胁。但一旦小牛根据这一思

路形成了稳定、流畅的战术套路，那问题就严重了。当小牛以高位双掩护为起手式，将巴里亚的精灵突破、基德的组织调度、诺维茨基的单打威胁、特里的弱侧偷袭、泰森·钱德勒的禁区拼抢熔铸于一炉时，他们几乎是无敌的，因为这是一个内外互补、阴阳合一的循环体系，周而复始、变幻无穷，不把对手的防守拖垮不算完。

热火不敢再随意扩出防守，这意味着他们无法再继续有效制约诺维茨基的移动和接球。诺维茨基挡拆后向底线移动，在侧翼得到大量一对一机会，一遇包夹就回传基德，基德随手一记传球，如同利剑刺穴，招招指向热火的破绽所在，外线射手顿时旱苗得雨。第五战天王山之战，小牛的三分球是恐怖的 19 投 13 中——江湖传言，那一年的达拉斯小牛的三分球，是被上帝祝福过的。这当然只是一种修辞，实际上，稳定的三分球当然来自稳定的战术执行。

那时，小牛的战术执行已经非常稳定。热火就此失去了他们的撒手锏，他们的招牌防守已经被突破了。于是，总决赛突然逆势而动。前三战战罢意气昂扬、不可一世的热火，忽然就被达拉斯小牛后来居上，连扳三局。

05

## 勒布朗的心魔

LEBRON JAMES

难道何塞·巴里亚的首发真的有如此神奇的力量吗？当然没有，早在总决赛第四战结束时，就有人一针见血地指出：比巴里亚首发更重要的决定性因素，是勒布朗·詹姆斯的迷失。

2011 年总决赛第四场，直到最后时刻才由诺维茨基上篮分出胜负，小牛三分优势取胜。但这场比赛，勒布朗·詹姆斯只得了 8 分。如你所知，只要勒布朗·詹姆斯带着渴望认真打球，哪怕去打宇宙联赛也不太可能只得 8 分，在地球上就更不可能。所以，2010 年东部半决赛天王山之战时的疑问又来了——勒布朗·詹姆斯怎么了？哦，不对，应该是勒布朗·詹姆斯又怎么了？

他在场上甚至比 2010 年那一次更消极。

他似乎突然间不知突破为何物了。在三分线外一步一接到球，没有任何后续动作，立刻像接到烫手山芋似的传出去。然后他就待在三分线外，看着队友攻不进回防，或者接回传球随手扔一记离谱的三分球。在防守端更是如同梦游，被特里用简单的晃动连续突破，电闪雷鸣的补位封盖也不复出现。这就是他在第四场第四节的攻防状态。

第五场前夜，他发出了“Now or never”的宣言。他看起来的确在努力实践自己的口号。在总决赛的天王山之战中，他拿下了三双，但却仅得 17 分，最后一节 2 分，关键时刻连丢三球。最后还被矮他一头的特里迎面射中了一记致命三分球，让迈阿密彻底绝望了。至此，人们震惊地发现，詹姆斯五场总决赛下来，第四节得分合计只有 11 分！而这个数字大约和诺维茨基的第四节平均分相仿。

第六场，他终于化身超人，但却只有短短的四分钟，连中四球之后就再也没有了声音。特里妖异的半场 19 分抵挡了热火的绝地反扑，然后开始稳定地积累起优势。韦德的连续追身三分球无法命中篮筐，于是大局已定。

但即使后三场勒布朗·詹姆斯如此消极，热火也依然和小牛大体上旗鼓相当。除了第六战最后因绝望而崩溃，第四场、第五场他们都和小牛战斗到了读秒阶段。这个事实让人更增遐想——如果勒布朗·詹姆斯稍微给点力，比赛的结果会不会改变呢？在大多数人心里，答案当然是一定会。

关于这段公案，最合理的解释显然是他和韦德在这支球队的地位和关系，尽管迈阿密一直在回避的这个问题。但无论怎么回避，在这个赛季，谁也得承认，韦德依然拥有和詹姆斯对等的球队地位。总决赛开始前，热火主教练斯波尔斯特拉更是公开表示，支持韦德夺取总决赛 MVP。他们在总决赛中的战术方略也体现了教练组的意图：詹姆斯主打组织，韦德成为进攻端的头号选择。

韦德当然无愧于教练组的信任，场均 26.8 分豪气贯天，无数次让达拉斯人心生寒意。但一旦做出这样的安排，关键的问题在于，能不能得到詹姆斯的密切配合。换言之，詹姆斯即使主打组织，也仍然还是进攻端的第二选择，在某些时段，比如当韦德被重点照顾或者需要休息时，他得提供足够的火力输出。

但詹姆斯并没有做到这一点，这未必是因为他对这种安排不满意，而是他从来没有处在这样一个不上不下的战术地位上。他一向是坐镇中军，统筹全局，你突然让他成为一个辅助者，却又要求他随时担当起头号主将的重任，这未免有点强人所难了。

这种事情向来是越描越黑，而且追究原因也没什么意义，世界只会记住结果。此时此刻，全世界都知道，勒布朗·詹姆斯，传说中的 NBA 最强者又输了，带着最强大的联合军团输了，而且个人表现一塌糊涂，甚至连卡通频道都在讨论相关问题。再者，还会有这样的经典桥段，某烹饪课电视节目会说：“现在我们要做个火鸡面包——还有，勒布朗输了！”

毫无疑问，这是勒布朗·詹姆斯职业生涯的最低谷。他拿职业生涯前七年构建起来的无敌神话来赌总冠军，于是他输掉了自己的名声，只剩下当世无双的个人能力可以凭借。但当他输掉总决赛时，呈现给观众的却是职业生涯个人发挥最糟糕的一个系列赛，没有之一。由此，他输掉了一切。

也正是因为如此，这届总决赛才会成为勒布朗·詹姆斯完成职业生涯最后一次质变的起点。患得患失是他最大的弱点，但当他已经没有什么可以失去时，他就会爆发出不可阻挡的力量。

他失去了一切，但他终将回来拿走一切。

CHAMPIONS
HEAT
6

# 第八章
# 终登峰巅

01

# 王者的蜕变

LEBRON JAMES

2011年夏天，NBA联盟因为劳资纠纷再度停摆。但休赛期的詹姆斯和热火没有停，做了许多事情。停摆终将结束，未来是他们的，他们要有主人翁精神。

詹姆斯把自己在屋子里关了许久。等他终于决定走出来，重新确定篮球的模样时，他就像是《荒岛余生》中离开荒岛的汤姆·汉克斯，胡子已将垂到胸口。但他的灵魂已经完成了重生，他平静了下来。当他绷紧身体的每一根神经和这个世界对抗时，他发现仿佛连空气都是对手。他也曾将周围的世界撞得一片粉碎，但最后他还是失败了。

“上善若水”，“夫唯不争，故天下莫能与之争”。他知道，这世上一定存在一条让勒布朗·詹姆斯通向王座的道路，就像水一定能从山间流出，但水避高趋下，从来不会让自己有多余的包袱。如此，詹姆斯顿悟了，从此身似金刚，心如止水。

他的桌上放着一本《蚂蚁与大象》。詹姆斯说：“这本书讲一只蚂蚁，如何千方百计寻找绿洲，但最后发现最好的方式是乘上一头迈向绿洲的大象……有一段时间，蚂蚁在大象背上，它们穿过沙漠，看见一群狮子，大象把狮子们吓走了。蚂蚁觉得：哇，我有世上最强大的朋友！但稍后，大象看见老鼠，害怕了，逃走了。蚂蚁不明白，为何如此巨大、吓得走狮子的巨物，会怕老鼠？蚂蚁想要训练大象，告诉大家：‘你是最大最强壮的，你不用怕任何东西。’”

“我从这个故事里，得到了许多。”他说。

得到了“道”，还需要“术”。他是史上最强大的面框选手，所以他奔赴休斯敦，找NBA史上步伐最灵活的中锋“大梦”奥拉朱旺练习背身步伐，然后将他们俩的训练视频塞进电脑。他依然需要四处参加商业活动，但一有时间他就开始修炼自己的背身。

还有什么？2011年12月31日，他度过27岁生日后的第一天，他向已经为他生了两个孩子的女朋友萨凡娜·布林森求婚。詹姆斯说：“她很快乐，我们全家都很快乐。这才是唯一要紧的。”证明自己是男人的方式有很多种，这无疑是最独特的一种。

热火主教练斯波尔斯特拉看得出来，现在，勒布朗·詹姆斯是个完全不一样的家伙了。

热火主要做了两件事。

第一，他们终于明确了詹姆斯的头号核心位置——是的，德文·韦德让步了，不仅

仅是因为韦德正在老去，以及詹姆斯正处于个人能力的最巅峰，更是因为 2011 年的总决赛让他们明白，他们需要一个明确的秩序。韦德是最聪明的，他永远知道如何成为一个胜利者。后来，他在一次访谈中回忆道：“我看到他赛前整理球衣的样子，看到他赛前怎么处理各种事，他是我看过心思最细的球员。我不想搅乱他的想法，我不得不做一件对我来说最艰难的事，那就是，让出位置。许多人不理解，他们会说：‘你干吗那么做？’对我来说，我想要更多地赢球，我不要得分王，我只想赢球。我觉得这句话必须由我来对勒布朗说：‘冲吧，哥们儿，你是世上最好的球员，我们都会跟着你的。’我知道，我说了这话，他会放松一些。我想给勒布朗机会，让他不用想太多。这就像我告诉他：‘听着，我会自己想法子，你别担心我。你只要出去，去成为我们希望你成为的那种球员！’”

得友如此，夫复何求？这是德文·韦德对迈阿密和詹姆斯最伟大的牺牲和让步。

第二，他们签下了杜克老将肖恩·巴蒂尔。一个端方、睿智、稳健、精准的锋线球员，超级巨星们梦寐以求的完美队友，他有着像张国荣的容颜一样精致的防守步伐，不但可

以锁住对位者，更可以像幽灵般突然出现在切入者的身前，然后让对方刹车不及，赔上一次进攻犯规。更有趣的是，他身为一个 201 厘米的标准小前锋，却可以在必要时顶上四号位——这和 203 厘米、热血强悍、中投精准的哈斯勒姆不太一样，他更轻盈，机动范围更大，射程更广。如此，迈阿密的小个阵容有了质变，他们可以随机应变，权衡轻重，同时始终保持小个阵容的高速机动，打对手的轮转空当。

换言之，迈阿密热火，要提速了。

2011 年圣诞节，停摆终于结束。正在老去的时代还没有从罢工的慵懒中恢复过来，就被迈阿密的闪电风暴山呼海啸般粉碎。圣诞之夜揭幕战，对达拉斯小牛，总决赛重演，但比赛一开始就被热火席卷。他们第一节 32 比 17 领先，上半场打完已经 62 比 41 领先到 21 分，比赛提前结束。詹姆斯 36 分钟里 19 投 11 中砍下 37 分 10 个篮板 6 次助攻 2 次抢断 2 次封盖，韦德 34 分钟内 21 投 11 中得到 26 分 8 个篮板 6 次助攻。在总决赛肢解了他们的达拉斯主帅卡莱尔承认："他们和上赛季比是一支完全不同的球队了。"

在赛季之初的十多场比赛里，詹姆斯为篮球史贡献了一个神话，让每一个人为之发出激动的战栗。他的投篮命中率在相当长的一段时间里维持在 55% 以上，篮下的命中率更是近乎传说的 77.8%。在那十多场比赛里，他和韦德合计只有一次三分出手，这两个突破天才执着地要在篮下用短刀捅进对手的咽喉。

是的，这支热火已经直追当年的芝加哥公牛，是小个阵容的攻防极致。他们本就擅长的区域夹击加闪电反击已然登堂入室，熟极而流。更重要的是，他们有为小个阵容而生的勒布朗·詹姆斯。

篮球如战争，无论战争的维度和元素如何复杂，都始终是两个攻防体系之间对抗，其核心要旨更是从未变更。有人用切西瓜来描述战争：一刀切进去，叫作突破；切成几块，叫作分割；拿起其中一块吃掉，叫作围歼。即使到了信息战时代，这个描述也依然足以概括战争的基本步骤。

单就双方的运动态势而言，篮球和战争并无区别。目的都是制造虚实变化寻找取胜机会。无论是战争还是篮球，突破都是必不可少的取胜手段。而最好的突破就是快攻。

在战争中负责突破的，可以是手执超级长矛的步兵方阵，也可以是雷鸣电闪的骑兵军团，一切根据对手的情况而定。但无论骑兵还是步兵，在热兵器出现之后，就都显得脆弱了，已经无力担负突破任务。于是战争进入重火力引导兵力时代，先用大炮把对方阵地轰到什么都看不见，再用步兵上去打扫战场。如果双方火力不对等，这种战术确实无往不利。但问题是，如果你有的对方也有，事情就麻烦了。对方只需扩展纵深，让远程大炮也无法一次性贯穿整个防御阵地，那么战争就陷入了拉锯战——你尽可以用炮轰我，但你早晚得用兵力巩固阵地，到时候就该我轰你了。

如此一来，防御战达到了巅峰。为了实现突破意图，战争史上划时代的武器坦克、飞机出现了。

坦克的设计精神是这样的：强大的突击能力和强大的自我防护能力，可以当炮台，又拥

有对步兵极具威慑力的机关枪。如此，飞机、坦克可以利用强大的机动性一举贯穿敌人的阵地，战争之所以变得复杂，往往是因为突破的彻底程度上的困难，解决了这个问题，之后的操作就变得简单了。因为有詹姆斯这样的飞机和坦克结合体，所以迈阿密有资格打得简单。

如你所知，伴随着飞机、坦克一起出现的，就是著名的闪击战，这就是迈阿密的打法。和他们相比，除了俄克拉荷马雷霆，其他球队简直还处在蒸汽时代，根本不可能和他们一较高下。

如此，时来天地皆同力，世界终于看到了勒布朗·詹姆斯的终极形态。

说来真是有趣，当世界对他的赞美稍稍止息的时候，他悄然完成了最后的蜕变，在个人层面上彻底无可挑剔了。他原来就擅长的那些东西越发出众，诸如强行突入敌群后近乎变态的篮下终结能力，飞天遁地般的全方位存在感。虽然被一群人骂了快十年，但他依然敢于传出包括最后一投在内的任何传球，着实堪称执着。与此同时，他的一对一领防几乎坚不可摧，以前显得很稚嫩的判断、移动、滑步统统进步飞速。他对协补时机的掌握越发老到，不会再轻易吃到犯规，几乎可以一步到位地彻底扼杀掉对手的一次进攻。他甚至学习了内线的卡位，并运用于攻防两端，真正做到了防遍五个位置。在进攻端，他的中远投真正成为常规武器，各种禁区外的强行打三分频频呈现。他依然热爱传球，但他的思考和选择越来越接近于本能，犹豫不决的时间越来越少。他甚至开始变得沉静和低调，蓄起胡子，不动声色，长时间面无表情，被恶意犯规之后目不斜视地上罚球线，完全屏蔽外界的干扰，越来越古井无波。这才是他最可怕的地方，以前的他像是狂奔的恐龙，所有人都知道他的强大，但现在的他就像是隐藏在地下的大山，安忍不动，静虑深思，谁也不知道他的极限。

这就是人们以及他自己的期许，伟大的勒布朗·詹姆斯正在以史上罕见的方式一步步接近那个传说中的“詹姆斯式的成功”。

他打了一个近乎神话的赛季。他肩上扛着得分、篮板、组织、防守，乃至一切篮球工作，却丝毫不显左支右绌。那些繁重的东西被他从容操控，展现出统治性的威力，并用极具观赏性的方式演绎出来，让观众叹为观止。缩水赛季，他们要在四个半月里打完66场比赛。赛程密集，背靠背无处不在，几乎整个联盟都步履蹒跚，连能量惊人的韦德都要不断轮休。但詹姆斯自始至终保持着爆炸般的状态，不知疲倦为何物。

当然了，他有过调整。因为热火的套路虽然强横无敌，但简单粗暴、大耗体能。刚不可久，全明星赛前，他们 27 胜 7 负，全明星赛后就只有 19 胜 13 负，但这并不是因为他们实力不足，而是他们需要得到休息，他们在意的只有总冠军。

詹姆斯出战 62 场，平均出战 37.5 分钟，职业生涯最少。三分球场均只出手 2.4 次，职业生涯最少。但他场均依然有 27.1 分、职业生涯最多的 7.9 个篮板以及 6.2 次助攻 1.9 次抢断，外加恐怖的 53% 命中率。这是他继 2009 年和 2010 年两个 MVP 赛季之后，效率最高的一个赛季。于是，第三尊常规赛 MVP 到手了。

常规赛最后两场，他习惯性选择了休息。2012 年 4 月 26 日收官战，主力休息的热火在华盛顿客场被奇才 104 比 70 大破，常规赛 46 胜 20 负，以东部第二收尾。巴蒂尔表示：“只要我们的飞机能平安回去迈阿密就是胜利了。”

02

## “03”群雄盛宴

LEBRON JAMES

谁都不会否认，2012年季后赛首轮的最大看点是“03白金一代”的第一次聚会。近十年过去，当年那些充满天赋的年轻人都已成了正当盛年的超级巨星，是时候来一次华山论剑了。这是绚丽繁华的盛典，上帝不敢怠慢，亲自为他们制定了聚会宣传语：“纽约尼克斯VS迈阿密热火。”

场边的帕特·莱利心中一动，你说“尼克斯VS热火”？这不是我当年一手导演的篮球版《古惑仔》吗？

仅仅是十多年的工夫，那个掷地有声的年代已经成了微微泛黄的历史。莫宁和尤因的虎狮相搏，奥克利、查尔斯·史密斯、安东尼·梅森们的篮球战争，阿兰·休斯顿、

拉里·约翰逊、蒂姆·哈达威令人窒息的花样齐全的绝杀、恩怨、仇恨、相持、逆转、对砍，以及那些堪称保留剧目的“怒吼，肌肉碰撞；拳头，乃至群架”。

虽然帕特·莱利依然在迈阿密稳坐钓鱼台，但那个时代以及那种比分低到令人发指的丑陋而热血的篮球比赛却不会再有了。如今的“尼克斯 VS 热火”旧瓶装新酒，热血的历史，华丽的现在，无须品尝，单看标签就足以激起人们抢购的欲望。

NBA 向来懂得带动观众的情绪，第一场比赛开始的时候，当年的主角和大腕们几乎悉数到场：帕特里克·尤因的脸实在太像是百年之中某种永恒的存在，从 38 岁到 48 岁反而变化不大；莫宁只要不怒吼就会显现出三分帅气，但肌肉的线条依然像是被刀剑雕刻过一般；阿兰·休斯顿刚刚在奥兰多展示过不老的神射；莱利的头发略显稀疏，但西装背头，仍然是从发型到心脏永远纹丝不乱的教父派头。好吧，这一切无非是为了告诉球迷，瞧见了吧？这就是当年的主角，那些传说都是真的！

很煽情是吧？但一向个性的“03 白金一代”没有给斯特恩继续煽情的机会。第一场比赛结束，尼克斯输了 33 分。只打了一节半，比赛就开始在勒布朗·詹姆斯一连串的强行突破打三分中倾向热火。进入下半场之后，热火全面开火，詹姆斯和韦德像是猛烈撕咬对手的猛兽，将尼克斯那边香珀特下场后造成的外线防守空白变成一个巨大的伤口。纽约这边的篮球素养渐渐露馅了，最后詹姆斯只用简单的横向分球就可以划开他们的防线，让巴蒂尔们用三分投射带走分数。

在进攻端，除了拜伦·戴维斯们的几记大心脏远射，纽约几乎毫无亮点。他们的第一单打手安东尼被詹姆斯的一身铁甲威慑成“打铁机器”，前八次出手全部偏出，只能凭借篮板和传球做出微薄的贡献。而在之后的几场比赛中，安东尼的个人进攻有所好转，但纽约的进攻陷入了“安东尼单打，全队围观”的局面，诺瓦克们的神射无所施其技，小斯得不到进攻机会，几乎成为纯蓝领。只等安东尼面对巴蒂尔和詹姆斯把单打能量耗尽，J.R. 史密斯抽风完毕，纽约便可以举手投降了。

和其他意欲挑落热火的球队一样，纽约人也同样深知，不能让迈阿密人起速。关于这个问题，泰森·钱德勒可以为全队现身说法。即使是身体状态远未恢复的钱德勒，也足以给球队带来大量的积极影响。于是，我们又一次看到了 2011 年总决赛那些只属于钱德勒的热血镜头。进攻端，挡拆，渗透，寻找机会直扑篮筐，用一记空接暴扣提升士气。对队友投丢的皮球落点做出精确判断，凌空抓下前场篮板，或者在空中将球拍向迈阿密人抓不到的地方，最不济，他也会以各种方式制造死球，即使无法拿到球权，也让队友可以退回半场从容布防，筑起城墙抵挡热火的闪电奔袭。最后，他发现自己的球队对比赛实在是无能为力了，于是果断在一次攻防转换中直奔詹姆斯而去，试图让詹姆斯体验一下脑震荡的滋味。这就是传说中的终极撒手锏了，通过打击对手的肉体来破坏对手的节奏，动摇对手的意志。当然了，正是他这一举动引出了詹姆斯摧毁纽约的连续打三分，但那只是因为被侵犯的是詹姆斯，无法用常理忖度。

这便是钱德勒的热血和老辣，这是一支球队和热火耗阵地战的重要资本。但一个钱德勒只能确保热火无法通过篮板球环节来发动千里奔袭，对热火的另一个起速方式毫无办法，即强大到令人窒息的外围压迫逼抢和区域夹击。戴维斯和毕比垂垂老矣，前者失去了勇士时代的炸弹式突破，后者失去了年轻时联盟顶尖的持球游走，面对热火的压迫，只能在三分线外环城旅游，凭借老辣的手法射中高难度三分，一旦稍有把球给得深一点的非分之想，就相当于拱手送给热火刷分的机会。

还有一个令骄傲的纽约人羞愧的事实：热火即使不使用快攻，进攻效率也要高于尼克斯。原因很简单，他们有“三巨头”，他们可以防得纽约不会得分，然后凭借“三巨头”的轮流单打拉开比分，最后激活角色球员。

这就没办法了，顺带着这个系列赛也就大局已定。后来的事实证明，第一场的屠杀并不是意外，如果迈阿密人愿意，随时可以不分场合再来一次。尼克斯只赢了一场比赛，在安东尼 41 分的情况下赢了 2 分，最后还被韦德用一记三分球考验了纽约人的运气和心脏。而尼克斯输掉的四场，分差都在 10 分以上。

于是，这个被炒得轰轰烈烈的系列赛迅速结束了。以 4 比 1 的总比分，以及纽约尼克斯耻辱地被写入历史的季后赛 13 连败。一道传说中的饕餮盛宴就这样被做成了毫无营养的垃圾食品，连加热都不用，就被迅速地大快朵颐了。

五场系列赛，两个主角的总得分完全一样，各自得到 139 分，场均 27.9 分，但他们的命中率相差了六个百分点，然而这也是他们唯一能比的地方了，要是比其他的，命中率低了六个百分点的那位会输得更惨。

詹姆斯和安东尼在赛后相拥，詹姆斯说：“不管什么时候在场上碰面，对我来说都很特别。他是我关系要好的朋友之一，我们终于能够一起打一轮季后赛，我们之间的情感就是兄弟之爱。”

这话当然只是他们自己的事情。作为球迷，我们可以意识到，在这个系列赛结束后，那个在 2003 年之前就有的，名为“绝代双骄”的美誉可以真正成为一段历史了。

也许这就是这个系列赛的最大意义所在了。九年过去，对詹姆斯而言，“03 白金一代”中当初除了他最受关注的“万花筒纯得分手小前锋”安东尼被他在球场两端全方位统治。他的球队在他如意随心的指挥下轻松解决掉尼克斯，而安东尼却依然没能学会怎样带着整支球队去战斗。而在实力上和他最接近的韦德，那个极具破坏力的乱战之王，一个人在总决赛解决一支冠军级球队的孤胆英雄，像猎豹一样撕裂对手血肉的热血突破手，一直在走野路子的无敌侠客，不留俘虏统统斩首的冷血将军，鹰一样勇猛犀利、直扑目标的防守者，当然，他还有一个更重要的身份，即迈阿密原来的英雄和主人，如今成了他个人最贴身的刺杀短刀，至于另外一个“左手版兼只会进攻版加内特”克里斯·波什，更是始终无法和他相提并论，只能做他的羽翼。

这就是这个系列赛所呈现的。从这一刻起，勒布朗·詹姆斯正式完成了在同辈中的统治，真正加冕了“03 一代之王”。至于接下来他要做什么，每个人都懂。1991 年，乔丹夺取个人第一冠，在季后赛首轮，他用一记经典的双人夹击中回马枪突破暴扣解决了一支球队——纽约尼克斯，也许这件事可以拿来当作命运的启示。

03

# 烈火傲东巅

LEBRON JAMES

半决赛热火遇上了印第安纳步行者——一支典型的传统型东部球队。他们没有炽热的天赋和才华，但他们继承了自雷吉·米勒以来的印第安纳气质，嚣张、硬气、从不胆怯，随时可以把比赛变成一场肉搏。他们的内线群对前场篮板的狂热直指热火的痛处。此时热火并不会想到，这支球队会就此连续三年横亘在他们通往总决赛的道路上。一如步行者主教练在首轮战胜魔术之后所说：“‘步行者的篮球’回来了。”

第一场，勒布朗·詹姆斯的 MVP 庆典并没有镇住对手，步行者们像匪徒打劫般冲上球场，试图捣毁迈阿密的宴会。上半场即将结束时，波什突破希伯特，左手扣篮，然后，他受伤了。一寸短一寸险，迈阿密的小个阵容固然犀利，但利弊泾渭分明，波什是他们唯一靠谱的大个子。此时此刻，迈阿密分明感受到对面的内线群喷出的血腥气。

然而热火并未被吞噬。最后五分钟，热火在防守端让步行者灰飞烟灭。詹姆斯一记扣篮，终场前 32 秒又是一记跳投，锁定胜局。第四节他独得 16 分，等于步行者全队之和。全场他拿到 32 分 5 次助攻，外加“不知道他到底打什么位置”的 15 个篮板。

但热火很快就挺不住了……你总不能指望詹姆斯每晚都能像个超人般弥补内线的亏空。前三场打完，迈阿密 1 比 2 落后，大卫·韦斯特和希伯特的内线单打和前场篮板轻松愉快，热火在失去波什之后只能叹息身高基因先天不良。第三战热火被血洗，韦德还和斯波尔斯特拉发生了争吵。波什的伤势一时无法痊愈，堪称内忧外患，风雨飘摇。

媒体已经在为迈阿密的出局造势，但第四场詹姆斯奋起神威，打出恐怖的 40 分 18 个篮板 9 次助攻。下半场他和韦德联手连续包揽热火 38 分，以双人攻击秀轰了步行者一个 25 比 5。印第安纳哪里见过这等烈焰风暴，就此一溃千里。第六战轮到韦德发威，41 分 10 个篮板，上半场就席卷 26 分。詹姆斯添上 28 分 6 个篮板 7 次助攻。就是这样，他们失去了波什，但巴蒂尔首发后，对手根本不可能在开阔的空间下防住詹姆斯和韦德这两个怪物。

迈阿密就此连扳三场，晋级。

东部决赛再次碰上凯尔特人，“绿衫军”走到这一步几乎是凑巧。东部第一芝加哥

公牛在首轮第一场失去了他们的王牌罗斯，然后被费城上演“黑八奇迹”。于是“绿衫军”中奖了，在半决赛对上了东部第八。七场苦战后终于和迈阿密会师东部之巅。

又冷又硬的凯尔特人已经老了。一身伤病不提，还早早损失了外围防守利器布拉德利。即使常规赛助攻王、凯尔特人的驱动器朗多神勇无比，也没能阻挡迈阿密连续拿下两个主场。但“绿衫军”在0比2落后之后兵行险招，疯狂夹击韦德。第四场，勒布朗·詹姆斯四年来首次在比赛中六犯离场，韦德绝杀失手，凯尔特人连扳两场。天王山之战波什虽然复出，但教练没敢让他多打。最后一分钟，皮尔斯在詹姆斯严密的跟防下射中一记三分球让热火心沉大海。大比分2比3落后，理论上晋级概率不足2%。

然后？詹姆斯在波士顿花园上演赛季最佳进攻表演。他几乎投进所有转身跳投，前14次出手12次命中。后来队友根本不假思索，见到他背身要位，就立刻送球。而他当仁不让，随心所欲地全部打进，全场砍下45分15个篮板5次助攻，率队逃出生天。凯尔特人错失赛点，再也无力抵挡血气方刚的迈阿密。詹姆斯带着东部决赛场均34分11个篮板的成绩单，连续两年迎来总决赛。

04

## 天雷地火

LEBRON JAMES

对面是雷霆，拥有杜兰特、威斯布鲁克、哈登三个惊艳少年领衔的西部新锐。

如果要在东西区各自推出一支最具天赋和能量的球队，必然是西雷霆东热火。他们充沛的能量带来了缩水赛季最匮乏的激情，在这个工作繁忙、劳心劳力的赛季里，再无能像他们一样打球并胜利的球队。热火和雷霆在2011/2012赛季交手两次，各胜一局。两队的特征也在这两次交手中体现得淋漓尽致。第一次交手，面对热火的外线压迫，雷霆从容地突击、挡拆、跑动、转移球，完美地拆解了热火的防守。热火猛虎扑人未遂，反而被对手抄了后门。

单挑能力可以忽略的帕金斯和伊巴卡以超高的命中率（因为他们两个基本上是在扣篮）联手剁了热火近40分。虽然威斯布鲁克没能躲过热火的防守摧残，16投中4，但凯文·杜兰特面对詹姆斯的防守，没有给热火围抢他的机会。他当机立断左手运球突破袭筐，人群中传球助攻，弧顶晃动后干拔三分。在他的驱动下，雷霆在某段时间里比热火还像热火。热火无法打出一贯擅长的防守反击，陷入阵地战后在雷霆的闪电偷袭下失误频频，反而被雷霆屡屡快攻得手。如是，热火支撑到第三节末，便再也无法同雷霆争衡。

正所谓怎么赢的就是怎么输的，第二次交手时雷霆终于被热火的外围压迫闷死。在第三节中段之后，雷霆的外围持球人领教了热火的钳形夹击的威力，杜兰特、哈登乃至威斯布鲁克纷纷失误，一次进攻还在酝酿中就被扼杀于萌芽，雷霆本就脆弱的战术体系就此被热火无情绞碎。经历了互飙高潮的上半场，连续同强队大战的雷霆无力继续支撑攻防两端的超常规消耗，中远距离的轮转出现空隙，这些空隙被詹姆斯灵敏的意识紧紧抓住，连续三次助攻巴蒂尔射中底角三分，雷霆就此陷于被动，再未翻身。第一次交手时被杜兰特全面压制的勒布朗·詹姆斯一吐胸中晦气，上半场23分，强势的篮下得分和坚决的三分远射连绵不绝，几乎独撑热火的气势，下半场虽在进攻端退居二线，但仍不妨碍在攻防两端解决对手，全场砍下34分6个篮板10次助攻，几乎无可指摘。

2010年季后赛首轮结束后，阿泰斯特为洛杉矶献上一张“年度得分王杜兰特场均得分下降五分，命中率35%，下降超过十个百分点”的防守成绩单，随即不屑地丢出一句：

“你说雷霆呀？哦，是那支在进攻端除了做墙掩护什么都不会的球队吗？”

但身为史上最具爆炸力的一号位，威斯布鲁克一直在进步。他的突破越来越能够起到正面作用。当他呼啸着杀进人群时，对手更多的是感到心中一寒，而非“哈哈，我们又要刷一次抢断了”。他拥有相当出色的爆发力和极具动感的膝下运球，这让他的突破充满能量和杀伤力。到了 2011/2012 赛季，他终于在可怕的冲击力之外新添了稳定的攻击手段，即中距离的急停跳投。对于外围压迫性和机动性不足的球队而言，威斯布鲁克就是他们的噩梦。尽管他的大局观看起来还是没什么长进，依然是那个“亲自控球的得分后卫”，但无可否认，他是这支电闪雷鸣的雷霆的重要组成部分，是这支球队最犀利的短剑。尽管青春无敌的雷霆潮翻浪涌，但真正可以随心所欲近距离袭击篮筐的人只有他一个。

在过去两个赛季里，杜兰特迅速成为顶尖的得分手，同时正在成为顶尖的杀手。

五年前，杜兰特在进入 NBA 前夕用一场 37 分 23 个篮板的超级比赛一举成名。球探对他的描述为：进攻端，投篮出手点、手指感觉、出手速度和作为射手需要的跑位已经渐入佳境；速度、身高、协调性、节奏感极佳；突破时的护球、连贯性其实不算很好，

但考虑到其身高已经不错了；反应快，意识敏锐；篮板意识好，臂长惊人；肩有些窄，但关系不大，也许反而对他投篮有益；他已经非常习惯于全场都用跳投来解决进攻，但强突和骗犯规能力还没怎么体现，内线动作有些单调。

四年前，他的新秀赛季命中率堪堪 40%，三分命中率不足 30%，江湖人称“杜铁少”。

三年前，他在新秀挑战赛上 25 投 17 中，狂砍 46 分刷新了斯塔德迈尔保持的 36 分新秀赛个人得分纪录，在世界面前展示惊人的投篮功力。

两年前，他的投篮命中率达到射手们梦寐以求的 47%，三分命中率超过 40%，只凭借着大量的跑位跳投便成为史上最年轻的得分王。他在赛季结束后领衔美国队出征土耳其，在他眼里，那里的篮筐像黑海一样广阔。美国以第二梯队重夺世锦赛冠军，他本人则加冕了另一领域的得分王。

一年前，他蝉联了得分王，雷霆进入西部决赛，青衫磊落的他们成为联盟最具观赏性的球队之一。

突然之间，杜兰特的一对一持球突破、行进间急停跳投、抛射、中距离背身后仰飞速进步，左手运球突破、换手变向的提速，无不更加顺遂自如。他以往一直愿意传球，到了 2012 年他也终于能把空切摆脱、转移球、行进间运球都结合起来，成为一个出色的

传球手了。最重要的是，他从 2010/2011 赛季开始试验的、那些只属于超级巨星的、近乎毫无来由的、分布于弧顶和侧翼的运球调整后一对一强行拔射，终于被他光明正大地使用了出来，并发挥了应有的威力。在 2011/2012 赛季之前，他的绝杀球领域几乎是空白，要么不进，要么出手时间没把握好被吹无效。但仅仅是 2011/2012 赛季开始不久，他就用一记毫无道理的三分线外超远的压哨投射，报复了上赛季淘汰他们的小牛。而且这并不是 2011/2012 赛季的唯一一次。除此之外，他开始用 50+ 的得分刷新职业生涯的纪录，并暗示人们“以前负责为观众干这事儿的是科比吧”？他的投篮命中率居然奔着 50% 而去，他在第四节就像一个毋庸置疑的“比赛审判者”。

这便是如今的凯文·杜兰特。当年那个扔石头长大、背书包逛街、抱公仔睡觉的孩子，已经成了艾弗森、麦迪之后最纯粹、最高效的得分手，科比、雷·阿伦之后最精准、最可怕的“杀手”。更可怕的是，这个蜕变的过程只用了五年。赛季末端，他成功反超科比，再取得分王桂冠。

关于雷霆的防守，2010 年季后赛首轮的系列赛结束后，科比说：“雷霆的运动能力实在是太惊人了，在他们面前，机会稍纵即逝，和他们打比赛很累。”

当时的雷霆还没有帕金斯，平均身高惊人，但没有绝对高度，一群瘦长的摇摆天才们迅捷犀利，伸手摸天，脚下生风，凭借收缩防线自内而外扑远射遏制对手。但一旦被强力中锋在低位拉开单练，立刻便被打花。帕金斯到来之后，他们外有塞福罗萨这样的最佳防守阵容成员，内有帕金斯联盟顶尖的低位盯防和伊巴卡翱翔天际的鬼手封盖，再加上威斯布鲁克能量惊人，杜兰特身高臂长，他们的防守迅速质变，防守效果进入联盟前列。

毫无疑问，雷霆（当时还是超音速）在 2007 年以及之后所做的“青春赌注”赌赢了，不是小赢，而是大赢，赢得了下一个时代。杜兰特们开始用自己的伟大回报雷霆的投资和信任。他们的强势无疑是在告诉勒布朗·詹姆斯——留给你的时间真的不多了。

他们的突围之旅堪称天河飞流，一气呵成。首轮横扫上届冠军小牛，次轮 4 比 1 击灭洛杉矶湖人，西部决赛连扳四局逆转马刺。如你所知，这三支球队包揽了西部过去 13 年获得的所有总冠军，而雷霆把他们一一灭掉了。

天雷勾动地火，大战一触即发。这很可能是史上最具天赋的一届总决赛。很简单，如果你要选一个 NBA 史上最具统治力第一阵容，一到三号位的人选此刻就在眼前。

05

## 加冕做始皇

LEBRON JAMES

总决赛第一场，热火只用了七个人打球，詹姆斯和韦德被累得筋疲力尽。而注定在NBA历史上留下浓墨重彩的得分机器凯文·杜兰特，在个人第一场总决赛就劈下36分。轮换短缺的热火无力抵挡和他们一样青春无敌的骑兵奔袭，最后时刻被冲垮。

但詹姆斯的情绪毫无波动，他坦然承认“杜兰特不可防守”——第二场最后时刻，他防住了杜兰特的绝杀一击，扳平大比分。

总决赛局势就此逆转，第二场和第三场，詹姆斯让杜兰特连续背着五次犯规打比赛，第四场他用连续三次背身单打轰去了哈登的魂魄。他就像一个巨大的铁拳，每当“雷霆三少”企图同时上场玩骑士单挑时，他就会精准祭出霹雳一击，让三人中的一个身心俱疲，始终无法和其他两个形成合力。而雷霆则始终无法阻止他和韦德成为最犀利的箭头，将热火全队凝聚成无坚不摧的大铁锥，凿穿一切障碍。

第四战，堪称詹姆斯的生命之战。

他用背身技术撑起了热火的进攻体系，让一向“只要詹姆斯和韦德不突破就没进攻”的迈阿密惊喜了一把。当然，这是水到渠成的事情。生命之战之所以为生命之战，是因为他在最后时刻的受伤。你可以想象吗？“钢铁侠”詹姆斯在总决赛受伤了，而且无法独立离开场地。在赛程如此密集，季后赛史无前例地出现背靠背的情况下，一个人顶着113公斤的体重在场上高速飞奔跳跃，不受伤反而是奇迹了。

哈斯勒姆动情地说道：“我们总以为他是自然之力造就的怪物，但在那一刻我们才发现，他终究是个人。”

勒布朗·詹姆斯的总决赛第四场历史实在不是美好的：2007年的那个第四场，他被横扫了；2011年的第四场，他只得8分，人们说“比巴里亚首发更重要的胜负手是詹姆斯的迷失”，而且，热火就此连输三局。

那么，2012年的总决赛第四场呢？那五分钟的生死游戏实在太残酷了，詹姆斯下场时，威斯布鲁克正用32投20中43分的表现杀得热火心惊胆战。在那五分钟之后，我们可以说，詹姆斯从此不欠上帝了。他一瘸一拐地回到场上，然后面对塞福罗萨投进了一

CHAMPIONS
MVP
Heat

记反超三分球。等等，他真的是人类吗？所有人都知道他有一具变态的躯体，但此时此刻人们发现，他的心脏也同样非人类。这一击给了所有人命中注定般的幻觉：不是天不灭他，而是天也灭不了他！这个冠军，他要定了。

总决赛第五场，热火的团队战斗力似乎从未如此强大过，雷霆忙着到处夹击詹姆斯的背身攻击，只恨少生两条腿。于是麦克·米勒和肖恩·巴蒂尔在另一侧不断出现空位，两人三分球合计 12 投 11 中。热火在第三节挡住了雷霆的反扑，并用连续的得分潮将分差继续拉大。到第三节末段时，比赛已经失去了悬念。接下来他们只需要做一件事，等到终场哨响起，然后庆祝。

詹姆斯以人们最熟悉的方式结束了赛季最后一场比赛，砍下了 26 分 13 个篮板 11 次助攻的三双成绩。在比赛的最后时刻，似乎已经 200 年没在场边起舞的詹姆斯卸下满身装备，和全场观众一起应节而舞，激情如火，在那一瞬间，他似乎重新变回了骑士时代的那个狂放青年。

这便是勒布朗·詹姆斯的第一冠了。有趣的是，2010 年夏，勒布朗·詹姆斯南奔，而杜兰特则和俄城小镇一口气签下六年长约——这对比太鲜明了。而随后，在科比、詹姆斯、韦德这批“梦八”成员集体缺席 2010 年土耳其世锦赛时，又是杜兰特带领“梦九”

在黑海加冕。从那时起，杜兰特的形象就被推到了詹姆斯的对立面：谦逊、沉静、纯良的好孩子 VS 叛逆、狰狞、邪恶的大魔头。但如今，大魔头在好孩子头上拿到了总冠军。杜兰特的人生第一次总决赛成绩单是场均 30 分，55% 的命中率，外加威斯布鲁克场均 27 分，但最终的大比分却是 1 比 4。

当然了，这个冠军的意义绝不仅仅是詹姆斯击败了杜兰特。你知道的，这对詹姆斯来说就是一切，他说这是他生命里最快乐的一天。

但是，有多少人在等待这一天？有多少人在害怕这一天？有多少人相信这一天？有多少人怀疑这一天？有人觉得太早，有人觉得太晚，但这一天终究已经来了。自 2007 年以后，在你的想象里，这一天应该是怎样的？

从这一天开始，勒布朗·詹姆斯是冠军了。但他不太确定，当他走进更衣室沐浴香槟时，突然惊慌起来："你们谁看到我的总决赛 MVP 奖杯了？"当然了，谁都知道这座奖杯的主人是谁，不会乱拿的。他穿过球员通道，回到记者会现场，然后就看到 MVP 奖杯端端正正地放在桌上。事实上，之后很久一段时间里，詹姆斯都在不断向朋友们发短信：我是一个冠军了，对吗？

他需要反复确认这一点，这对他来说太重要了。曾经他以为夺冠后他会像 1991 年的乔丹一样抱杯哭泣，但他没有。他像 1980 年的"魔术师"一样，微笑、欢呼、跳跃。但事实上，他内心的战栗和惊惧，绝不会比 1991 年的迈克尔·乔丹少。是的，再确认一遍吧，"现在我是一个冠军了"。

拿回一切真的不是说说而已。詹姆斯的冠军荣耀延续到了英国伦敦。作为"梦十队"毫无争议的领袖和王牌，他带领美国国家队在伦敦摘下了奥运金牌。八强赛面对澳大利亚队时，他拿下 11 分 14 个篮板 12 次助攻，成为美国队史上第一个在奥运会上打出三双的球员。场均 25.1 分钟里他得到 13.3 分 5.6 个篮板 5.6 次助攻，外加 63% 的命中率。

至此，詹姆斯完成了他的 2012 年大满贯之旅：常规赛、总决赛双料 MVP，最佳阵容一队，最佳防守阵容一队，总冠军，以及奥运金牌。一如 20 年前的迈克尔·乔丹。

"作为一个只有 28 岁的运动员，他已经独自一人站在了巅峰。他无疑是这个星球上最著名的运动员，也是整个地球最著名的公民之一。有一个说法我们听过无数次，但现在终于可以成为定论：他，就是体育。"这是 1992 年杰克·麦卡伦写给迈克尔·乔丹的，这段话登在那期《体育画报》的封面上。

20 13
HEAT
6

# 第九章
# 卫冕之路

01

## 热火的阿波罗计划

LEBRON JAMES

9 岁时，詹姆斯加入了家乡阿克伦城一支名叫东方龙的橄榄球队，6 场比赛完成 18 次达阵得分，“那是我第一次感觉到自己是如此有天赋”。虽然后来因为手指的受伤和母亲的劝导，他开始专注于篮球。直到 2012/2013 赛季开始时，勒布朗·詹姆斯对待那个少年时代的自己依然如同初恋般虔诚：“人们总说我有多么强壮，可我不这么看。我只记得那个初出茅庐的新人，摘下篮板后开始冲刺。我是个外线球员。”

2011 年总决赛结束后，一度公开表示支持韦德摘取总决赛 MVP 的斯波尔斯特拉召集自己的助教团：“我们得打开思维，研究出一套让詹姆斯在每晚都能成为世界上最好的球员的战术。”

詹姆斯加盟之初，教练组对待他就如同普通的外线锋线球员，采用了寻常的进攻体系。纵然后来打出经典战役的詹姆斯加韦德式快攻和阵地战强弱侧配合，但两位突破大神的进攻区域严重重叠的问题却一直困扰着热火，直至总决赛战败。那年的总决赛，针对小牛的防守特点，热火主攻韦德，而以詹姆斯为辅助，结果这让詹姆斯在第一场之后彻底迷失。他的手感在一次次简单的跳投了事中变得缥缈，徒劳地做着一大堆后勤工作，眼睁睁地看着进攻端火力匮乏而无能为力。

天才的事故让人反思，斯波教练反思后的精髓是让勒布朗到内线去。

打到内线意味着他需要适应新的角色。“想象下，你一辈子都在朝一个目标努力，但有一天，你醒来后对自己说，我要做出改变。你永远不会忘记之前学到的东西，那已经嵌入你的体内。可现在是时候学点别的了。这就好比同时阅读两本书。”对于热爱冲刺的勒布朗·詹姆斯而言，这是一次挑战，然而背身单挑巴里亚失败的故事刺激着他……那种耻辱的事情绝不能再度发生！于是我们看到，派大个球员防守他，他就把他们吸引到三分线外，这样就能不费吹灰之力完成过人。如果换小个球员，他就会在篮下利用身体优势压制他们。用个简单的比喻，詹姆斯就是一辆安装了法拉利引擎的大卡车，现在正铆足了劲往前冲。

这是拉里·伯德当年的活计，遇上三号位就背身强吃，遇上四号位就切出跳投。以

詹姆斯的天分，只需指明了方向，效果是可以加倍兑现的。如此，他的模板又变了，最初是乔丹，后来是“魔术师”，现在是黑人版、劲爆版拉里·伯德。

这对于热火有着重要意义，自从教练组关于詹姆斯的这个宏伟构思成型，詹韦二人的兼容问题也就迎刃而解。迈阿密那充满热浪气息的进攻最终演变成繁华景象：高位的挡拆算是保留剧目，让克里斯·波什更多地参与进攻；詹姆斯、韦德居然像内线的双塔一样，高低位相错，一个策应一个空切，而且随时调换位置。詹姆斯的侧翼背身拿球成为热火发起进攻的常态，或是简单的交叉步突破，或是朴实的低位靠打，只需詹姆斯碾进禁区，热火的进攻就有了无数个可能性。

于是，迈阿密的武器库里不再仅仅是炫耀天赋的高压防守加闪电追袭，他们在阵地战中的切入和跳投逐渐淬炼成型。说来也是奇闻，他们的战术素养反而是夺冠后才有了质变，促成这一质变的最后一块拼图让人大跌眼镜，就是从凯尔特人出走的雷·阿伦——沉静如冰的“君子剑”，史上最伟大的三分手之一，三分球命中数的保持者。他的到来，让热火的战术动作空前丰富。他的侧翼无球切出，是教科书般的半场进攻起手式，可以和任何进攻体系无缝衔接。

从此，在攻防两端，在各个位置上，在各个球场区域，詹姆斯可以全天候、全方位地展示他的天赋了，这也正是斯波尔斯特拉的目的，“让詹姆斯在每晚都能成为世界上最好的球员”，这简直就是篮球世界里的阿波罗计划，让一个时代为之激动和疯狂。

这是我们看到的场上的勒布朗·詹姆斯，霸气的指挥、全能的身手、惊人的能量、强大的气场。他在场上的言行谦逊细腻、大方得体，偶尔来一个看似卖萌的内涵举动，也让人回味无穷，他真的成熟了。

“魔术师”在 ESPN 录制节目时提到，詹姆斯场外的表现正在逐渐追上他在场上的表现。换句话说，他现在明白了：你在休赛期做了什么，是会影响到新赛季的表现的。“魔术师”说詹姆斯现在开窍了，他夏天给他打电话时就听出来了。他认为帕特·莱利带给詹姆斯的影响可能比任何人想象得都要大，莱利就是有办法让你听话。莱利会以朋友和竞争者的身份和你交流，始终让你保持紧迫感，始终让你思考接下来该怎么走。

“魔术师”做了一个经典的比喻：“这就像一个从来没吃过牛排的人第一次试吃，只要尝到那个味道，你就会想要更多。”这其实是一个永恒的命题，救赎之后是什么？

02

## 27 连胜

LEBRON JAMES

救赎是一个神圣的名词，是对生命和荣誉的负责，是对自我的超越。在英雄们发起救赎时，他们的初衷只是不想对不起自己的优秀，却往往在救赎成功后为世界呈现一个绚丽的故事。对一些人而言，救赎之后就是落幕，比如 1967 年的维尔特·张伯伦，击败拉塞尔之后，在宾馆外等待他临幸的女人排起了长队，但张伯伦却不想在第二年让这旖旎风光再来一次，他在自己的纪录中添上了一项空前绝后的“中锋助攻王”。然而到了东部决赛第七场，也许是为了向汉纳姆教练证明让自己传球是个错误，也许是其他神秘的原因，张伯伦提前上演了科比在 2006 年的戏码，76 人落败，张伯伦的命运列车驶离费城，奔向洛杉矶。

对另一些人而言，救赎之后是一个伟大的超越。1986 年，拉里·伯德率领凯尔特人在整个赛季共计获得空前的 82 场胜利，完成救赎并且成为“活着的传奇”。然后他一生的对手在第二年完成了同样的事情，自那之后，“魔术师”和湖人一骑绝尘，奔向 80 年代的最高峰，而伯德和“绿衫军”则慢慢老去。

乔丹和他们的答案都不同，救赎是另一个层面上的开始。勒布朗·詹姆斯亦如此。他们在夺冠之前已经收集了太多荣耀，以至于人们只能拿冠军来要求他们，于是他们就莫名其妙地欠了人们一个总冠军，一日不还，就有一日的质疑。如果这种质疑的生命力竟然长达数年，就会化作枷锁，让人压抑，让人窒息。然而这种质疑又是极易扫除的，一尊冠军奖杯就能让他们全都闭嘴，就算是像科比这样，一度成为篮球世界的公敌，乃至造成了某种程度上的不可修复，也绝没有人在他举杯时大放厥词。

从这个角度讲，英雄们的救赎就像是在完成观众的硬性规定动作，完成之前百般刁难嘲讽，完成之后就可以随意挥洒了。在赛季初，詹姆斯的无欲无求让球迷无语，恨不得提醒他一句“冠军才只有一个啊”。但一个梦幻般的超级 2 月之后，詹姆斯和他的热火开始了王者之路，原本略显平淡的连胜数字逐次累积到让人眩晕的高度。2013 年 3 月 19 日，火箭 22 连胜被终结五周年纪念日，热火在北岸花园打破桎梏，结束常规赛在北岸花园客场对凯尔特人十连败之余，取得了决定性的突破，更广阔的野望在眼前铺陈开来。

最后，这一数字停留在27连胜，史上第三，仅次于那支33连胜的湖人，以及正在追逐公牛72胜神话的勇士。

无需不安，只需享受。不要跨越时空寻找“出状态太早对卫冕不利”的证据了，在没有共同基础的情况下，任何纵向对比都显得片面。最起码，詹姆斯表现出了“继续吃牛排”的欲望和实力，这就足够了。你可以猜测之后的结局，但也请不要错过每一段路上的精彩，这是勒布朗·詹姆斯的卫冕之旅，是伟大球员的职业生涯中最精华的篇章。

迈阿密当然有着不小的隐忧，那就是篮板。当时正值《泰囧》最火的时候，有球迷用王宝强的经典表情调侃道：“打热火？命中率低？抢下篮板继续投啊，哈哈哈！”

有人认为这是因为迈阿密缺少优秀大个子的缘故，但其实不然，西边的湖人，坐拥德怀特·霍华德，某段时间丢起篮板来也是毫不含糊的。篮板是一个团队工作，虽然最终篮板球只会被一个球员摘到，但其他球员的卡位、挡人也都必不可少。比如湖人，一个愣神不挡人，就让霍华德陷入一抢三的境地，“霍超人”纵有三头六臂也难以周全。以热火冠军级别的战术素养，以他们的速度和意识，即使没有纯正的优秀大个子，篮板也绝不会差。但问题偏偏就明明白白地摆在那里，迈阿密有着联盟倒数的篮板球。

其实原因很简单，热火的主要防守力量并未用在篮板球上。虽然说平均防守水准有所下滑，但较起真儿来的迈阿密足以让任何球队单场失误20次。防守分为三个层面：一是直接迫使对手失误，在对手投篮之前就把对手的进攻破坏掉；二是尽力迫使对手投篮不中；三是抓下防守篮板，彻底结束对手的本次进攻，是防守的最后一步。如你所知，热火的力气都用在前两个层面上了，最后的篮板球环节自然能量有限。并不是人人都是詹姆斯和韦德，在一连串的大范围移动后还能回转身准确地卡住篮板位。

这是由热火的特点决定的，他们的战术设置和能量分配都只为一个目的——效率最大化。无论是进攻还是防守，迈阿密打的都是典型的小个篮球。小个在防守端的优势在于高速轮转，不留空隙，同时掐对手的传球路线，而且他们尽可能地使防守为进攻服务，即大打反击快攻。这也就决定了迈阿密的防守方式，他们以两名球员前出至三分线外对持球人实施钳形夹击，增加其运球出球难度，另外三人随时准备截断传球发动快攻。此外，同样由于小个阵容的原因，他们不得不以数量压倒质量，用大量区域夹击来弥补禁区不足，同时也还是为了同样的目的，断球反击。

MICCOSUKEE.COM
HEAT
6
2012
CHAMPIONS
10-11
11-12
PLAYER STATS
PACERS

这就造成了热火的防守重心倾斜，尤其是前倾，造成腹地薄弱，篮板位无人守卫，这样的防守阵型不丢篮板才不正常。得篮板者得天下，迈阿密之所以没有大出血而死，是因为他们的防守伸缩能力太强。虽然没有加内特那种四处协防完还能回头抢篮板的变态本领，但在对手抢到篮板后却可以继续之前的防守强度，让对手投篮不中或失误，直至对手抢不到前场篮板。

有一个细节可以看出冠军的无微不至。在篮板丢得一塌糊涂的热火，詹姆斯的篮板数据达到了职业生涯新高。你若以为这是无可奈何你就错了，你难道不知道詹姆斯最擅长抢下篮板全场冲刺吗？这是战术。这和让詹姆斯到内线去一样，所有的目的都只为了发挥这支迈阿密的最大效力。

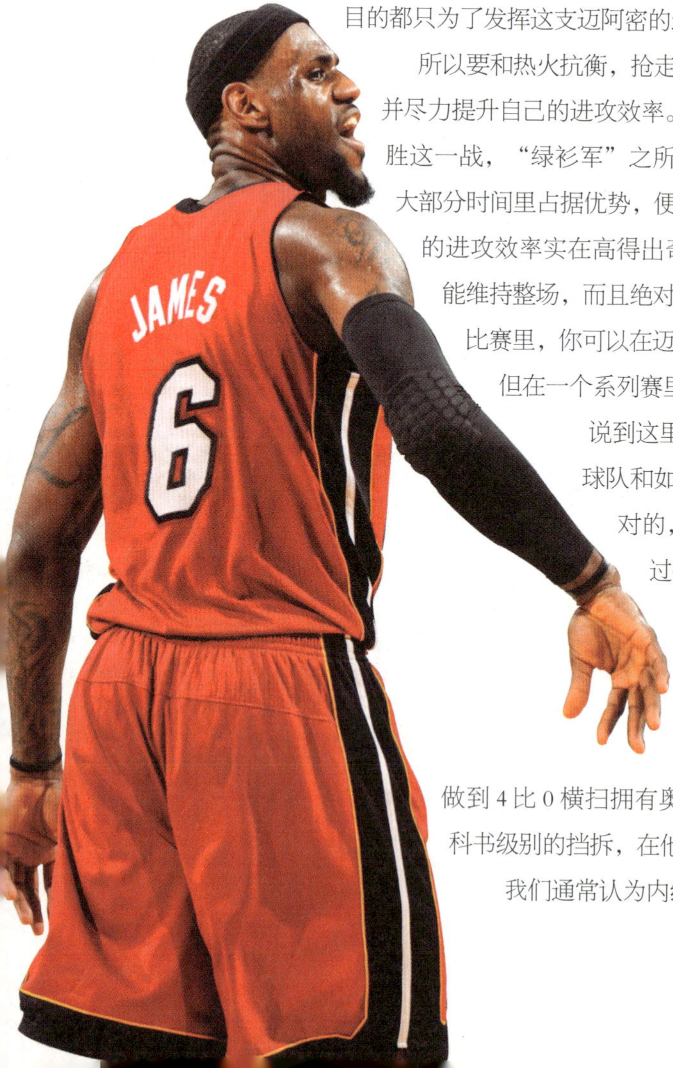


所以要和热火抗衡，抢走篮板是不够的，还必须控制住失误并尽力提升自己的进攻效率。热火在波士顿北岸花园达成 23 连胜这一战，“绿衫军”之所以能在失误 20 次的情况下还能在大部分时间里占据优势，便是因为杰夫·格林、杰森·特里们的进攻效率实在高得出奇。然而，再高的进攻效率也不可能维持整场，而且绝对高不过迈阿密的快攻。也许在一场比赛里，你可以在迈阿密的防守强度下保持进攻效率，但在一个系列赛里，你很难凑够四次。

说到这里，你就发现在 NBA 历史上有一支球队和如今这支热火在某些方面颇为相似。对的，就是芝加哥公牛。那支公牛取得过很多成就，在篮球战术层面上的最大成就，则是演绎了外线防守的极致。他们没有奥拉朱旺、卡尔·马龙、蒂姆·邓肯这种级别的内线，却能像火箭、爵士、马刺一样，做到 4 比 0 横扫拥有奥尼尔的球队。“犹他双煞”的教科书级别的挡拆，在他们面前也不得不大大收敛。

我们通常认为内线防守作用远大于外线防守，这并没有错，但量变引发质变，公牛向我们证明，最佳外线防守组合产生的效果远胜于水平最高的内线防守。完全可以说，他们的防守到了一种传说中的境界，对手的相当一部分战术，在他们面前还没有施展就已经失败了。

无论什么战术都需要球的运转，而公牛恰恰是最擅长对付传球的。公牛的外线轮换天衣无缝，掐死了大量的传球路线。没有了传球，自然也就没有了战术，只剩下单打。而纯粹的单打是不可能带来胜利的。这是顶级的外线防守的特质，主动出击，防患于未然。而内线防守就略显被动，虽然霹雳封盖场面壮观，如同高难度手术，却只能在对手的进攻开始后再终结之。只不过内线防守的适用程度更高，而外线防守不到一定境界是不能发挥出强大的威力的。毕竟，NBA 历史 60 年，也只有一支芝加哥公牛。这样的外线防守既不是单纯的无限夹击，也不是死板的不夹击，而是强大、均衡的个人防守与夹击的完美结合。

哈珀、乔丹、皮蓬的个人防守能力不用多说，再加上罗德曼，这首先让公牛拥有了强大的换防能力，对手就不用想制造错位了。更可怕的是，这几位的机动性也是顶尖水平，是局部多防少制造机。一个防守者同时拥有单防和协防能力是非常难得的，但至少乔丹、皮蓬都是这里面的出类拔萃者。如此，天生丽质难自弃，不弄出点惊人之作怎么对得起上帝的恩赐？强势地对球压迫 + 凶悍的局部夹击 + 迅疾的阻截传球 + 完美的位置轮换 = 无敌的防守反击。

如你所知，那支公牛无敌的外围防守能力如今在迈阿密得以重现，詹姆斯、韦德、巴蒂尔和其他队友们组成的外围，并不比那支公牛逊色，而且他们的核心王牌更年轻。所以，放轻松，看他们表演就好了。

27 连胜，近两个月没有输球的事实，将詹姆斯和热火重新推到俯瞰众生的高度，让以杜兰特和雷霆为首的挑战者们黯然失色。常规赛结束，热火打出“三巨头”聚首以来的最佳战绩——66 胜 16 负。詹姆斯场均 26.8 分 8 个篮板 7.3 次助的数据王道依旧，但发生在他身上却无法让人惊讶。但当你看到他不可思议的 56.5% 的超级投篮命中率，以及 75.6% 的篮下命中率时，你还是不得不甘拜下风。这种惊奇感很重要，它直接让勒布朗·詹姆斯预定了五年内第四座常规赛 MVP。毫无疑问，这是 NBA 常规赛史上最伟大的一个五年。

这五年的勒布朗·詹姆斯，凌驾于一切之上。

03

# 鏖战步行者

LEBRON JAMES

以东部之孱弱，迈阿密热火的季后赛突围之路，往往是到了第二轮才真正开始。2012/2013赛季也不例外，首轮对密尔沃基雄鹿，尽管颇有些妖异才华的詹宁斯毫无畏惧，但热火四场合计净胜59分，横扫。

第二轮也没有真正的麻烦，但很考验迈阿密的意志。芝加哥整个赛季都没有德里克·罗斯，靠着将常规赛当季后赛打的搏命打法进了季后赛，然后用七场战斗熬死了温暾暾的篮网。战至此刻，他们已是伤兵满营、摇摇欲坠。

但迈阿密歇得太久了，第一场完全打不出自己擅长的围猎游戏，被无法无天的“小土豆”内特·罗宾逊打破金身，开门一场失利。此后，芝加哥将自己骨头里的每一分力气都榨了出来，内特、诺阿、巴特勒们末日狂奔般试图和热火同归于尽，恶意犯规、怒吼、推搡、挑衅、斗殴，无所不为。吉米·巴特勒更是不可思议地在全场主防詹姆斯的情况下，连续三场打满全场。

他们足够悲壮，乃至粗暴，但他们在偷得一场之后，再也没能拼下第二场胜利。迈阿密第二战以37分的巨大分差施以报复，第四战再胜23分，连扳四局，走向东部决赛。

连续两轮无趣的比赛之后，热火和步行者在东部决赛第一场就打出了经典。保罗·乔治临危受命接替格兰杰，成为步行者的王牌。这个年轻的侧翼球员柔韧、敏捷、沉静、好战，以科比为偶像。他的持球技巧并不成熟，但他的接球出手足够大气、精准，凭借超长的臂展和不俗的身高，他能在对手已经封到脸上的情况下，将许多不是机会的三分球投进篮筐。

更重要的是，他以防守起步，有着扎实的步伐功底，失位后恢复防守状态的速度几乎是联盟首选，所以，他可以尝试一对一对付詹姆斯。他们的外围还有乔治·希尔和史蒂文森，再加上在这个时代几乎绝迹的传统巨人希伯特，足以让他们构建起联盟最前列的防守。他们和热火相反，他们习惯性地不夹击对手，只是一路护送对手到禁区，然后让希伯特一掌拍死。

两队的命门对方都一眼可见，热火的禁区高度不必多说，而步行者孱弱的外围持球能力，一旦遭遇了热火的地狱烈火般的夹击，断无幸存之理。

GOLD
MIAMI
6

第一战，热火被希伯特和大卫·韦斯特两大内线联手砍下 45 分尚在情理之中，但他们低估了保罗·乔治的大心脏。这个安静的年轻人全场 16 投 7 中并不起眼，但他用两次关键的进攻险些让热火熄灭。常规时间最后时刻，步行者落后三分，保罗·乔治在身体失衡的情况下射出了一记绝望的三分球，只等这一投发出“咣当”一声，迈阿密便可以庆祝开门红了。

那球没进，但裁判吹了韦德犯规，三次罚球。保罗·乔治安静地全部罚进。加时赛最后时刻，步行者又被推到绝境，保罗·乔治一记超远三分球再次出手，这一次他投进了。最后 2.2 秒，热火落后一分。这无疑是罕见的大心脏表演，只可惜 2.2 秒之后，这一切全成了詹姆斯的陪衬。乔治犯了一个习惯性错误：防詹姆斯背身接球时，他站位微微偏右，似乎忘了詹姆斯是个左撇子。不仅是他，步行者全队也没有在詹姆斯的左侧后布置第二道防线。

詹姆斯闪电般转身越过乔治，一秒钟，只需要一秒钟，他的身前已经只剩下篮筐。他的身体还浮动在空中，但整个美航球馆已经预见了胜利的光芒——那种上篮，这个赛季篮下命中率 75.6% 的詹姆斯上不进的概率约等于零。

第二战，迈阿密依然无法抑制希伯特的居高临下，被这个 218 厘米的巨人像鸵鸟欺负麻雀般 15 投 10 中，轻取 29 分。犀利的乔治·希尔咬住了热火的轮转空隙，只用 8 次出手就得到 18 分。保罗·乔治并没有被第一战打击到，16 投 9 中 22 分，并在“鸟人”安德森头上炸响了一记暴扣。他们没有再给砍下 36 分的詹姆斯绝杀机会，以 4 分优势取胜，从客场从容凯旋。

第三战，热火以最常规的方式反弹。他们依然放任希伯特和大卫·韦斯特在禁区凿出 41 分，但对步行者的外围就不客气了。前两场神勇的保罗·乔治只得 13 分。此外除了神奇的乔治·希尔拿到 19 分，步行者外围再无一人得分上双。这就是热火的策略，他们的博弈指向极其明确，果断取舍，扬长避短。在他们集中力量的区域，他们可以让对手寸草不生。

詹姆斯在这一场的手感并不好，17 投 8 中 22 分而已。但热火首发全部得分上双，全队有 9 个人得分在 5 分以上。在步行者进攻被锁死的局面下，这足以让他们 114 比 96 大胜了。

第四战，步行者推出一个风格诡异的持球狂魔——兰斯·史蒂文森，一个篮球场上

的神经质和行为艺术爱好者。他一不小心就会和整支球队格格不入，但并不能否认，他有一套古怪的突破、传球、终结手法。步行者的外围恰恰缺乏这种才华，但谁也不能提前预知，史蒂文森先生会把比赛搞成什么样。

比如前三战，他分别只得到 7 分、10 分、7 分……东部决赛级别的比赛，谁敢让他自得其乐地玩耍呢？但到了第四战，步行者没有选择了。

步行者赌赢了。面对迈阿密的烈焰炙烤，史蒂文森浑然不觉，他不断遭遇骚扰，但一一摆平。他全场出战 41 分钟，变戏法般 15 投 9 中，给步行者贡献了计划外的 20 分。整个东部决赛，他就变了这么一场戏法，步行者的进攻活络起来，以 99 比 92 险胜，勉力维持住均势。但到了这一步，步行者不过是在迈阿密的诛仙阵里多喘了一口气，并没有爬出来的力气。

天王山之战，保罗·乔治远射如神，投进 5 记三分球砍下 27 分，但步行者一片萧条，只得 79 分。迈阿密依然让步行者两个内线主力合计得到 39 分，但乔治·希尔和史蒂文森两人加起来只有惨不忍睹的 5 分。

就是这样，迈阿密一发力就能死死扼住步行者的咽喉，让对手瞬间窒息。主要的问题是，他们很难连续两场这样打比赛，他们也没必要冒着受伤的危险，只为早一场结束系列赛。第六战，詹姆斯被罚下，步行者匪徒般驱逐了热火，把比分改写成 3 比 3 平。但第七场步行者没有任何机会，上半场就落后到 15 分。而且你看不出他们有任何追上的可能，他们被迈阿密防出了系列赛最低得分 76 分，23 分大败出局。连续三年，迈阿密出现在总决赛。

04

## 冰火的交锋

对面是一支詹姆斯既熟悉又陌生的球队。哦，圣安东尼奥马刺，原来你也在这里。

自从他们在 2007 年交手之后，六年过去了。对阵的双方，马刺这边除了永恒的三人组“GDP”，詹姆斯这边除了詹姆斯自己，再无第五个当年的亲历者在场。詹姆斯经历的起伏荣辱不必再赘述。而马刺在这六年里的生死歌哭，更是一段穿透时间的童话。

2007 年马刺夺冠时，波波维奇盛赞邓肯：“蒂姆的其中一个伟大之处在于，四次夺冠的每一次，他身边的人都不一样，而他自己却一如既往地出色。”1999 年，大卫·罗宾逊尚有余勇，和邓肯在高低位双塔连线便能引发蝴蝶效应，外加“小将军”艾弗里·约翰逊的弧顶策应；2003 年，“海军上将”老去，马刺的外线帕克和斯蒂芬·杰克逊一突一投，邓肯抖擞出前所未有的王者风范大包大揽；2005 年，外围吉诺比利灵动如蛇翻云覆雨，内线邓肯恒定如佛，还有一黑一白的胖子轮换；2007 年，吉诺比利再打替补，马刺亮出“帕克 + 邓肯”挡拆绝技，打出教科书般的侧翼掩护牵扯分球以及颠倒乾坤的强弱侧转移，如机械般冷酷精准地绞碎一切对手。

2007 年，是邓肯最后的一个精彩赛季。在那之后，他在进攻端的单打能力开始钝化，慢慢成为一个依赖挡拆分球的跳投手。这是马刺的命运所在，蒂姆·邓肯——21 世纪前十年“鲨鱼”之外最具统治力的巨人，在 2007 年之后失去了强大的近筐威慑力，马刺那个距离篮筐最近的男人在实质意义上消失了。

如同所有伟大的战术体系，无论多么繁华恢宏气象万千，都是核心架构决定一切，其中最重要的便是最伟大的那个球员对篮筐的威慑力。诸如公牛王朝中的乔丹，湖人世纪初三连冠时的奥尼尔，以及马刺九年四冠期间的邓肯。一旦王朝的战刀上最锋利的那

面刃无法继续随意划开敌酋的咽喉，王朝就失去了战神的庇佑，随即风流云散。

但马刺至少在常规赛保持着稳定，没有像其他王朝球队那样，一旦不再是冠军热门就迅速砸碎原有架构进入重建。这台机器依然在良好地运转着，14 年来不知疲倦地刷着 50 胜。他们将各种老少球员信手拈来，稍做摆布，便可太极流转能量无穷。

他们最终度过了 2010 年被太阳横扫后的阴霾，挺过了 2011 年的“黑色八分钟”和 2012 年被雷霆连扳四场的剧痛，以帕克为发动机，以邓肯和吉诺比利为老司机，带领着以伦纳德、丹尼·格林为首的新鲜血液，成功重生。

2007 年邓肯击败 22 岁的詹姆斯夺冠时，曾经许诺“未来是你的”。但只怕他们自己也没有想到，他们竟然会在六年后巅峰再战。2012 年夏天，詹姆斯以最完美的方式拿到了被许诺的未来。如今，当年许诺他未来的人来和他争夺“现在”了。

命运这种事，让人怎么说呢？

## 犹疑的迷局

LEBRON JAMES

理论上，热火并不惧怕马刺。虽然马刺有着联盟第一娴熟的攻击套路，“GDP”在一起打球超过 10 个赛季，而且一直由波波维奇统领。他们招牌式的“高位双掩护 + 强弱侧连续转移球”战术体系已经熟极而流，足以将大多数对手玩于股掌之间。但他们终究只有一个帕克正当盛年，可以持球强打。邓肯 2007 年之后逐渐转型不提，吉诺比利也已经老了。他的想象力仍在，但却时常力不从心，想象力时常转化为一次瞠目结舌的失误。

这意味着，热火最擅长的对球夹击可以大逞其威。只要他们能锁死帕克，并逼迫其自行突破，造成失误，他们就成功了一半。

另一半问题在于，以他们孱弱的内线实力，即使是面对 38 岁的邓肯，也难免有些力不从心。邓肯的球场意识早已妖化，闭上眼睛也能感知禁区空间。扎实的下盘，娴熟的手法，以及敏捷、力量、高度兼备的身体让他依然可以保持稳定的篮下终结。一旦被

他切入禁区拿球，他就能用各种极具个人风格的小技巧行云流水地把球搁进篮筐，毫无滞涩。换言之，他比希伯特强硬、灵巧、流畅得多，詹姆斯、韦德身法如电，也未必能扑得到他。

再者，马刺极其擅长以繁复的人球移动创造三分球机会，他们豢养着丹尼·格林、加里·尼尔，他们未必是顶尖的射手，但他们对自己的角色有着明确的认知。只要马刺的战术运转稳定，他们的射击准头就不会有太大偏差。

总而言之，这届总决赛理论上是热火占据着主动。马刺在大多数时间里都拿不出两个靠谱的外围持球点来应对热火疯狂的对球施压，只能通过精巧的战术和热火打巧。而在总决赛级别的比赛中，灵巧的施展余地往往没那么大。

这就是和热火进行博弈时的核心问题。只要迈阿密的对手们破解不了他们的高强度区域夹击加高速轮转补位，他们就不可能战胜热火。因为你不可能在防守端同时摁住詹姆斯和韦德这两头杀人如麻的怪物。

但马刺尽人事听天命。他们有伦纳德和格林这样的防守高手，还有邓肯这种出道以来从未掉出过最佳防守阵容的世外高人。更重要的是，他们足够聪明，计算足够精密，他们习惯性收缩、引诱对手的王牌投中距离跳投。

詹姆斯的跳投早已发生质变毋庸置疑，但詹姆斯习惯于在明确的情况下做出选择。当对手的阵型纷纷纭纭、行有余力时，他就会条件反射般地试图向对手进一步施压，如果他无法做到，他就会陷入犹豫，宁可传球也不会投一发难度系数并不是很高的跳投。

这一点人尽皆知。但詹姆斯之所以是詹姆斯，是因为他的能力太强大，在他眼中球场大多数时间都是透明的，他完全不需要犹豫。再者，一旦他被逼到了绝境，除了少数特殊情况之外，他的犹豫立刻就会消失，一瞬间就能进入单人杀戮模式，比如 2007 年东部决赛第五战和 2012 年东部决赛第六战。在这届总决赛结束后，还会多一个 2013 年总决赛第七战。

如此，战斗开始……

第一战，詹姆斯 16 投 7 中，18 分 18 个篮板 10 次助攻。最后一个 24 秒哨声响起前 0.01 秒，帕克像一只仙鹤般轻盈地在他面前闪出空当，一记幸运的远距离抛射钉死了热火。第二战，热火大胜 19 分。第三战，却又被马刺屠杀 36 分。

双方的胜负之机很明显：只要热火能在高强度夹击后及时补位，马刺就无计可施。

而一旦他们被马刺的射手和巨人找到大量空当，他们就会付出惨重的代价，被对方恐怖的成功率打成筛子。

第一战，他们防得马刺三分球只有 23 投 7 中，但对帕克的限制并不到位，帕克 21 分情理之中，但邓肯在禁区偷了 20 分。换言之，帕克、禁区、三分线，他们不可能全都照顾到位。第二战，尼尔和格林三分球 8 投 7 中，但帕克和邓肯被锁死，两人合计 22 分。马刺全队 20 投 10 中的三分球赢不了他们。

但波波维奇乃一代名帅，他敢于将自己的战术重心大幅度偏移。第三战，马刺整个夜晚都在坚定地为格林和尼尔寻找远射机会。他们为此付出的代价是，帕克、邓肯、吉诺比利全部边缘化，三人加起来也只有 23 次出手得到 25 分，完全没有核心的样子。但这种代价找回了丰厚的回报，丹尼·格林三分球 9 投 7 中，加里·尼尔三分球 10 投 6 中，两人不时还能来两个突破抛射，联手砍下 51 分。马刺全队三分球是暴风雨般的 32 投 16 中。热火始终在赌马刺不敢将开火权彻底交给格林和尼尔，但后者用一颗颗三分球回应了他们。77 比 113 的比分，就是豪赌的最直接写照。

仅仅三场战斗，丹尼·格林已经投进了 16 记三分球，已经有人在为史上最草根的总决赛 MVP 造势了。在一个有詹姆斯参加的系列赛里，发生这种事情，只能说明詹姆斯似乎又出状况了：前三战，他的得分分别是 18 分、17 分、15 分，如果不看他的篮板和助攻数字，你恍惚以为丹尼·格林才是天皇巨星，而詹姆斯只是个拘谨的角色球员。

詹姆斯正在人生巅峰，又刚刚走完世间最痛苦的通关之路，怎么个拘谨法呢？答曰：不管是哪个马刺球员来防他，都是清一色地放他两步请他跳投。而詹姆斯也很给面子地连续投丢，或者干脆不投。如你所知，他又犹豫了。因为球场空间并不清晰——热火忌惮马刺的禁区高度，前三战一直在用哈斯勒姆首发，哈队长中投精准，但没有远射。于是马刺心安理得地收缩防线，请詹姆斯跳投，热火的进攻空间拉不开。

空间不明晰，勒布朗·詹姆斯就会犹豫。他一犹豫，就射不进中投。

HEAT
SPURS
4
HEAT
3

06

# 劫后余生终卫冕

LEBRON JAMES

第四战热火终于决定将麦克·米勒推上首发。换言之，扬长避短，用机动和远射与马刺打对攻，禁区高度彻底不要了。这是热火的撒手锏，是他们最具攻击力、最能发挥王牌单兵能力的阵容。以韦德为首，迈阿密“三巨头”全员爆发，詹姆斯25投15中拿下33分11个篮板，韦德25投14中得到32分6个篮板6次抢断，波什也有14投8中20分入账。

这是马刺最恐惧的天赋篮球。他们的战术体系遇上这等燎原烈火，全无抵抗之力。他们只投进8记三分球，帕克和吉诺比利被防死，虽然邓肯又在禁区偷了20分，但显然无力阻挡扫落85分的“三巨头”。

第五战热火继续让麦克·米勒首发，热火“三巨头”依然有合计66分的表现，雷·阿伦替补登场射下21分。但马刺跟着变阵，将吉诺比利推上首发。这是马刺的惯技，每当他们和对手直至天王山之战还相持不下，他们就会派上吉诺比利，让首发阵容的进攻平添变化，出奇制胜。阿根廷人不负众望，24分10次助攻挥洒自如，所到之处风生水起。托尼·帕克独自持球的压力瞬时消失，萎靡三场后本场弹无虚发，14投10中得到26分5次助攻。两个外围持球点打成这样，毫无疑问，热火的区域夹击已被击破。

但最闪耀的却仍是丹尼·格林，他再度射中6记三分球得到24分。五场总决赛已命中25记三分球。当他在第三节的一次攻防转换中命中第23记远射时，镜头给到了正坐在替补席上、2008年命中22记三分球的雷·阿伦。

此时此刻，最草根的总决赛MVP不再是一句调侃，而是只差一场就可以变成现实。

此时双方都已亮出了自己的底牌：热火打出的是小个阵容加高强度区域夹击，马刺则同时推出两个持球点予以破解。

但谁也不知道，吉诺比利的下一场比赛会发生什么。换言之，以他现在的稳定性，他似乎不可能连续两场成为靠谱的持球点。吉诺比利在第六场给出的答案是5投2中得9分，外加8次失误。已经成了史上最招摇刺客的丹尼·格林在穿过无球掩护后遭到无情夹击，7投1中惨不忍睹。帕克也被防到23投仅仅6次命中。但热火这一赌极其惊险，阔别总决赛六年之久的蒂姆·邓肯嗅到了冠军的气息，深藏不露的求胜欲让他毫无保留——热火忙着到处追剿吉诺比利和丹尼·格林，他紧紧咬住热火的禁区，上半场就返老还童般砍下 25 分。身手全面的伦纳德也趁机避实击虚，全场 14 投 9 中摘得 22 分。这让热火持续被动，带着双位数的落后进入第四节。

但下半场邓肯的火力稍一熄灭，马刺的进攻便渐渐滞涩。詹姆斯被打落发带后单节狂飙 16 分，热火逆转的势头不可抑制。但很少远射的帕克忽然开了天眼，一记大幅度后撤步三分球决绝命中。马刺奋起余勇，在最后 28 秒领先到 5 分。吉诺比利罚丢了一球，不然他们可以领先到 6 分，那将截然不同。

热火疯狂地试射三分球，一次不中拼下前场篮板再来，终场前 20.1 秒，詹姆斯射中三分。然后伦纳德站上罚球线，"咣当"一声，第一罚在迈阿密雪国般的主场偏出。如你所知，NBA 在这种时刻总会发生点什么。比如 1995 年总决赛第一场，2009 年总决赛第四场。这一次也不例外，詹姆斯晃动后弧顶三分球不中，波什凌空跃起摘下前场篮板，落地时眼光已经瞥见底角的雷·阿伦——史上最冷酷的三分球杀手，热火 2012/2013 赛季的绝杀王。

史上最重要的一记三分球诞生了。迈阿密纵身跃出鬼门关，加时制胜。

诚然，无论怎么赞美这一球都不过分。但再神奇的比赛也不全是一记三分球的事。这场背水之战，勒布朗·詹姆斯的数据是 32 分 10 个篮板 11 次助攻 3 次抢断，毫无疑问是第一功臣。但舆论并不打算放过他，前三战他的犹豫让人不满，第四战身先士卒的是韦德，第六战雷·阿伦的神话一击压倒一切数据。换言之，热火和马刺打成了 3 比 3 平，

NATIONAL BASKET BALL ASSOCIATION
CHAMPIONS
20 13
adidas
WHITE
HOT
LOCKER ROOM
AUTHENTIC EDITION
MIAMI
HEAT

但好像没詹姆斯什么事啊？

这当然是一种苛刻，不但要赢，还要赢得漂亮，谁让他是勒布朗·詹姆斯呢？那就赢一场漂亮的终极对决吧。热火生怕詹姆斯真的对自己的远射失去信心，赛前专门找了权威人士对他进行有理有据地暗示：千言万语汇成一句话，陛下您一定要相信，您的远射其实很准。

这是热火最后的阻碍，只要詹姆斯能投进中远投，韦德可以在中距离强打丹尼·格林，马刺就不可能防住热火的进攻。

韦德上半场华丽地单挑丹尼·格林，转身跳投无往不利，半场就砍下 16 分。詹姆斯远射如神，三分球 8 投 5 中，让悠然收缩的马刺进退失据。帕克和丹尼·格林继续被无情禁锢，马刺凭借伦纳德的 19 分 16 个篮板、邓肯的 24 分 12 个篮板以及吉诺比利的 18 分和热火苦战。

双方肌肉紧绷、瞠目相对，米勒、波什、雷·阿伦在进攻端全部挂零。但端方睿智、表里澄澈的巴蒂尔无愧是最美妙的队友。他的手并不会紧张到发抖，在所有角色球员都惶惶不安的时刻，他悄无声息地站了出来，不动声色地将那些三分球一一命中。最后 37 秒，他做了一件和他的远射同样伟大的事情：当时热火只领先 2 分，邓肯在转换中得到机会，倚着比他矮了 10 厘米的巴蒂尔向禁区碾压而去，起手抛射，但巴蒂尔以他浸润数十年的精湛步伐紧紧贴住邓肯，让邓肯投失了那记平生投过上千万次的擦板投篮。

然后詹姆斯以一记致命中投将分差拉到 4 分，而后又抢断了吉诺比利——漫长的决斗至此结束了。

巴蒂尔三分球 8 投 6 中拿下 18 分，韦德 23 分，詹姆斯创下总决赛第七场得分纪录，砍下 37 分，还有 12 个篮板。这下世界安静了，他们再一次见识了勒布朗·詹姆斯在绝境中的战斗力。无论如何，赢了就好。勒布朗·詹姆斯现在不仅仅是个冠军球员了，还是个冠军蝉联者。常规赛、总决赛双料 MVP，最佳阵容一队，最佳防守阵容一队，外加总冠军——他将 2012 年的 NBA 大满贯又重来了一次。

至此，在职业生涯第十年，他登上了人生的最顶峰。他终于可以说一些他想说的话了，在冠军颁奖典礼上，他的台词意味深长：“对我来说，我本没资格担心别人说我什么，我是阿克伦贫民窟来的勒布朗·詹姆斯，我本来不应该出现这里的。所以，这就足够了！我很幸运，不管场外的人说我什么，没关系，我一点都不担心。”

CAVS
23

# 第十章
# 回乡圆梦

01

# 决战再重逢

LEBRON JAMES

虽然迈阿密惊险卫冕，但热火管理层似乎无意于拿到NBA王朝的象征——三连冠。他们特赦了麦克·米勒，然后敷衍地找来实力只在传说中存在却从未完整打过一个NBA赛季的格雷格·奥登扔给勒布朗·詹姆斯："嗯，就这些了。这年头，地主家也没余粮不是？我们相信，只要有无所不能的你在，三连冠不是梦！"

热火确实有他们的苦衷，"三巨头"在2010年夏每人签了一份六年亿元出头的长约。此时进入合同第四年，他们三人的年薪合计已经超过6000万美元了。冠军也并没有给迈阿密带来太大的市场收益，于是，连续两次吃到牛排后，他们不想玩了。

2013年卫冕之后，韦德的身体已经到了极限。他用香槟淋湿自己的膝盖，俨然隐喻着那两条来自地狱的、曾经让他快如闪电、动如雷震的小腿已经先于他退役了。果然，新赛季开始后韦德就开始不断轮休，他依然可以每场得到20分，他的投篮命中率仍然稳定在50%以上，但谁都看得出，在2013年总决赛第四战火线抽积液苦战卫冕之后，他的健康已经被毁灭了。

他们的头儿是帕特·莱利——NBA头号魔鬼训练爱好者，他们打的是全联盟攻防运转最迅疾、最刚猛的小个阵容。连詹姆斯都因为大幅增重和巨大的损耗而出现了相对明显的问题，你知道的，像他这样的金刚不坏之躯，本来是不知道磨损为何物的。

"三巨头"之外，哈斯勒姆已经在提前考虑退役后在管理层谋差使了。巴蒂尔虽然在生死战神光四射，但他的脚步和射术都已经老了。雷·阿伦的身材依然完美，但2013年夏天他刚刚度过人生第38个生日，更可怕的是，之后的事实证明，他和迈阿密回收的弃将拉沙德·刘易斯竟然已经是"三巨头"身边最好的帮手了。

如此，2013/2014赛季，迈阿密不再是那支一扬眉一怒目就使得联盟灰飞烟灭，一举席卷27连胜的烈焰王师了。他们常规赛只拿到54胜——他们的老冤家步行者把持了东部第一。詹姆斯场均27.1分6.9个篮板6.3次助攻的数据依然漂亮，56.7%的命中率甚至在去年已经让人目不暇接的56.5%的基础上更进一步，虽然远射命中率略有下滑但也有38%。即便如此，全世界都承认，五年以来，勒布朗·詹姆斯在常规赛的表现，第一

次被另一个人压倒了——凯文·杜兰特以场均 32 分 7 个篮板 5.5 次助攻的恐怖数据，率领雷霆在威斯布鲁克缺席半个赛季的情况下打出 59 胜，毫无悬念地第一次加冕常规赛 MVP。

季后赛开始，热火在东部依然所向披靡。他们首轮横扫时隔多年终于挣扎进季后赛的山猫，次轮 4 比 1 解决老明星云集的布鲁克林篮网。前两战热火赢得轻松，第四战篮网隔离了詹姆斯，逼迫他不断单挑。但詹姆斯横冲直撞，用单场 49 分回应。第五战，雷·阿伦面对旧日战友，毫不留情，用标志性的强拔三分球了结了他们的恩怨。詹姆斯随即在防守端以令人窒息的防守让乔·约翰逊的单打绝杀鸡飞蛋打。以防守绝杀的詹姆斯激情难抑，跳上技术台把自己扔给了狂欢的观众。

东部决赛再次遇到步行者。印第安纳的外围持球人依然无力应对迈阿密的无情围猎不说，内线的擎天柱希伯特更是突然陷入心魔，在季后赛之旅中不断贡献得分篮板双鸭蛋。如此倒也省了热火不少事情，他们输掉第一个客场之后，随即连拍三掌将对手打落深渊。第六战保罗·乔治挺身而出，末节 21 分逆天改命。但步行者大势已去，迈阿密六场晋级，连续四年杀奔总决赛。

他们和马刺重逢了，马刺比他们想象中更饥渴。沉默如山的邓肯开门见山："赢四场，这次我们能做到。"

02

## 梦碎迈阿密

LEBRON JAMES

前两战，两队的博弈似乎是 2013 年总决赛的延续。邓肯自不必说，马刺的另一大内线斯普利特也专门练习了内线的切入和终结技巧。热火突然发现，他们围不住斯普利特了——这个马刺攻击范围最小，动作速率最慢，并在 2013 年总决赛被詹姆斯迎面大帽的人。结果，邓肯 10 投 9 中，斯普利特 6 投 5 中。但即使如此，热火直到终场前 4 分钟还只以 92 比 94 落后 2 分。当时詹姆斯越过迪奥上篮，得到个人第 25 分。

然后刘易斯换下了詹姆斯，因为詹姆斯突然抽筋到无法正常行走，在接受了紧急治疗后，斯波尔斯特拉做出决定，詹姆斯今晚不再出场。在最后的四分钟里，马刺轰进 4 记三分球，打了热火一个 16 比 3。

分差虽然悬殊，但似乎只是因为热火在最后时刻失去了他们的王牌。第二战则似乎恰好证明这一点，詹姆斯中远距离跳投如有神助砍下 35 分。最后时刻热火以这个赛季最惯常的战术终结进攻：詹姆斯突分，波什底角射中绝命三分球。热火以关键球制胜，98 比 96，扳回一局。

之后邓肯莫测高深地说了一句：“我要重新学习打球。”然后这个世界似乎在一夜之间一切都不一样了。

第三场第一节乃至整个上半场，马刺似乎根本不知道怎么才能把球投丢。第一节就以 41 比 25 的攻击潮甩开热火，半场之后以 71 比 50 遥遥领先。热火在下半场奋起直追，但追到差 10 分时被贝利内里一记三分球扑灭。此后再也没能形成攻势，以 92 比 111 惨败。第四场如出一辙，马刺仍然不知道怎么投丢球，半场过后又是 19 分的大坑。热火以 86 比 107 再败。两个主场瞬间尽皆失守，大比分 1 比 3 落后的绝境，总决赛史上从未有过逆转纪录——总决赛刚改了赛程，下一战移师圣安东尼奥。

全世界都傻眼了。热火怎么了？马刺怎么了？这个世界怎么变化得这么快呢？

迈阿密热火依然在奉行区域夹击，但至少两个方面出了问题：

第一，马刺提高了热火夹击的成本。迪奥、邓肯、斯普利特们频繁地高低位互换，并相互呼应掩护，伴随着他们的位置互换，是马刺全队参与的无休止的“持球突击一分

球一再突击”流水线。在这样繁复的运动中，热火需要做更多、更快的轮换，几轮博弈下来，必然力不从心。“仓促补位—立足未稳—被突击—补位—分球出去”，重复上个过程。最终就是空位、错位一大堆，于是崩溃了。步行者的进攻运行太慢，热火的夹击犹可逞威，遇到马刺的连续组合拳，就无计可施了。这一切最初源于在帕克、吉诺比利之外，马刺完全释放了迪奥的持球，形成了一个诡异而有效的错位，打破了热火事实上相对均衡的个人防守配置。这是他们为了那个噩梦般的三分球，而卧薪尝胆一整个赛季，苦心孤诣磨炼出的屠龙术，只为这一刻的复仇。

第二，热火自己的心力、体力衰退了。韦德打出了个人最差的一届总决赛。热火仍然可以形成夹击，但却成了夹而不击，或击不中。虽然形成了夹击，但却没能最大限度地压迫丹尼·格林们的活动空间，让他们恐惧犹豫，进而延缓他们的出球速度，为补位赢得时间。这点时间也许只是一刹那，但结果却大有区别。到了后来，热火的夹击就显得有些荒唐了：不是卖个破绽，而是自露死穴，包围招来了反包围。这当然不是热火的本意，只是执行时的强度、速度、力度变了，虽然只是变了那么一点点。

于是我们看到，迪奥不断在掩护墙和持球人两个身份之间自由切换，可以揉捏热火任意球员。丹尼·格林不再只是个单纯的火枪手，在穿过掩护墙遭遇双人夹击后，他能冷静精确地做出转移球。伦纳德进步更是神速，他不再只是个无球捡漏的角色球员了，

BUD LIGHT
LONE STAR
Express
DIAW
33

他甚至敢于面无表情地持球单挑詹姆斯。

如此，在世界的瞩目下，马刺肢解了热火。这就是马刺给出的答案，应对热火夹击我的持球人的办法，就是把每个人都变成持球人。这是团队篮球最理想、最伟大的境界，马刺以他们不朽的底蕴和狂热的渴望，在这个 6 月打出了这种只在传说中存在的篮球。

于是结束了。第五战热火绝地反抗，以 22 比 6 开局，但第一节结束时就被追到只差 7 分。于是比赛又进入第三场、第四场的节奏，马刺大呼猛进，将逆转演变为屠杀。最后 4 分钟，波波维奇用一个个暂停将邓肯、帕克、吉诺比利们轮流单独换下，让他们每个人都可以单独接受整个城市的掌声。

87 比 104，赛季最后一战落幕。詹姆斯并没有输掉自己，场均获得 28.2 分 7.8 个篮板 4 次助攻，命中率是恐怖的 57.1%，三分球命中率也高达 51.9%，但对他而言，在触手可及的地方无缘三连冠的帝王殿堂，这一切又有什么意义呢？

至此，他和迈阿密的四年缘分走到了尽头，热火不再是那个希望他来拯救世界的热火，他也不再是那个因为不断的失败而满心凄惶，被帕特·莱利摆出六枚戒指就心猿意马的迷茫青年。四年高强度、高损耗的热火生涯下来，他登上了篮球世界的顶峰，与乔丹、科比、奥尼尔、邓肯、伯德、约翰逊们比肩并立。但时光无情，当初那个从神话中走出来的少年已是行将而立。

在他 2013 年夏天说出“我来自阿克伦”的台词时，沉沦的克利夫兰立刻就像受了心灵感应般召唤他归来，并开始付诸行动。2014 年夏天，这个有点挑战球迷想象力，就像他当初南奔一样，不可思议的事情终于开始成为事实。过去四年，失去他的克利夫兰崩溃了，四年里拿到了三支状元签，但每拿到一支，他们就会感慨一次，不是每个状元都叫詹姆斯。顺便一提，森林狼正在兜售凯文·乐福，此人篮板、传球、投射三绝，是詹姆斯在理论上最喜欢的那种内线，而且森林狼希望能得到骑士手中的状元维金斯，于是交易达成，骑士送出双状元，换来乐福，如你所知，若非骑士已经确认当年的“帝王”要回来，他们是绝不会这么做的。

而此时此刻，对于詹姆斯而言，如果人生还有什么不圆满，那一定是克利夫兰。既然风云际会，天时地利人和俱全，回家，何乐而不为？

03

## 骑士三巨头

LEBRON JAMES

没有意外，没有差错。詹姆斯回来了，虽然很多事情都不一样了，但克利夫兰的篮球市场被再度引爆。没有任何过渡，东部的统治者由迈阿密“三巨头”瞬间变为克利夫兰“三巨头”。

撮合巨星并不是一件容易的事情。乐福有射程、篮板和美妙的传球，但他并不善于持球单挑，身体素质也只能说是中人之姿。他扛不住强力内线的背打，跟不上切入者的步伐，这两者尚且情有可原。他在防守挡拆时对路线和空间的懵懂程度，简直像是一个地球人被送进了四维空间。

欧文可能是 NBA 历史上最优秀的三个控球高手之一。他有着无与伦比的球感，能将任何控球动作和自己敏捷的步伐完美结合，浑然天成，人球合一。他的投射极其早熟，新秀赛季就有四成以上的远射命中率，三分大赛上拿过三分王。他并不以爆发力见长，而依靠随心所欲的节奏变化完成进攻。

所以，他并不是一个传统的创造型控卫，他的传球手法很精致，但传球并不是他的第一选择。这一点他和他的模板克里斯·保罗有着明显的区别。说得直观点，这是一个身体条件中庸，需要长时间持球，然后完成带球切入或者急停跳投的神奇小子。所以他待在克利夫兰三年，又给这里添了两支状元签。

可想而知，当欧文和乐福共同防守挡拆时，那就是一个天然黑洞。

这就是克利夫兰的“新三巨头”，詹姆斯 30 岁了，而另外两位，连季后赛是什么都不知道。当然了，NBA 球员，尤其是 NBA 球星，风格本身并没有高下之分，使用得当的话，人人都可能打出最强势的表现。这只是意味着，詹姆斯的球队不可能再像迈阿密那样打球了。他们缺乏外围压迫力，偶尔可以强硬起来，但缺乏持续性。他们不是高度机动突击的轻骑兵，而是一支四平八稳的队伍，但同时又缺乏禁区高度。当然了，有詹姆斯、欧文这两个至刚至柔的推动者，再加上乐福的招牌一传，他们的反击和转换进攻仍然可以维持联盟顶级水平，只是他们缺乏创造反击的能力。但是他们的防守就实在不容乐观了，一个简单的掩护就能让他们的外围找不到人，而且他们没有一个巨人可以有效地保护禁区。

此外，克利夫兰还有一位年轻人——迪昂·维特斯，2012 年的第四顺位（三状元、一个第四顺位，这就是过去四年克利夫兰的写照），人称“小韦德”。加了个“小”字，可谓差之毫厘谬以千里，他既没有韦德那种爆炸性的能量，也没有韦德迅疾如电的动作速率，防守端的对抗、站位、步伐更是和欧文如出一辙。但此人偏偏自视甚高，连詹姆斯也不能让他低头。

可想而知，骑士“三巨头”在刚刚组建时的遭遇，和当初的迈阿密可谓殊途同归。迈阿密当年打出 9 胜 8 负的开局，克利夫兰更是等而下之，5 胜 7 负。詹姆斯夏天的减重并没有明显的效果，当他 2015 年年初因为身体原因缺阵两周时，骑士仅存的强横威猛也消失不见——一波惨烈的 8 战 7 败。

但变化也正是在这两周发生的。2015 年 1 月 6 日，趁着纽约打散重建，克利夫兰送出桀骜不驯的维特斯以及边缘球员，得到了两个颇有价值的即战力——防守悍将香珀特，以及 2013 年年度最佳第六人、“神经刀”射手、弱侧偷袭高手 J.R. 史密斯。1 月 8 日，他们又从掘金得到“俄罗斯巨人”莫兹戈夫，加强了对篮筐的保护。如此一来，他们急需的外围防守、弱侧接应、三分射手、替补火力、禁区保护全都有了。1 月 13 日，勒布朗·詹姆斯复出，齐了。此时他们 19 胜 20 负在季后赛边缘徘徊，但随即一波 12 连胜重新杀回东部前列。

此时的东部更加孱弱。迈阿密“三巨头”解体，印第安纳步行者的新少主乔治也没能逃脱诅咒。他在“梦之队”训练营扭断了小腿，步行者全队被伤病席卷，几乎伤满了球队大名单。代之而起的是罗斯归来、加索尔加盟的公牛，以及复刻马刺打法的亚特兰大老鹰。罗斯状态不稳，加索尔巅峰已过，老鹰则缺乏一个真正的明星球员。

骑士从 19 胜 20 负一路狂奔到 53 胜 29 负收官，东部第二，仅次于老鹰。詹姆斯场均中规中矩地得到 25.3 分 6 个篮板 7.4 次助攻，命中率终于停止逆生长，回落到 48.8%。这并不能呈现他的真实实力，他这个赛季有很长一段时间身体感觉非常糟糕，不过他的中远投退步则是事实，热火四年对他的身体损耗比我们想象得还要大。

在他们 1 月完成阵容升级后，东部没有人能阻挡他们。季后赛首轮遇到重建中、到季后赛练兵的凯尔特人，对面早已没有了皮尔斯、加内特、朗多等人，而是一群以“小刺客”托马斯和多才多艺的萨林杰为首的年轻人。欧文的心脏在新秀赛季就是出了名的可怕，季后赛首战，他虽然没有当年詹姆斯砍下三双之耀眼，但也 21 投 11 中独得 30 分。反倒是乐福 14 投仅仅 5 次命中。但从第二场开始，乐福也慢慢找到了感觉。

凯尔特人一腔热血，但这支球队远未成型。克利夫兰直落四局，横扫晋级。但凯尔特人总能让对手留下点东西，骑士留下的是乐福的肩膀。晋级之战，乐福和奥利尼克纠缠在一起，肩膀脱臼，赛季报销。季后赛首轮对他们而言，不过是一条可以一跨而过的浅水，但他们却在这里折损了“三巨头”中的一个。

公牛对他们的抵抗是最激烈的。前两战打平，第三战罗斯三分球压哨擦板绝杀，第四战詹姆斯以接球中投绝杀回敬。骑士在天王山之战中 106 比 101 拿到赛点，随后乘胜追击，第六战 94 比 73 大胜晋级。但欧文在这个系列赛中步乐福后尘，脚踝受伤。他还能打，但已经埋下了隐患，整个东部决赛，他打打停停。

但对付老鹰，有詹姆斯和一众三分手就足够了。克利夫兰人欣喜地看着詹姆斯像五年前一样全方位控制住了老鹰，带着四年没进季后赛的骑士直奔总决赛而去——这反差太强烈了。第一战，詹姆斯 31 分 8 个篮板 6 次助攻，J.R. 史密斯一个人就撑起了骑士的远射火力，三分球 12 投 8 中飙得 28 分。第二战，詹姆斯再砍 30 分 9 个篮板 11 次助攻，这次轮到香珀特远射开火。第三战，詹姆斯打出系列赛最佳演出，砍下 37 分 18 个篮板 13 次助攻的大号三双超神数据，骑士全队射中 14 记三分球，3 分险胜。这戏码亚特兰大太熟悉了，詹姆斯总能在 2 比 0 领先他们后，用这种表现把比分变成 3 比 0——詹姆斯一刻也不想等，他迫切地想给家乡人民一个交代。骑士对总决赛的野心已经被撩拨起来，第四战，他们争相开火，118 比 98 大胜，横扫，总决赛门票到手。

ALLFORON
CENTRAL DIVISION CHAMPIONS
43
ZYDRUNAS ILGAUSKAS
11
CAVS
23
TIP OFF TIME! GO @CAVS
#ALLINCLE
#CAVSGOODKARMA
HAWKS
BAZEMORE. > ANNOUNCER:
THREE, KYRIE IRVING.
Huntington
FOULS 0 TOL: 20s
ATL
4
ATL
0
ATL
5
CAVS
20

04

## 孤骑难敌勇

LEBRON JAMES

这次对面是金州勇士，一支走在小球时代最前列的旋风球队。他们有着联盟第一的攻防效率，以及空前开放的打球理念，因为他们有斯蒂芬·库里。如果说勒布朗·詹姆斯是突破手的极限，那么库里就是射手的极限——他是NBA史上迄今为止，将控球和远射融合到全新境界的“人间精灵”。他身材纤细，但核心力量极其出色，可以让他连续迈出如蝴蝶般轻盈翩跹、如明月清风般自然流动的步伐，并随时在半秒钟内射出一记27英尺（约8米）外的三分球——同时保证最顶尖射手的命中率。你不可能一对一阻止他射出的三分球，所以他每次穿过挡拆都会带动对手延阻、夹击，而格林则负责让这么做的对手付出代价，他能掩护、能远射、能传球、能突破，还能保证篮板球。他接过库里的转移球之后，能以最快的速度组织起弱侧多打少，将库里制造的空当继续放大。

如此，他们以库里和德拉蒙德·格林的高位挡拆为起手式，以库里和汤普森无处不在的三分球威胁为基础，建立起史上最高效、最流畅的挡拆、远射流水线。

如果仅仅如此，他们未必能走到总决赛。更恐怖的是，在囤积了足够的年轻人之后，他们同时建立起了和迈阿密热火异曲同工的小个阵容。你基本上不用想着压住他们的节奏，他们会逼你提速。他们能让三四个两米球员同时首发，确保外围可以无限换防而不出错位。同时他们的区域夹击和就近协防无处不在，一旦得手就是跨场长传高速反击。这才是他们所向无敌打出联盟第一的67胜的关键所在——他们的进攻本来就熟极而流，更何况他们能攻防合一，用防守把进攻变得无比简单。他们有着恐怖的奔跑能力和转换中的远射准头，有时候甚至出现对手为了阻止库里射出快攻三分球而全队囤积三分线，然后被勇士其他人轻松偷袭篮下的奇观。

这种防守反击模式詹姆斯并不陌生，他在迈阿密足足这样打了四年。

勇士知道詹姆斯的破坏力，也知道骑士其他持球点的孱弱。他们让高大的汤普森去对付欧文，然后尽可能一对一防守詹姆斯。这当然会导致他们的锋线被詹姆斯轮流打爆，但他们更不愿意让詹姆斯激活骑士全队。总决赛第一战，詹姆斯38投18中44分8个篮板6次助攻，欧文千灵百巧地变出23分，莫兹戈夫吃住勇士的禁区高度，拿到16分。

但除此之外，骑士全队一片黯淡，只有三个人得分，三人合计也不过 17 分。

勇士那边六人得分上双，库里和汤普森联手射下 47 分，越来越缺乏得分欲望的伊戈达拉亦成为替补奇兵，8 投 6 中 15 分，勇士加时制胜。一直在和伤病斗争的欧文最终还是被膝伤击倒了，没能出现在加时赛，赛季报销。“三巨头”只剩下詹姆斯一人，他又成了克利夫兰的唯一希望和孤胆英雄。

此时的勇士还没有彻底走入小球套路，骑士的禁区优势让他们不敢随便弃用博古特。这意味着，他们的半场时间其实并没有那么开阔。骑士可以放空博古特，只挡住他向篮下偷袭，同时可以半放空格林，任由他折腾，不让他组织起弱侧多打少，全力封锁勇士的外围火力。进攻端则压下节奏，控制失误，不让勇士起速。

第二战，勇士继续单防詹姆斯，詹姆斯继续打出 39 分 16 个篮板 11 次助攻这样的超级数据，骑士其他人继续被防得一片萧条。莫兹戈夫继续在禁区偷袭，得到 17 分，J.R. 史密斯则用弱侧单挑强投贡献了 13 分。此外骑士无人得分上双。克莱·汤普森凭借迅疾的走位接球出手射中 34 分，但库里被锁住，三分 15 投仅仅 2 中创下投失纪录。进入首发的替补控卫德拉维多瓦死战库里，在攻防两端竭尽全力。双方再次鏖战到加时赛，德拉维多瓦拼下前场篮板，走上罚球线两罚全中，用罚篮终结了比赛。

第三战，骑士的防守策略得到彻底贯彻。库里在重围中无法从容出手，格林面对骑士的收缩围观陷入犹疑，他一停顿，勇士的进攻就停顿了。比赛进入了骑士缓慢、沉闷的节奏，詹姆斯继续上演了 40 分 12 个篮板 8 次助攻 4 次抢断的神级发挥，德拉维多瓦成为总决赛史上的又一个励志奇兵，出人意料地砍下 20 分。骑士带着 17 分的分差进入第四节。当勇士终于派上多才多艺的大个子大卫·李来接续挡拆时，为时已晚。库里的三分手感恢复时，比赛已经只能靠奇迹逆转了。96 比 91，骑士再胜。

克利夫兰人第一次赢得一场总决赛，然后紧接着赢下第二场。全城狂欢。但也到此为止了，勇士终于研制出了在 2015/2016 赛季追逐 72 胜的撒手锏——推上伊戈达拉打首发，取代博古特，排出了空前的“五小阵容”。这个阵容中，最高的伊戈达拉不过 201 厘米，而担当中锋的格林，则只有 198 厘米。就连惯用“一大四小”的迈阿密和“小球圣地”菲尼克斯，见了这阵势也只能瞠目结舌。

他们的意图很明显，尽量扯开空间，增加克利夫兰围剿库里的代价。伊戈达拉是一个诡异的全才，他什么都会一点，但哪一点也不足以让他成为球队老大。他防守一流，能投三分，能拔中投，能持球强突，还能传球组织进攻。换言之，库里负责吸引夹击，格林负责将球送到空位或者错位的伊戈达拉手里，然后伊戈达拉视情况在空位远射、持球强突、单挑中投之间任意切换。这些技能他都会一点，对位来打是没指望的，但错位时就能收到奇效。所谓错位，大个子跟不住他的速度，只能后退放他中投，小个子扛不住他的强突，会被他直取篮下。

如果骑士还能保持对伊戈达拉的防守强度，那就太可怕了，那说明骑士至少漏掉了三个勇士球员。

这就是伊戈达拉的意义，他让勇士在球离开库里和格林的手之后，依然可以继续产生战术变化，继续寻找骑士的防守空当。而以骑士的笨重阵容，这个时候，空当几乎是不用找的，骑士在场上摆两个大个子，在一连串的换位之后，是绝对跟不上勇士的“五小阵容”的。

勇士小个阵容的精髓，绝不在于绝对的小，而是一种相对的小。很简单，当骑士上两个内线时，他们可以快打慢，而当骑士也派上小个阵容试图咬住他们的节奏时，他们又能以均衡的身高派出一人，对骑士最矮小的一号位形成大打小——巴恩斯和利文斯顿都擅长这一手。这就是小个阵容的终极形态，他们非但不是极端，反而符合一种中道哲学，在大小之间既对立又统一，一阴一阳之谓道。他们本身没有大小之分。对手慢，他们就快；对手小，他们就大。总而言之，不大不小刚刚好。中庸者，乃是恰到好处、因地制宜、随机应变的意思，并不是机械地直接无视客观情况取中间数。

事实上，最符合这一精义的个体正是勒布朗·詹姆斯本人，他是 NBA 史上真正的打任何位置都是错位，却很少有人能打他错位的怪物。所以，勇士拿他没办法，但当他面对这样一支勇士时，从球队层面上，他也只能徒呼奈何了。

从第四战开始，骑士再也无力和勇士继续博弈。勇士势如破竹地拆解了骑士的所有应对，连续三局以大胜结束，在骑士主场捧起了总冠军奖杯。这大约是 NBA 史上第一支以真正的小球阵容和打法夺冠的球队，堪称时代的新纪元。而詹姆斯在天王山之战 40 分 14 个篮板 11 次助攻，第六战 32 分 18 个篮板 9 次助攻的连续伟大发挥也没能再多换取一场胜利。

没有人会苛责詹姆斯，这本就是一次不对等的对决。“三巨头”去其二的骑士在排兵布阵上首先就不能从容完善，一支球队的不完整，是致命的。更何况詹姆斯打出了个人数据最壮丽的一次总决赛，场均恐怖的 35.8 分 13.3 个篮板 8.8 次助攻已然发挥到极致。这充分证明了，当詹姆斯心无旁骛战斗的时候，哪怕是在此前一直缺乏高分表演的总决赛，他也可以无论输赢都是惊天动地、轰轰烈烈。

2016
NBA
CHAMPS
23

# 第十一章
# 皇者归来

勒布朗·詹姆斯传

01

## 皇者的蜕变

LEBRON JAMES

詹姆斯一回来，骑士就杀到总决赛了，而且在欧文和乐福缺阵的情况下还一度取得了2比1领先。千言万语汇成一句话：明年我们再来！没有任何犹疑，吉尔伯特将总价值合计2.7亿美元的合同用在了这班骑士球员身上，完整地保留了总决赛阵容。

2015/2016赛季他们在东部仍是无敌的，但他们和勇士在常规赛的交手依然连败，甚至成为骑士主教练、欧洲名帅布拉特下课的导火索

而立之年回归之后，詹姆斯的人生进入了全新的阶段。2015/2016赛季过半，东部第一的战绩也在意料之中。但詹姆斯不到三成的远射命中率，或者是他场均25分7个篮板6次助攻的数据令人忧虑。这对詹姆斯而言绝对不能算出色，但对其他人而言，大多数人即使在巅峰期也还差着一截。我们惊奇的是，我们竟然有机会看到勒布朗·詹姆斯的打球方式忽然发生如此鲜明的变化。

2015年12月5日骑士客场对鹈鹕，詹姆斯在第四节如入无人之境般单节拿下23分，创下职业生涯第四节得分新高。这并非偶然，而是这个赛季詹姆斯第四节的惯常状态。

他的球风正变得前所未有的简洁、流畅、不着痕迹。他在前三节几乎放弃了招牌式的面框强突加大范围转移球。他几乎80%的时间都待在弱侧，触球即传，毫无滞涩。然后寻找无球掩护，空切，吸引夹击，继续转移球。这些无球的工作2008/2009赛季就开始做，但从未占据如此高的比例。家底雄厚的骑士就凭借着这样的传切体系加詹姆斯恐怖的第四节统治力，打出了12胜3负的开局。他像极了公牛后三连冠时期的乔丹，简洁、高效。詹姆斯第四节总得分、场均得分、罚球全是联盟第一，助攻也高居联盟第二。有这样一份数据单做背景介绍，他对篮网的绝杀就更显得闲庭信步、信手挥洒了——职业生涯第一次勾手绝杀，致敬“魔术师”1987年的小天勾。

这就是如今的詹姆斯，寻常人不见，偶尔露峥嵘。看过他在2015年总决赛火力全开的表演后，你必须相信他真的只是把自己隐藏起来了而已。他的成就、球技、心态和修养，都已经到了人生的制高点。这让他显得空前超然。

02

## 换帅与变革

LEBRON JAMES

2016 年 1 月 25 日，骑士主教练大卫·布拉特下课了。事实上，当时骑士的战绩高达 30 胜 11 负领跑东部，算上 2014/2015 赛季，在布拉特短暂的执教生涯里，他的胜率是恐怖的 70.4%。然而这对于无比渴求总冠军的骑士而言，什么都不是。他们在客场惜败给勇士尚可说是虽败犹荣，但回到主场后被痛斩 34 分简直让整个克利夫兰心生阴影。勇士开季打出 24 连胜，此时 41 胜 3 负的恐怖战绩直追 1996 年的芝加哥公牛而去。克利夫兰无法容忍自己的主队这样输给最大的假想敌。

以此为契机，若隐若现已久的矛盾爆发了，早已不能或者说从来不能有效控制球队的布拉特遂成了替罪羊。助理教练，39 岁的泰伦·卢火线上位。联盟中瞬间一片哗然，乔治·卡尔和大范甘迪等人纷纷跳出来为布拉特鸣不平，原因很简单，克利夫兰的行为让教练行业受刺激了，因为布拉特至少没有“必死之罪”，他的胜率摆在那里。如果都像克利夫兰这么干，那教练们还怎么混?

没有例外，在这个事件中最尴尬的人还是克利夫兰的灵魂人物和头号对外发言人——勒布朗·詹姆斯。他在教练下课后表示，自己并不知道这件事。以他的江湖地位，这自然不能昭天下大信。于是架空麦克·布朗，肩撞斯波尔斯特拉的往事又被翻了出来。

这种风波只是花絮，勒布朗·詹姆斯更可怕的旋涡都　了过来，这点事情自然不在话下。问题在于，换帅如换刀，骑士如果还想要总冠军奖杯，就必须在战术战略上有一个决定性的改革。泰伦·卢确实在这样做了，但以总冠军为目标的变革，并非一日之功，一开始甚至会显得荒唐乃至疯狂。

谁都知道，勒布朗·詹姆斯才是最大的权威。他可以在某些时间段内向教练低头，表示认可和支持，让教练在回放录像、评价全队表现时，暂时忘掉他的王者地位，以此使教练保有一席之地。但正所谓天无二日，想在一支小小的球队里玩这种双头政治，实在是有难度的。一旦教练权威和詹姆斯权威相冲突，所有人都知道是什么结果。

但问题是，在教练拥有一定权威的情况下，怎么可能和詹姆斯一直没冲突呢？事实上，泰伦·卢上位后也没能逃出这个劫数，无非是有了布拉特的先例，外加克利夫兰全队对总冠军充满渴望，所以彼此点到为止，相互谅解罢了。无论如何，一个关键的问题算是暂时解决了，骑士的主教练看起来总算再次像个正常人而不是木偶傀儡了。

这一连串变革让骑士的战绩受到了不小的影响，30 胜 11 负之后 27 胜 14 负，最终只领先东部第二猛龙一个胜场。但这不重要，东部只有两种球队——骑士和其他球队，只有最可能冲出西部的勇士、雷霆、马刺才是他们的目标。

更加机动灵活的骑士团在东部季后赛之旅中所向披靡，首轮 4 比 0 横扫活塞，次轮 4 比 0 横扫老鹰——你没看错，这是 2016 年的东部季后赛，绝不是 2009 年的。活塞的才华短缺让他们难以给骑士制造更大威胁，詹姆斯稳稳控制着场面，在三节半的僵持之后，突然一个发力就能终结比赛。至于老鹰，死得就更加近乎荒唐。体验了詹姆斯的两次横扫之后，亚特兰大冒险做出一点改变，热爱收缩和单防的他们，竟然转而玩起了上线紧逼和夹击。不改变很惨，改变后更惨，他们虚弱的夹击完全无法“遮挡”詹姆斯“阅读”比赛，后者传球如神，骑士全队展开三分球练习，系列赛场均轰进恐怖的 19 记三分球，“炸”得亚特兰大一片焦土。

虽然是在孱弱的东部，但骑士展现出的犀利攻势依旧令整个联盟侧目。东部决赛也没有太大悬念。猛龙队到了客场几乎完全不会打球，前四场战成 2 比 2 平之后，骑士突然发动压迫式防守，毫无悬念地连取两场挺进总决赛。对面当然是勇士——常规赛 73 胜 9 负登上 NBA 历史之巅的勇士，季后赛用恐怖的三分球对雷霆实现了 1 比 3 大逆转的勇士。

03

## 史诗级逆转

LEBRON JAMES

一年后再战，两支球队都已经大不相同。勇士在经历总决赛的淬火与总冠军的升华之后，忽然进入了小球打法的最高境界。他们以库里和格林的高位挡拆为核心，混合三角进攻式阵型和走位，外加一大批实力、天赋、经验兼备的球员，成功打造出史上最流畅最完备的挡切、远射体系。整个联盟看起来都无法阻挡他们，2015/2016 赛季 73 胜 9 负的创世纪战绩就是最好的证明。但名声就像一个巨大的包袱，到了常规赛末段，为了冲刺 73 胜，勇士仿佛提前两个月开始打季后赛，过度的消耗让他们步履蹒跚。他们的头号王牌，全赛季投进 402 记三分球的斯蒂芬·库里，在第一场季后赛还没打完时就倒

下了。直到第二轮对开拓者第四场才勉强复出，虽然他一出来就是打出恐怖的加时赛连得 17 分，但事实上，他的状态并不能算好。他的膝盖尚未完全恢复，虽然依旧是最可怕的射手，但相对不那么稳定了。

小个阵容的最大特征就是不稳定，变数多。他们更快更准，但消耗也更大，消耗更会造成他们的伤病和不稳定。西部决赛面对雷霆的前四场，库里的手感只准了一场，勇士也就赢了一场。库里后三场找回了称雄天下的灵动和精准，外加汤普森在第六场逆天而行，创纪录地单场射中 11 记三分球，这才实现了 NBA 史上壮丽的 1 比 3 大逆转。

而骑士拥有詹姆斯和欧文，所以他们不愿意和勇士玩慢节奏消耗，放弃莫兹戈夫就是决心的最大体现——这是泰伦·卢变革的核心问题，他们的基础战略是和勇士对攻，其他的一切都要服从这一点。这听起来简直是天方夜谭，和一支 73 胜的球队打转换？总决赛前四场的结果似乎是对骑士战略的嘲讽，他们总比分以 1 比 3 落后了！要知道总决赛历史上，从未有过 1 比 3 逆转，这几乎等于总决赛已经结束了。

他们陷入绝境的过程大概是这样的：总决赛第一场，他们仗以横扫东部的、以詹姆斯领衔的王牌轮换阵容，在勇士均衡的外围防守能力面前寸功未立，反而被对面刷出了得分高潮。双方替补得分差距接近 50 分。终场前 3 分钟，骑士带着两位数的落后，在死亡边缘企图挣扎时，被禁锢一整场、全场合计只得 20 分的库里和汤普森一人一记三分球埋葬了骑士。第二场，骑士没有做出任何有效的变化，只能追逐勇士风速奔袭的烟尘，再度被屠杀。

骑士这才开始做出本系列赛最大的两个调整。其一是在防守端，弃用猛犬般的小个子德拉维多瓦，保持外围的身高。原因很简单，他太矮了，而对面有一个联盟最好的背打加中投型控卫利文斯顿，一旦两人遭遇，必然被吃得死死的。利文斯顿第一场 10 中 8，第二场 5 中 4，命中率高达八成以上。拿掉德拉维多瓦之后，瘦长的利文斯顿面对同样相似但却更强壮的香珀特，再也无法随心所欲，此后再也没能打出前两场的表现。这一点非常重要，勇士小个阵容的恐怖之处在于，他们既能针对对手缓慢的内线快打慢，又能针对对手矮小的后场大打小。骑士弃用莫兹戈夫，缩减乐福的戏份（乐福第二场受伤，第三场没有出场，倒也省去了一番麻烦）之后，只保留特里斯坦·汤普森一个大前锋身高的内线，敏捷性并不吃亏，可以说内线被打错位的问题已经基本上解决了。到了第三场弃用德拉维多瓦之后，后场的错位也基本上消失。

总决赛的局势遂就此逆转。一切战术的目的无非是制造空当或错位，勇士尤其依赖于此。包括他们的王牌库里在内，勇士全队并没有一个真正意义上的一流单打手，库里受伤之后就更是如此。他们仗以横扫联盟的技能，是因为他们有均衡的个人能力做基础，总能打到对手的弱点上去。但骑士完成这一调整之后，勇士的进攻就难以随心所欲了。他们还是可以打出漂亮的配合，但却难以持续轰击，在一瞬间把分差拉开到不可挽回。直至此时为止，两队才开始真正的对决。而骑士已经背上了 0 比 2 落后的包袱。

另外一个决定性的变化，是在进攻端围绕欧文的调整。这对于本系列赛是决定性的，前两场欧文合计 36 投 12 中，但此后，欧文俨然是一个相对逊色的 2006 年总决赛后四场的韦德。

前两场欧文在诠释一个一号位单打型得分手的局限和悲剧。欧文身高在一号位算得上出色，但并不以冲击力见长。当一个速度和爆发力相对一般的一号位去单挑比他高了 10 厘米的摇摆人时，他会感觉非常难受。这是一号位最难突破的局限之一，当他们被当作得分后卫使用时，他们往往难以持续高效完成任务。

原因很简单，单打是通过移动和对抗制造空间，在技巧没有大问题的情况下，速度、高度、力量三个因素的攻防博弈对进攻者能否制造空间是决定性的。很显然，面对摇摆人防守时，一号位往往只有一个优势。我们经常可以看到，摇摆人后退一步或者半步拉开距离、保持身体平衡，就能让一号位英雄气短：要突破，对方有足够缓冲空间；要投篮，对方踏上一步伸手就能干扰到。

篮球就是这样，大势如此，没有人能改变这一点。《孙子兵法》说了，求之于势不责于人。让一个一号位去正面攻击严阵以待的摇摆人，任何一个教练一开始都是拒绝的。

那么变数在哪里呢？自然是为一号位制造出一种可以扬长避短的“势”，然后让一号位们在有利的势头下挥洒自己了。在这方面做得最成功的，自然是 2015/2016 赛季常规赛的勇士，结果遂让库里打出了 NBA 史上最伟大的一号位常规赛进攻端演出，没有之一。事实上，论个人进攻才华，欧文虽然没有库里那种奇幻小说般的想象力和对球场的影响力，但也是一流灵巧、精准的。只要给他一个适当的环境，他一向强大的心脏就能给人掷地有声的回应。篮球场上一切策略的改变，归根结底都能用时间和空间来描述。

简而言之，时间越充足，空间越开阔，球员就越容易发挥，或者直接就可以理解为，快攻和转换进攻往往比阵地战高效。不独一号位如此，无非是一号位最依赖这种团队创造力，因为他们自己在这方面的能力是五个位置中相对最弱的。

篮球场上攻防双方博弈，所追求的，相当一部分可以归结为：打对手的转换而不让对手打自己的转换，创造空当而不让对手创造空当。这些博弈的成败，直接就可以在命中率和分数上体现出来，毕竟篮球胜败最终取决于得分高低。

没有哪个超级得分手可以在一个系列赛甚至一整场比赛里无视阵地战和转换进攻的效率差距，谁也不能。在 2011 年之后，关于湖人的比赛，我们时常会看到，科比的单挑被淹没在对手疯狂的转换进攻中，让科比的每次进攻失手都显得刺眼。科比的效率在 2011 年之后，2013 年之前，并没有比之前有太明显的下降，区别在于湖人控制不住节奏了。当湖人可以控制节奏时，科比才是可怕的——外线球员中，乔丹之后，没有人比科比更擅长在相对来讲最困难的模式下得分。

如果说推动转换进攻的本质是“你高我比你更高”，那么磨阵地的本质就是“我低你比我更低”。

从第三场开始，大多数时间，骑士就成功地在欧文身上做到了这两点。概括起来其实也简单，尽量保持外围的身高和内线的移动，避免被勇士针对后场玩大打小（间接导致了勇士最擅长小打大的哈里森·巴恩斯和利文斯顿再也没有延续前两场的发挥），针对内线玩快打慢（詹姆斯和特里斯坦·汤普森的换防、协防表现有目共睹），增加勇士的单挑难度，揪住勇士单挑不进，反击。

于是欧文第三场突然复苏，开始不断完成转换和高难度投射，首节砍下 16 分，骑士 20 分领先。此后哪怕是包括输掉的第四场在内，节奏也一直控制在骑士手里。

事后来看，我们不用奇怪欧文的爆发，因为爆发是正确的节奏延续的结果。很简单，当一个球员在开阔的空间下顺风顺水培养起信心和状态之后,即使偶尔进入不利的环境，也有很大可能完成高难度得分，这是不断累积出来的结果。而如果一开始就在一个不利的环境下，球员的竞技状态就难以得到这种累积——前两场欧文合计得到 39 分，而后五场，欧文则打出恐怖的场均 31 分！

这就是骑士的两个调整，一个“扬长”，一个“避短”，两者相互作用之后，双方的力量对比已经逆转了。勇士能赢第四场，是因为库里爆发的 38 分，但带伤的库里并不总能这样进攻。如此，万事俱备只欠东风，当一个清晰的球场局势出现在詹姆斯面前时，他还从未让人失望过。

04

## 皇图霸业

LEBRON JAMES

事实上，2011—2014 年的迈阿密历史告诉我们，勒布朗·詹姆斯才是小球阵容中的终极王牌。世间没有任何外围球员能够比詹姆斯更高大、更强壮、更迅猛，换言之，从最直观的对比上，他可以碾压一切外围对位者。总决赛前四场，詹姆斯的投射一塌糊涂。但我们知道，对于詹姆斯而言，影响他投篮的最大因素就是他自己。2008 年对凯尔特人，2013 年对马刺，可以说是他投射准头问题的最佳诠释。他需要观察、适应对手的防守策略，需要调整自己的状态，当他完成这一切之后，他就是不可阻挡的。所以，我们可以发现一个有趣的现象，一个旷日持久的系列赛中，詹姆斯越往后思路越清晰，投射越精确，典型的越战越勇，绝境爆发。

2008 年之后，世间的任何防守，都只能让詹姆斯疑惑，而不能让詹姆斯消失，哪怕以勇士的防守能力也不例外。勇士的防守带着明显的马刺风格，是最经典的弹性防御，收缩自如，柔韧灵活。詹姆斯不喜欢这种防守，因为变化太快，快到让他难以果断决策，尤其是在他最初遇到的时候，2013 年的马刺就是例子。更何况，勇士的防守，远在当年的马刺之上。

但四场过去之后，在詹姆斯眼里，两者已经没有什么区别了，他看明白了，何况还有另外一个绝对的利好：第四场詹姆斯在比赛中跨过了格林，格林还击，詹姆斯看过录像后向联盟申诉，格林领到一记恶意犯规，累积触发红线，第五场被禁赛。

格林是勇士最重要的防守者，他恐怖的换防、协防能力是勇士小个阵容成功的关键，正因为他的存在，才使得以小个为主的勇士禁区和罚球线充满硬度，而不至于像凤凰城那样空虚，任人屠杀。这就是詹姆斯的手段，他是个老江湖了，一切对胜利有益的事情，他都会去做，都敢去做。

他的阴谋让他遭遇口诛笔伐。但一如他高中时期嚣张地打完官司后狂砍 52 分答谢观众，他在赛场上的表现让批评者只能闭嘴。总决赛第五场，詹姆斯、欧文的中远投几乎弹不虚发，各自砍下 41 分，持续全场的攻击力让勇士无可奈何。詹姆斯在第四节的连续中投尤其致命，挡住了勇士最后的反击。欧文随即在转换中投进绝命三分球，阻止了勇士主场夺冠的企图。

第六战成为系列赛最关键的转折，此战毫无疑问是詹姆斯 2015/2016 赛季的代表作。

欧文虽然没有像第五战 24 投 17 中那么神奇，但也有水准以上的发挥。勒布朗·詹姆斯更是突然进入了自己巅峰时代的终极状态。他 41 分的火力输出只是他存在感的一部分，完全不足以诠释他四处弥漫的能量和霸气。首节落后 20 分的勇士，在第三节末段到第四节初段发动了全场最恐怖的追击，克莱·汤普森三分球如神，眼看便要上演西部决赛第六场的故事。但詹姆斯凭着已到极限的身体状态坚定地阻挡着他们，没有让他们越雷池一步。在那段时间里，詹姆斯在赛场两端飞天遁地：他面无表情地换防、协防，一对一牢牢锁住库里，投进中投和追身三分球，突破全场扣篮，然后仿佛以光速回到赛场的另一端追身封盖伊戈达拉和库里。当他天神般出现在库里背后，将后者的上篮扇出场外后，他对着库里狂喷垃圾话，宣泄着持续整个系列赛的压抑和愤怒。

库里心态失衡了，对詹姆斯毫无必要地用上了第六次犯规，扔牙套出场。于是大局已定，总决赛进入了第七场。所有的气势都在骑士这边，第五场博古特受伤，第六场伊戈达拉受伤，73 胜的勇士在距离总冠军只差一场胜利时，却遭遇了接二连三的不利消息，然后这些不利因素像多米诺骨牌般扩散开来。

第七场是 2015/2016 赛季最恢宏、最窒息、最精彩的巅峰战役。骑士贯彻了自己第三场以来的调整，勇士也以残阵打出了高水准的进攻。最后五分钟，骑士冻结了库里，没有让 NBA 史上最神奇的射手有任何像样的表演，除了投失和失误。双方苦战到最后三分钟，比赛开始在詹姆斯无处不在的奔跑、防守、翻身跳投、追身三分，以及欧文的神话三分球中向骑士倾斜。终场前 10.6 秒，詹姆斯罚中一球，锁定了总冠军。

一段必将载入史册的历史诞生了——NBA 史上第一次在总决赛出现 1 比 3 大逆转。最重要的是，这是悲剧了一万年的、被迈克尔·乔丹肆虐到怀疑人生的克利夫兰骑士队历史上的第一尊总冠军，一尊最神奇、最独特的总冠军。

至此，勒布朗·詹姆斯身披 23 号，在他即将 32 岁的夏天，在他入行 13 年之后，在他和克利夫兰经历了史诗般的离合爱恨之后，终于完成了他对这座城市童话般的许诺。当然了，詹姆斯在 NBA 乃至篮球历史上的地位，永远比克利夫兰重要得多。之于他个人而言，这是他时隔三年再度登上王座，第三个总冠军，第三尊总决赛 MVP 奖杯。

自从 2014 年詹姆斯接失常规赛 MVP 和总冠军，天下第一的位置逐渐受到怀疑。但就在库里打出伟大的常规赛表演之后，就在勇士拿下 73 胜之后，詹姆斯忽然神奇地回到了王座之上，雄辩地证明，2009 年以来，这个联盟没有任何人能够和他相提并论。

三尊总冠军和两尊相比，意义完全是不同的。对于他的历史地位，此后再也没有人能说他冠军奖杯不够多了。这曾是他职业生涯唯一的不足，他拥有 NBA 史上最年轻、最卓绝的职业生涯开端，整个职业生涯的高度都维持在一个除了乔丹，根本没有任何人可以相提并论的层面上。

ORACLE
ARENA

第十二章

# 巅峰之殇

01

# 皇者卫冕路

LEBRON JAMES

2016/2017 赛季，克利夫兰骑士队的常规赛之旅高开低走。挟绝境逆转夺冠之余威，他们以 13 胜 2 负的队史纪录开局。到了平安夜，欧文用一记后仰跳投绝杀了去年的总决赛对手。克利夫兰上下志得意满，推出印着库里和汤普森头像的坟墓蛋糕以示庆祝。

赛季进入中后期后，冠军的余威终于没什么剩余了。

虽然有 24 岁的欧文以及“钢铁侠”般的詹姆斯，但事实上，这支骑士并不年轻，他们甚至是联盟中平均年龄最大的球队之一。他们的侧翼尤其缺乏新鲜血液，J.R. 史密斯和詹姆斯都过了 30 岁。在冠军战中立下奇功的杰弗森 37 岁了，休赛期一度宣布退役。伊曼·香珀特倒是正当壮年，但却缺乏射术，在詹姆斯的球队，这种球员一向不堪大用。

然后是后场的问题。骑士在休赛期放走了猛犬般的德拉维多瓦，用德隆·威廉姆斯代替。理论上讲，作为曾经和克里斯·保罗并称的控卫双骄，德隆的比赛境界要远远高出德拉。他可以提供德拉没有的比赛内容——高质量的挡拆启动。骑士的心思很明确，欧文是个万里独行的“大刺客”，从来不是一个能量型选手，又不能总是让詹姆斯一场打 40 分钟，所以得另外找一个球队引擎。然而，颠沛流离的职业生涯，早已磨尽了德隆的健康、爆发力和锐气，甚至还有投篮稳定性。骑士不但没能得到他的智谋和境界，反而连德拉的热血和勇猛也失去了。

在这个时代，比赛的节奏越来越快，对锋线、内线的运动能力和耐力要求也越来越高，他们需要在一整场比赛里马不停蹄，不断地对球施压、轮转补位、高速往返。若非当打之年的壮汉，这种程度的体力消耗，断然是吃不消的。

正在老去的骑士侧翼群，没有足够的血气去和年轻的球队拼腿脚了。这就意味着，比赛到了中后期，骑士必然会缺乏足够的能量，这是非常致命的弱点。一旦陷入疲惫，他们就会不断漏掉对手的空位三分球、无球切入以及转换进攻，然后被对手以恐怖的高效率持续得分。以这种方式丢分很可怕，因为你很难在阵地战中用同样的效率找补回来。如此，你可以想象骑士队在赛季中后期雪崩般的表现：常规赛最后 11 场，他们输掉了 7 场。作为上届冠军，身在东部赛区，他们仅拿到 51 胜。好消息是，这个战绩在东部足以排到第二名。坏消息是，勇士队在西部赛区拿到了 68 胜，而且他们有库里和杜兰特。

2016/2017 赛季的常规赛，詹姆斯打了 74 场常规赛，场均得到 26.4 分 8.6 个篮板 8.7 次助攻，得分数据是他回骑士后的新高，篮板和助攻则双双刷新职业生涯最高纪录。

这个赛季，詹姆斯职业生涯中前所未有地大幅度减少了持球强突分球式进攻，大部分时间里，他都在清场子、拉空间，为年轻英俊、杀气过盛的凯里·欧文提供优质服务。詹姆斯恐怖的强侧牵制力，像开了上帝视角似的大范围转移球，和欧文的无差别单挑神奇地融合在一起。欧文得到了最渴求的发挥空间，摆脱了单独带队时屡屡被协防限制的苦恼。詹姆斯则得到了充足的休整，寻常人不见，偶尔露峥嵘，将大招留到最关键的时刻释放。整个赛季里，球迷无数次看到某种场景：詹姆斯挥出一记割裂空间的对角长传，然后欧文在弱侧上演华丽刺杀。虽然骑士并不是总能靠这种双人单打模式赢球，但只论个体攻击火力，他们毫无疑问是联盟犀利二人组之一。

顺带着连凯文·乐福也沾了光。乐福覆盖整个半场的活动范围和射程，让他在两大巨头身旁游弋自如。詹姆斯的助攻数字一路飘红，欧文场均 25 分飙到职业生涯最高。乐福身为第三巨头，赛季前半段竟保持着场均 20 分 10 个篮板的内线王牌式数据。

这样的詹姆斯，让世界有些陌生。在之前的十多年里，他以极其霸道强悍的方式，将某种形象印在了球迷的脑海里，印得根深蒂固。换言之，如果他一场比赛不来十几次坦克突破，外加若干次平筐暴扣，所有人都会觉得不习惯。

他依然是世界上最强壮迅猛的外线球员，但他毕竟 32 岁了。

詹姆斯控制比赛的方式越来越随心所欲。一向以极端的务实主义著称的他，开始玩起一些行为艺术般的华丽动作，甚至有了几分街球神韵。他的传球也开始变得缥缈销魂，横跨四分之三场地的击地长传、背身状态下的脑后直塞、行进间的不看人传球等不一而足。在那一瞬间炸开的奇妙创造力，每次都能让整个球场为之疯狂。“魔术师”、伯德、乔丹、科比等人抵达过的、那种浑然天成的神话境界中，就此多了一个勒布朗·詹姆斯。

与此同时，勇士的“银河战舰”正在横扫球场。但个人层面上，谁都得承认，勒布朗·詹姆斯依然无可动摇地排在第一位。

有联盟第一人为灵魂，有三大核心为基石，虽然骑士只有 51 胜，但某个事实没有人会怀疑：离开了漫长的常规赛，在七战四胜制的系列赛里，他们一发力，东部没有任何球队能抵挡。

02

# 峰巅夜未央

LEBRON JAMES

之后的季后赛证明了这一点，甚至有些矫枉过正。2016/2017 赛季的骑士队，是 NBA 历史上季后赛战绩最漂亮的东部冠军，进总决赛之前，他们的战绩是 12 胜 1 负。

首轮的对手是印第安纳步行者。这群带着土黄色泥土气息的遛马汉子，依旧又倔又狠又硬，但却早已不是那支连续三年和热火上演黄沙血战的“匪徒”和“铁军”。2014 年东部决赛，步行者最后一次输给迈阿密热火。之后，这支球队很快就走向了解散。

兰斯·史蒂文森、希伯特、大卫·韦斯特、乔治·希尔全部离开，五大首发只剩下保罗·乔治，而后者还在篮球世界杯训练赛中受了重伤。等他归来时，环绕在身边的队

友已经面目全非，他们的外围球员，除了乔治本人，不再是那群高大、敏捷、强硬的“海怪”了。杰夫·蒂格灵巧狡猾，但身材单薄得像一张纸，他随时可能被任何外线球员碾碎，或者被一个拙劣的掩护拦住。步行者的内线球员也早已变成了轻捷有余、厚重不足的迈尔斯·邦纳。换言之，当年的印第安纳野兽群，已经成了被驯化的动物表演家，他们跑起来了，变得华丽轻盈了，但他们失去了真正威胁对手的能力。

系列赛前两战，印第安纳两次都在最后时刻差了一口气，合计只输了7分，但两场都输了。每次打到关键时刻，詹姆斯就像开了作弊器一样直冲对手篮下，打进或者罚球。印第安纳无力匹配这样的游戏模式，眼睁睁看着一整场的努力付诸流水。第三战，詹姆斯单场41分。骑士赢下比赛之后，印第安纳的心气彻底崩解了，包括保罗·乔治。

事实上，印第安纳人干得并不坏，和猛龙、凯尔特人相比，至少在最后崩溃前，他们一直让比赛显得很激烈。

这三支东部球队的烦恼，其实是相似的。单防詹姆斯，你会被他碾压到篮下，摘果子般打进上篮。而一旦夹击，就要趁早才有效果，但这样你就会漏掉詹姆斯身边的四个三分手。换言之，只要詹姆斯还在场上，还能跑得动，骑士在东部就是不可防守的。他们横扫猛龙的那个半决赛，简直可以竞选史上最无聊乏味的系列赛。

在东部决赛中，他们输掉了第三场，但纯粹是因为领先20分之后太过放松，外加运气不好，这才被布拉德利用一记三分球绝杀。而这记绝杀换来的结果，则是波士顿球迷在家门口亲眼看自家球队惨败出局。

至此，詹姆斯连续七年出现在总决赛。这是近代篮球史上最恐怖、最漫长的统治。

总决赛是另外一种层面的比赛。一个显而易见的事实是，金州勇士以库里的三分球为基础，围绕库里构建起的伸缩自如、跑跳如风的小个阵容，已经彻底改变了篮球世界的三观。而凯文·杜兰特这个“怪物”的加盟，则让这种改变进化成了不可逆转的潮流。

2016年之前的金州勇士，华丽轻盈，精准迅疾。他们可以在常规赛席卷73胜，但在季后赛并非无懈可击。2016年季后赛，他们一度被雷霆逼近1比3落后的绝境，然后又被骑士完成了1比3大逆转。简而言之，在防守端，他们的小个阵容对篮板球的控制有天然缺陷。他们的协防足够凶狠默契，但和超级得分手玩一对一，就很难确保安全，事实上根本没有球队能一对一搞定超级得分手。在进攻端，他们的小个阵容靠着多点联动，轮流突刺奠定优势。说简单点，就是他们依赖彼此间的配合，一旦限制了他们的配合，让库里和欧文、詹姆斯玩单挑，他们就失去了最大的优势。

然而杜兰特的加盟弥补了勇士唯一的短板，他可以同勇士的进攻体系无缝衔接。而一旦战术失败，这个身高 211 厘米的四届得分王，随时可以开启无差别单挑模式。

就这样，勇士获得了重新定义篮球规则的权力。现在的篮球不再依靠某个超级巨星的个人驱动力，甚至不再是大当家和二当家轮流接管，同时也不是“三巨头”个人能力的简单叠加。他们是一个无比灵敏的体系，循环无穷，无边无际，任何一个点都可以在某个时刻变成“杀人”的利器。这种多点联动、循环无穷的篮球，圣安东尼奥马刺队在 2014 年总决赛上演过。虽然只是昙花一现，但它恐怖的破坏力让每个篮球迷印象深刻。而现在，那种神迹般的篮球比赛，被勇士队变成了一种可以随时呈现的常态。

詹姆斯的球队，加上凯里·欧文，可以说是现役巨星驱动型球队的最强状态。但 2017 年总决赛的过程证明，一旦产生武器代差，就不是个人能力所能逆转的了。

2017 年 6 月 2 日，总决赛第一场，骑士成功抵抗上半场，但在第三节被库里一连串的三分球击溃，勇士以 113 比 91 击败骑士，先拔头筹。纵使詹姆斯打出 28 分 15 个篮板 8 次助攻的华丽数据，仍旧独木难支。总决赛第二场，摧毁他们的人变成了无处不在的杜兰特，勇士以 132 比 113 轻取骑士，再下一城。纵观前两场比赛，完全是詹姆斯对阵库里和杜兰特。在紧凑激烈的比赛节奏下，凯里·欧文完全没有空间施展他那一套个人武技。

2017 年 6 月 8 日，第三场比赛回到克利夫兰。激烈的对抗和夹击，让库里全场只得 5 分。但史蒂夫·科尔对此早有预谋，他开始加强克莱·汤普森的存在感，不再无限使用库里和杜兰特二人组。克莱·汤普森打出了职业生涯中最漂亮的一场总决赛。趁着骑士疯狂围剿库里，他趁乱射下了 30 分，让骑士无法打出得分高潮甩开勇士。

比赛僵持到最后 40 秒，杜兰特出手了。当时骑士领先两分，詹姆斯突分底角的科沃尔，后者三分球不中。杜兰特抓下弹到弱侧的篮板球杀向前场，在詹姆斯头顶射出一记死神夺命箭。最后的读秒时刻，伊戈达拉以一记精准的手刀切球终结了所有悬念。第三场，即便是在自己的地盘，骑士依然 113 比 118 惜败于勇士。此战詹姆斯砍下 39 分 11 个篮板 9 次助攻，欧文也得到 38 分，他们已打出总决赛舞台上最好的“双巨星球”。

骑士将他们的巨星单挑模式发挥到了极致，同时将库里的得分限制到个位数，但依然无法从勇士手中换来一场胜利。这也昭示着之后的故事毫无意外。

第四战骑士绝地拼命，全员爆发，捍卫了主场的尊严，以 137 比 116 击败了勇士，詹姆斯豪取 31 分 10 个篮板 11 次助攻大三双，欧文怒砍 40 分。他们终于联手击败了不可一世的勇士，可谁能想到，这是詹姆斯的骑士在总决赛上的最后一场胜利，也是詹姆斯与欧文联手取得的最后一场胜利。

2017 年 6 月 13 日，带着 3 比 1 的大比分回到金州，勇士依旧不敢松懈，去年 3 比 1 惨遭逆转，成了勇士心中永远的痛。或许是因为压力太大，勇士开局便投丢很多空位投篮，让骑士开局以 37 比 33 领先 4 分。

但到第二节，形势急转直下，勇士一波 27 比 4 的进攻高潮席卷骑士，瞬间建立了大比分的领先优势。第三节依旧跌宕起伏，J.R. 史密斯连中三分止血，一度将分差缩小至 5 分，但此时杜兰特再度大开杀戒，与库里联袂出击，将骑士的追分势头死死压住。两人全场分别砍下 39 分和 34 分，最终帮助勇士以 129 比 120 笑到最后，勇士荣登冠军。整个季后赛，勇士的战绩是恐怖的 16 胜 1 负，创下 NBA 历史上的新纪录。

大比分 4 比 1，这样的剧情太过直白，让失败方的任何数据都显得意义匮乏，即使詹姆斯的数据是场均 34 分 11 个篮板 10 次助攻，即使詹姆斯最后一战砍下 41 分 13 个篮板 8 次助攻。

03

# 骑皇终极季

LEBRON JAMES

2016/2017 赛季中后期的骑士队已经初现颓势。2017 年总决赛的脆败则让这种颓势演变成了末日大灾难。在休赛期，凯里·欧文引爆了第一颗炸弹，他要走了。

欧文是一个内心极度骄傲自负的球员，在詹姆斯身边当老二虽然令他不爽，但并不是他出走凯尔特人的唯一原因，骑士“病入膏肓”般的合同薪水，也令他看不到希望。

看一看此时的克利夫兰骑士队吧。特里斯坦·汤普森在 2016 年总决赛中对库里的卓越防守震惊篮坛，但他和詹姆斯、欧文主导的篮球体系八字不合，随着乐福的戏份越来越重，让他越来越迷失。再者，他还和卡戴珊搞在了一起。两相结合，他以不可思议的速度坠落，但他那 5 年 8200 万美元的天价合同却丝毫未减。

在 2016 年拿到总冠军之后，J.R. 史密斯和骑士队签下了一份 4 年 6400 万美元的长约。再加上伊曼·香珀特的千万级合同，以及三个年薪 2000 万级别的巨头……嗯，真正的问题呼之欲出了，骑士队的薪金空间糟糕到何种程度了呢？他们已经在交着以亿为单位的奢侈税了！这意味着，他们不可能再做出任何像样的补强。而詹姆斯此时也三缄其口，没有对于下一年的续约做出任何表态。如此积重难返的骑士，不可能再有战胜勇士的希望。当一支球队失去希望时，就会产生大地震。

这就是欧文离开的原因。当时有个传言，骑士管理层想用欧文交易保罗·乔治或吉米·巴特勒——全世界都知道骑士需要加强锋线运动能力。也就是在这前后，欧文主动提出了离开。很显然，他不想被管理层左右，被流放到某个烂队，他希望掌控自己的命运。最后，以欧文出走波士顿，换来小托马斯、克劳德、日日奇为结局。在这之外，骑士还签下了杰夫·格林和德里克·罗斯，还有韦德。

牌面上看，克利夫兰人民可以欢送欧文了，韦德的出现更是让很多球迷心头一热。但不久后的事实证明，这些新来的面孔，加在一起也无法弥补欧文造成的损失。只看数据的话，小托马斯高居上赛季得分榜第四位，场均 28.9 分，“地表最强 175 厘米球员”名不虚传。但问题是，这样的成绩是在凯尔特人全队的努力下拿到的。“绿衫军”处在刚刚走出重建的阶段，缺乏绝对王牌，所有人都在为小托马斯服务，为他提供了大量的牵扯、掩护、传球，以及防守端的帮助。在勒布朗·詹姆斯的球队，必然是另一种情况，不可能让他享受之前的自由度。更何况，小马托斯来的时候还是个病号。当球迷意识到这一点时，骑士已经再一次成了詹姆斯的一人球队——球队雪上加霜，凯文·乐福在赛季中期一口气伤停了两个月。

作为交易、引援主体的小托马斯尚且如此，作为燃烧余热的零件型人物的韦德、罗斯、德隆等人，就更加难以改变大局。大量的高龄球员让骑士队成了一台老爷车，如果缺乏激励，他们甚至很难保持比赛强度超过一节时间。赛季前 12 场比赛，他们输掉了 7 场。知耻后勇地打出 13 连胜之后，在年底旧态复萌，再次开始赢一场输一场。

在 2018 年 2 月 8 日，也就是交易日截止前一天，管理层给球队动了一个大手术：韦德、罗斯、香珀特、克劳德、小托马斯、德隆全部被送走，换来了乔治·希尔、罗尼·胡德、克拉克森、小南斯。结果，这样的大动作仍然收效甚微。至此，管理层不得不承认，他们在夏天的引援，以及对欧文事件的补救行动全都失败了。

虽然骑士状况百出，但詹姆斯依然保持巅峰的状态，他不仅荣膺东部月最佳球员，还在洛杉矶全明星赛，展示出无与伦比的统治力。

2018 年 2 月 19 日，洛杉矶全明星赛举行，也是赛事改革后的第一次交锋。最终詹姆斯队以 148 比 145 险胜库里队。詹姆斯全场 17 投 12 中，三分球 8 投 4 中，得到全场最高的 29 分，外加 10 个篮板和 8 次助攻，并率队逆转取胜，他也众望所归地荣膺全明星 MVP。值得一提的是，这是他继 2006 年和 2008 年，时隔十年之久，第三次夺得此项殊荣。

本场也是詹姆斯连续第 14 次首发出战全明星，他超过了凯尔特人名宿鲍勃·库西，成为全明星史上连续首发出

场最多的球员。

骑士最终以 50 胜 32 负结束了常规赛。看起来还不错，只比上赛季少赢了一场，对面的勇士也不过 58 胜。但骑士的这个战绩委实一言难尽，这是以提前大量消耗詹姆斯为代价拿到的。职业生涯中第一次，詹姆斯在常规赛打满了 82 场，场均得到 27.5 分 8.6 个篮板 9.1 次助攻，得分是个人自 2010 年以来的最高值，篮板和职业生涯最高值持平，助攻则创造了职业生涯最高值。

2018 年的整个 3 月他独自一人驱动全队，场均砍下 31 分 9.5 个篮板 9.5 次助攻的恐怖数据。上一次如此火力全开还要追溯到十年前，2008 年骑士引援拉里·休斯被证明失败，球队只剩下詹姆斯一个持球点。当时迈克·布朗怒吼："你们全都去给他防守！"至于进攻，"我们有勒布朗·电子游戏·詹姆斯"。在那个赛季，詹姆斯拿到得分王。

一晃十年过去了。当时的詹姆斯 23 岁，有足够的能量可以透支。如今他 33 岁了，却忽然被告知，球队需要他再度挑战个人极限。此时的詹姆斯没有那么多青春能量，但他有更完整的技艺，有十年前还没有的一切荣耀。更重要的是，他有一颗比当时更加强大、稳定的心脏。一个篮球运动员到了他如今的境界，唯一的动力就是为超越自我而战。

2018 季后赛是詹姆斯的封神之路，他倾尽所有，拖着骑士艰难前行。首轮对阵步行者，大战七场，詹姆斯场均出场 41.1 分钟，砍下 34.4 分 10.1 个篮板 7.7 次助攻，抽筋依然不下火线，用一己之力击败对手。

步行者显然比骑士拥有更好的团队，而骑士的优势只有詹姆斯。

2018 年季后赛首轮第一场，骑士被印第安纳步行者吊打 18 分。第二场一开始，詹姆斯就独自打了对面一个 16 比 0，全场获得 46 分 12 个篮板 5 次助攻，骑士 3 分险胜。

第三场，骑士在一度领先 17 分的情况下被逆转。第四场，詹姆斯全场砍下 32 分 13 个篮板 7 次助攻。他后来承认，这场比赛的第四节，是他在整个季后赛旅程中最绝望的时刻，他一度觉得自己要平生第一次首轮出局了。但科沃尔回应了他的传球，连续投中两记三分球。于是他缓过来了，就此冲天而起，战意昂扬，再也没有任何消极的情绪。

之后 2018 年 4 月 26 日的"天王山之战"，詹姆斯全场砍下 44 分 10 个篮板 8 次助攻。最后 3 秒钟他运球到弧顶，用一记压哨三分球绝杀了对手。这是詹姆斯季后赛生涯中的第四次绝杀，但就像前三次那样，毫无征兆。

整个第四节，他的手感并不好，之前已经投丢两个三分。骑士队 12 分的领先优势不断被蚕食，最终被小萨博尼斯的中投追平，95 比 95。

时间只剩下 33.6 秒时，詹姆斯持球底线进攻，却被赛迪斯·杨捅掉，反弹回来被詹姆斯手肘撞出界。接下来奥拉迪波上篮，詹姆斯用一个追身顶板大盖帽回敬。

只剩 3 秒的时间，对詹姆斯来说足够了，这一次詹姆斯的选择，更像九年前面对魔术队特考格鲁那次三分出手，无论位置，还是方式。

詹姆斯高高跃起，在弧顶面对赛迪斯·杨，投出一记天外飞仙般的三分，球划出彩虹般的弧线直坠篮筐，詹姆斯完成名垂青史的“天王山绝杀”。

虽然赢得“天王山之战”，但接下来的第六场骑士又习惯性地输掉比赛。输掉第六场之后，詹姆斯再次发威，第七场狂砍 45 分，率骑士 4 比 3 击败步行者成功晋级。

东部半决赛，也许是在詹姆斯伟大表现的感召下，骑士其他球员的状态逐渐回暖，乐福从低迷中走出来，利用灵活的跑位与精准的外线手感频频得分，令瓦兰丘纳斯防不胜防。

2018 年 5 月 6 日半决赛第三场，最后 8 秒，骑士被猛龙追平比分，103 比 103。最后一攻，詹姆斯后场持球长驱直入推进，面对阿奴诺比的贴身防守，左侧突破，一个跃起拧身的打板命中，105 比 103 解决对手。一切完成得行云流水、轻松写意。

和上次对步行者的“天王山绝杀”一样，这又是一次在主场、在平局的情况下，詹姆斯从容不迫地终结比赛。总比分变成了3比0。得到个人第38分之余，詹姆斯完成了5次季后赛绝杀，在季后赛绝杀次数榜上，超越乔丹的3次，成为联盟历史第一人。

半决赛横扫猛龙，詹姆斯已经12次完成横扫，成为历史横扫王。横扫晋级无疑是最霸气的胜利方式，詹姆斯用这种方式昭示天下：骑士集结完毕，皇者御驾亲征！

横扫东部常规赛之王（猛龙2017/2018赛季豪取59胜，东部排名第一），从而也引发了多伦多篮球强烈地震，他们送走了功勋主帅韦恩·凯西，也换走当家巨星德罗赞，换回全明星小前锋伦纳德，当然这些是后话了。

东部决赛，骑士面对少了欧文、海沃德两大核心的凯尔特人，在客场竟然连折两阵，詹姆斯在第二场砍下42分10个篮板12次助攻，也没能带回一场胜利。

第三场骑士绝地反弹，大胜凯尔特人30分。詹姆斯在第四场砍下44分扳平大比分，最后时刻用神乎其技的连珠三分球燃爆全场。凯尔特人回到主场拿下“天王山”。东决第六场，背靠悬崖的詹姆斯独砍46分11个篮板9次助攻，并命中锁定胜局的两记惊魂三分。

比赛再次进入抢七大战，TD北岸花园球馆，之前骑士在这个凯尔特人的地盘上，三战皆墨。2018年5月27日第七场生死战，詹姆斯全场得到35分15个篮板9次助攻。最后时刻，已经奋战整场的詹姆斯，在快攻中身上挂着身高206厘米的马基夫·莫里斯，顶着整个球馆的嘘声和压力破空而起，滑翔中完成打三分，这一击彻底击溃了年轻的凯尔特人，尤其是詹姆斯那声震九霄的一声巨吼，宛如狮王啸谷，令百兽俯首。

骑士客场87比79战胜凯尔特人，詹姆斯连续八年闯入总决赛。

算上这次，詹姆斯在职业生涯的抢七大战中六连胜。一支本该在首轮出局的球队，被詹姆斯带到了总决赛。33岁的他用超人般的意志力顽强抵抗着年华的老去与身体机能的退化，并把自己在三旬之后的有限巅峰年华发挥得淋漓尽致，令人脱帽致敬。

2018年6月1日总决赛第一场，连续八次站到这个舞台的詹姆斯，连续第四次遇到老对手勇士，正所谓“不是冤家不聚头”。

挟季后赛神勇模式，詹姆斯在总决赛第一战砍下51分，单赛季季后赛第八次得到至少40分，追平杰里·韦斯特并列历史第一。然而即便是詹姆斯得到总决赛生涯新高的51分，却没有取得一胜，J.R.史密斯在常规时间最后一刻“灵魂出壳”，抢到前场

篮板之后没有投篮，而是将球带到外线上，直接把比赛拱手让到加时赛……

最后一刻希尔造成犯规，他两罚一中，107 比 107。最后 4.5 秒 J.R. 史密斯抢下进攻篮板，但他没选择直接进攻，而是将球运到外线，结果时间消耗光，双方进入加时。

骑士错过了最好的获胜机会。加时赛，勇士打出一波 9 比 0，再度建立优势。骑士客场 114 比 124 输给勇士。然而更致命的是，詹姆斯在一次突破中被格林戳中左眼，随后他的眼睛充血肿胀。“我的视线非常模糊，视力变得越来越差了。”詹姆斯在比赛后说道。尽管这样，詹姆斯带着“血瞳”还是在总决赛上打出强悍表现。

2018 年总决赛，骑士最终被勇士横扫，这甚至是史上最无悬念的总决赛，仅有的一点悬念也被 J.R. 史密斯消灭了，但詹姆斯的伟大却尤为凸显。他就像一个钢铁之躯的超人，完全不受自然规律的影响，我们从未见过他被伤病、疲惫、阵容不完整所打倒，哪怕在球场上脚崴了，也就跺一跺便能披挂上阵，连续得分，最后像超级英雄一样终结比赛。直到 33 岁，他还在不断进步，我们可以看出他的投篮、他的单打技巧，变得越来越炉火纯青。但他也确实不再是当初那个飞天遁地的少年“小皇帝”了，漫长的赛季，高强度的季后赛，耗尽了他的精力，最终，他走完了一个人的史诗之路，倒在了王座之前。

当他转身退场，身后却掌声四起。

这样伟大的表现，是詹姆斯留给克利夫兰最后的赠礼，他倾其所有、毫无保留地奉献给家乡他的一切，这让他在第二次离开时无怨无悔。

wish
LAKERS
23
SPALDING

# 第十三章
# 紫金之皇

01

# 皇帝西游记

LEBRON JAMES

2018 年 7 月，四年 1.53 亿美元合同达成，詹姆斯入主湖人。在流火的盛夏，这笔交易无疑掀起了爆炸性热浪，不仅抢了俄罗斯世界杯风头，还引起 NBA 休赛期的轩然大波。“詹姆斯为何来到西部，而且是实力较弱的湖人？”一时间诸多疑问甚嚣尘上。

以前挑剔的人总喜欢以西强东弱来试图抹杀他的成就。如今，他来了，以“东皇”只身西伐的姿态而来。近五个赛季无缘季后赛的湖人也急需一位真正的领袖。在率领热火、骑士夺冠之后，詹姆斯将要挑战成为全美四大联盟中那个唯一率领三支球队拿到总冠军的人。甚至，他想要挑战的还有更多……换言之，无论你如何惊诧不解，有一个事实必须明白：当世最伟大的篮球巨星，已经和NBA 历史上最伟大的巨星球队结为一体了。

这是洛杉矶湖人历史上最动人心魄的一次“巨星迁徙”。

洛杉矶湖人在 NBA 历史上的地位，不仅仅是 31 次总决赛和 16 个总冠军，这里是世界上最大的明星聚集地，这里拥有恐怖的市场份额、金融能量，以及曝光率。他们和顶级的世界巨星相得益彰。而顶级的巨星们，也向往洛杉矶在娱乐圈中的神圣地位。只要机缘合适，没有哪个篮球巨星会拒绝为湖人打球。就算不能像“魔术师”和科比那样，将整个职业生涯托付在“天使之城”，至少也要在这里走上一遭，在比赛间隙和场边的影视明星们聊一聊人生，才算对得起自己的江湖地位，这俨然已经成了一种巨星身份的验证仪式。

詹姆斯已经不再是那个从未品尝过冠军滋味的天才少年，他完成过蝉联，打出过总决赛史上最传奇的 1 比 3 大逆转。他在即将 34 岁的年龄，在刚刚过去的季后赛中，逆天呈现出最恐怖的个人进攻状态。虽然和勇士的四次对决输了三次，但谁也无法否认，他仍然是这个联盟最强大的个体。他已经偿还了克利夫兰的冠军梦，如今，他的职业生涯所处的高度，比之 2013 年完成蝉联，五年内四次加冕常规赛 MVP，有过之而无不及。

这时候他最需要的，自然是一种水到渠成的认证仪式，就像帝王在成就万世功业后封禅祭天一样，洛杉矶就是帝王级巨星的封禅台。

对于洛杉矶湖人来说，他们在迎来詹姆斯之前，实际上已经跌到了队史最低谷。不必列举那些耻辱的纪录，只说一件事：在 2014 年之前，湖人在近 70 年的历史上，合计

也就缺席过五次季后赛，而过去五年里，他们也缺席了五次。

2003 年夏天，詹姆斯以状元身份加盟克利夫兰骑士时，有人说这个偏僻的小城将会成为东部的闪耀之地。事实上也的确如此，这支骑士几乎所有的荣耀都和勒布朗·詹姆斯有关，包括克利夫兰体育史上的唯一一次冠军——2016 年 NBA 总冠军。

以詹姆斯如今的江湖地位，以他对克利夫兰的贡献，情势已然绝不允许吉尔伯特和他公然撕破脸，不只是吉尔伯特，篮球世界的所有人，无论心里对勒布朗·詹姆斯怎么想，在表面上，也必须对他表现出足够的敬意，这就是他如今的地位。

地球人都知道，相比于东部的 Easy 模式，西部简直是修罗地狱。“勇士王朝”不必说，火箭的哈登、保罗满眼杀气，雷霆的威少和乔治再次组队，遍地豪强的阵势，令天下诸侯胆寒。现在唯一开心的恐怕只有东部球队了，詹姆斯的西游，让他们有更大概率踏入总决赛。凯尔特人、步行者、猛龙，他们对那片最高的舞台向往已久了。

那些黑詹姆斯只敢在东部称霸的人，或许可以收起自己的言论了。毫无争议，这一选择同样艰难无比。更何况，随着詹姆斯进入湖人，拍马赶来的史蒂芬森、麦基、朗多，他们都愿意和这个男人并肩作战，即使是面对再多强悍的对手。

02

# 紫金皇纪元

LEBRON JAMES

既然来到西部，詹姆斯恐怕早已预料竞争的残酷性，但现实来得显然更为猛烈。

2018/2019 赛季初期，湖人胜少负多，甚至一度一胜难求。

2018 年 10 月 19 日，詹姆斯迎来新赛季湖人的首秀。对阵开拓者，詹姆斯在第一节比赛还剩 9 分 25 秒时完成抢断，自己持球一条龙杀到前场，用极具标志性的战斧劈扣，开启了自己在湖人队的第一分。

朗多因与英格拉姆斗殴停赛，一度打乱詹姆斯的计划，但库兹马的崛起令人激赏。

2018 年 10 月 28 日，湖人虽然在客场以 106 比 110 不敌马刺，但詹姆斯还是一战超越两项纪录。首先他 21 投 13 中砍下 35 分，职业生涯常规赛进球数达到 11339 个，超越奥尼尔（11330 个）升至历史第六位，排在第五位的是科比（11719 个）。此外他职业生涯常规赛总得分达到 31202 分，超越诺维茨基（31187 分）升至历史第六位。

2018 年 11 月 15 日，湖人主场以 126 比 117 战胜开拓者，詹姆斯砍下 44 分 10 个篮板 9 次助攻，常规赛总得分超越威尔特·张伯伦（31419 分），跻身历史第五。自此，NBA 前五大得分手，竟然有四位曾披湖人战袍——贾巴尔、卡尔·马龙、科比、詹姆斯，仅有总得分第四位的乔丹未曾效力过“紫金”……不过以场均 27 分计，詹姆斯再用 31 场就可以超越“乔帮主”，让“紫金四星”永定得分榜前列。

此后他开启“全力詹”模式，在虎狼环伺的西部，率领湖人杀入西部前八，堪称壮举。2018 年 11 月 19 日，湖人客场以 113 比 97 战胜热火，詹姆斯砍下 51 分 8 个篮板 3 次助攻，成为 NBA 历史上第五位代表三支不同球队都得到 50+ 分数的球员。

2018 年 11 月 22 日，湖人客场挑战骑士，詹姆斯终于回到自己的家乡。而这一天，骑士球迷显然等待太久了。自从詹姆斯离开后，克利夫兰就备受煎熬。首先是球队战绩全联盟最差，骑士老板吉尔伯特在休赛期“没有詹姆斯一样进总决赛”的豪言，

被现实打脸。而且骑士的主场门票大跌，最低已到了 2 美元一张，即使这样低廉的价格，速贷球馆很多区域仍然是空空荡荡，很显然，克利夫兰的球迷已经对骑士失望了。

然而形成鲜明对比的是，詹姆斯的到来令骑士主场门票大涨，190 美元一张，甚至更高，依然是座无空席。克利夫兰迎来他们的英雄重归故里，与八年前那次惊涛骇浪的谩骂声不同，这回迎接他的只有球迷们的掌声与感恩。他们感激詹姆斯在这里奉献最宝贵的 11 年，并实现夺冠的诺言。当那位熟悉的 23 号身影再次出现在速贷球馆，似乎一如昨天。而骑士的那句“仿佛一切都没有变，只是你已不再属于我”，令人动容。

最终湖人在客场以 109 比 105 击败骑士，拿到两连胜。这是詹姆斯首次身披湖人战袍回克利夫兰战旧主，赛后詹姆斯与骑士前队友逐一拥抱，眼中竟然泛起点点泪花，他们彼此嘘寒问暖，默契度和亲密度一如从前。回想他率领湖人的前一战，他面对曾经效力的另一支球队热火豪取 51 分，令迈阿密不禁慨叹：“我们也曾拥有他！”

詹姆斯为什么背井离乡，毅然离开克利夫兰，原因众说纷纭。直到 2018 年 11 月 20 日加盟湖人后，詹姆斯首次重返克利夫兰时才亲口说出真相，面对家乡媒体时，詹姆斯袒露心扉：“所有人都知道凯里（欧文）被交易，这就是一切发生的源头。”

在欧文被交易前，詹姆斯曾和骑士总经理奥尔特曼表达坚定的态度——不要交易欧文，特别是不要与凯尔特人做交易。据在场见证者透露，奥尔特曼告知詹姆斯这笔交易不会发生。而仅仅 15 分钟后，新闻出炉，骑士在原则上同意将欧文交易至凯尔特人，换取小托马斯、克劳德、日日奇和 2018 年来自篮网的首轮选秀权。

詹姆斯看到这则新闻之后，直接瘫坐在椅子上。“奥尔特曼曾经告诉我他不会交易欧文到凯尔特人去，但还是发生了。你会意识到他根本没有实权，他只是被叫作总经理罢了。”通过詹姆斯的这番描述，人们得知交易欧文的始作俑者正是骑士队老板吉尔伯特，将当家球星之一送给对手，换回大伤休养中的联盟防守垫底后卫加首轮签，这真是对于球队“百害而无一利”的愚蠢操作了。

吉尔伯特在 2017/2018 赛季开始前这通操作之后，其实已不指望詹姆斯继续留在克利夫兰了，而他仅仅是宣泄自己对詹姆斯的不满。吉尔伯特这样的老板，也许根本不配拥有詹姆斯，而如今拥有詹姆斯的，恰恰是 NBA 历史第一豪门洛杉矶湖人。

2018/2019 赛季的湖人，以磨合为主，但看得出，“紫金军团”自从拥有了自带体系的詹姆斯，就有了与强队叫板的底气与实力。

湖人计划先围绕詹姆斯打出一个成熟的战术体系，然后等着明年到转会市场上招募强援，这个赛季湖人能打入季后赛就算超额完成任务。但詹姆斯并不这么想，尽管这是他职业生涯首个西区赛季，尽管湖人阵容现在过于年轻，但这些都不能成为仅仅满足季后赛的理由，他用实际行动告诉队友，现在的湖人提升有无限可能。

## 03 黎明前的黑暗

LEBRON JAMES

2018/2019 赛季的前两个月，詹姆斯沿袭了 2018 年季后赛所展现的超强的个人攻击力与掌控力。对阵开拓者，詹姆斯砍下 44 分，总得分超越张伯伦，跻身历史总得分榜的第五位。此后他更开启“全力詹”模式，一度率领湖人杀入西部前八。

2018 年 12 月 16 日，湖人客场以 128 比 100 战胜黄蜂，詹姆斯砍下 24 分、12 个篮板、11 次助攻，鲍尔也砍下 16 分、10 个篮板、10 次助攻，同队队友双砍“三双”，纵观浩瀚的 NBA 史册，如此壮举也仅有 8 次而已。

詹姆斯率领湖人高歌猛进，一度逼近西部前四，然而一场伤病令轨迹发生改变。

2018 年圣诞大战，虽然湖人大比分击败勇士，詹姆斯的受伤却为“紫金军团”蒙上阴影。这位征战联盟 15 载的铮铮铁汉因为腹股沟的伤势，首次被迫休战了六周。在詹姆斯缺席的六周里，湖人从西部前四直接跌落到八名开外，此后无缘季后赛。

2019 年 3 月 7 日，詹姆斯带伤归来，湖人主场迎战掘金，此战詹姆斯砍下 31 分，常规赛总得分来到 32311 分，从而超越乔丹（32292 分）上升至 NBA 历史得分榜第四位，而他的身前是科比的 33643 分。

超越乔丹的壮举并没有让詹姆斯率领湖人再写奇迹，“紫金军团”被悲惨地关到季后赛大门之外。2018/2019 赛季，詹姆斯代表湖人出战 55 场比赛，场均砍下 27.4 分、8.5 个篮板、8.3 次助攻，是该赛季联盟中唯一打出“27+8+8”数据的球员。

2018/2019 赛季，湖人仅取得 37 胜 45 负，最终排名西部第十，无缘季后赛。“紫金军团”的进攻效率排名联盟第 22 位，可谓乏善可陈。尽管在詹姆斯的身边有一干青年才俊，譬如库兹马、英格拉姆、哈特、波普以及“球哥”鲍尔，但在虎狼环伺的西部，以湖人这样的配制很难杀出一片天。

自此，詹姆斯连续 8 次率队挺进总决赛的纪录戛然而止 。一时间“‘皇帝’已老，无法适应西部残酷竞争”的种种言论甚嚣尘上。寻常之人永远不能了解王者的雄心，这次折戟让詹姆斯积蓄更大的能量，他将在新赛季率领湖人发起反击狂潮。

此时“紫金军团”也急需给年近 35 岁的詹姆斯找一个拥有超强即战力的巨星来做搭档，他们把目标锁定为鹈鹕的当家球星——“浓眉”安东尼·戴维斯。

04

## “詹眉组合”创立

2019年6月16日，洛杉矶湖人与新奥尔良鹈鹕终于达成交易，湖人为得到安东尼·戴维斯，几乎梭哈全部的年轻资产，用郎佐·鲍尔、布兰登·英格拉姆、约什·哈特和三个首轮签来交换这位正值当打之年的超级大前锋。

对于一心想把天赋带到天使之城的“浓眉”来说，没有比这更美妙的结局了。与詹姆斯联手组成“詹眉组合”，同时也是联盟最强的内外锋线组合，所有人都知道，湖人已无可争议地跻身夺冠大热行列。

“‘AD’（安东尼·戴维斯）要来了，让我们一起努力，这只是个开始。”这是戴维斯交易达成之后，詹姆斯在个人社交媒体上发布欢迎消息时极力控制住内心的喜悦，并配上了“浓眉”戴维斯身穿紫金球衣与自己的合照。

这是詹姆斯生涯第二次与全明星“状元”球员合作，上一次他身边的助手是凯里·欧文，两人合作的第二个赛季便率队登顶。这一次，从欧文换成了戴维斯，从明星控卫变成了超级内线，詹姆斯需要时间去磨合和适应。

“浓眉”戴维斯盛赞詹姆斯是联盟最无私的球员，认为彼此可以为对方创造更多的进攻机会，甚至可以携手成就伟业。湖人为了在新赛季能冲击总冠军，在阵容调配上下足了功夫。除了招揽戴维斯之外，还在自由市场签下刚刚帮助猛龙夺冠的丹尼·格林，并网罗了德马库斯·考辛斯、德怀特·霍华德、马基夫·莫里斯等球员。

这是一支经验丰富且拥有强力核心架构的湖人，在詹姆斯的掌舵下，“紫金军团”

既有隆多、霍华德、格林这样身经百战的老将托底，也有“浓眉”戴维斯、莫里斯、波普这样正值当打之年的中生代球员，而库兹马、卡鲁索和塔克等年轻球员们则为湖人提供了更多的激情与可能性。湖人也更换了主教练，弗兰克·沃格尔走马上任。

兵强马壮的湖人在 2019/2020 赛季的揭幕战对决同城死敌快船。2019 年夏天，新科总决赛 MVP 伦纳德加盟快船，让“洛城德比”有了新的悬念，此外快船还得到乔治，当今联盟排名前五的小前锋，他们已得其二，似乎已拥有了掀翻湖人的底牌。

这场被视作是 2020 年西部决赛的预演，遗憾的是新版湖人以 102 比 112 输给快船。詹姆斯全场状态低迷，19 投仅 7 中，得到 18 分、10 个篮板、8 次助攻。“浓眉”同样手感不佳，21 投 8 中，罚球 14 中 9，得到 28 分、9 个篮板。

虽然未能旗开得胜，但这并没有击垮“詹眉组合”的信心，此后湖人迎来了一波七连胜，并在前 20 场比赛中，取得了 17 胜 3 负的骄人战绩，领跑西部群雄。在此期间，詹姆斯在连胜独行侠、马刺和公牛的比赛中，完成了连续三场“三双”表演。

2019 年 11 月 2 日，湖人做客达拉斯的美航中心球馆，挑战独行侠，这原本只是一场普通的常规赛较量，却因为彼此双方的主将而吸引了无数球迷的目光。

独行侠领军的东契奇是时下炙手可热的“新人王”，虽然只有 21 岁，但东契奇展现出的全能的王者特质，与詹姆斯颇为相似。此役詹姆斯拿下 39 分、12 个篮板、16 次助攻，东契奇得到 31 分、13 个篮板、15 次助攻，他们携手为球迷奉献了一场“火星撞地球”的对决，二人也成为 NBA 历史上第一对同场砍下“30+ 大三双”的球员。

虽然詹姆斯通过加时赛鏖战，率领湖人以 119 比 110 击败独行侠，但他还是给东契奇一句由衷的赞叹“这小子太强了！”

击败独行侠，湖人在接下来的 14 场比赛中，仅负 1 场，胜率超过九成，詹姆斯与戴维斯联手也初显神威。詹姆斯依然保持 MVP 级别的水准，而拥有 2.27 米臂展的戴维斯在攻防两端展现出强大的统治力。

值得一提的是，在湖人主场险胜国王的比赛中，詹姆斯迎着别利察奉献了一记霸道无匹的“战斧”劈扣，瞬间梦回巅峰，让人不禁慨叹这位“三旬老汉”的劲爆能量。

Champions
NATIONAL BASKETBALL ASSOCIATION
LAKERS
20 20
CHAMPIONS
LAKERS
LOS ANGELES

# 第十四章 夺冠之旅

勒布朗·詹姆斯传

01

## “黑曼巴”陡然离去

LEBRON JAMES

时间悄无声息地来到 2020 年，这是多年以后我们无数次想重启的“灾年”。

2020 年 1 月 25 日，湖人客场以 91 比 108 不敌 76 人，詹姆斯全场砍下 29 分，职业生涯总得分超越科比（33643 分），位列 NBA 总得分榜的第三位，仅次于马龙（36928 分）与贾巴尔（38387 分）。对于超越科比，詹姆斯说：“这是非常酷的事，科比和我有许多相似之处，都是高中毕业直升 NBA，每一天都在努力成为世界上最好的球员。”

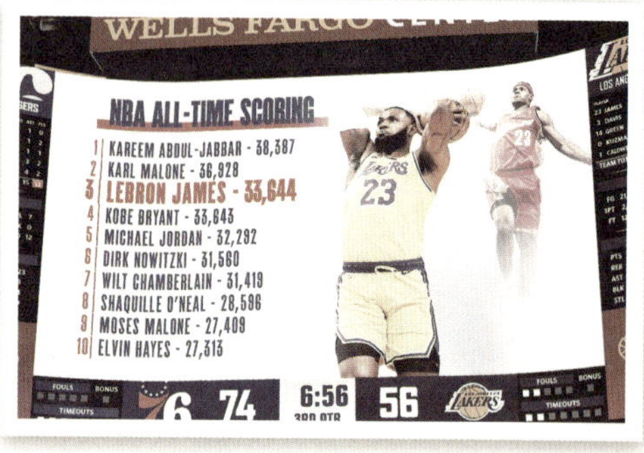


科比也在詹姆斯超越自己之后，在个人社交媒体上写道：“继续让比赛前进，对你充满敬意，我的兄弟。”

科比与詹姆斯之间是一种英雄间的惺惺相惜，也是一种“紫金传承”。

如果就这样岁月静好，事事顺遂，湖人最后夺取总冠军，一切该是多么完美。可令人悲痛的是，一切都没有“如果”。

2020 年 1 月 26 日，科比与二女儿吉安娜在一场直升机事故中不幸去世，篮球世界进入了最黑暗的一天。据悉，科比与吉安娜原本是乘私人直升机去千橡树市的曼巴体育学院参加一场比赛，途中遭遇大雾，能见度太差。迷失方向后的直升机试图飞跃高山未果后失控，极速坠落。飞机落地后燃起大火，完全摧毁了最后的一线生机。

“黑曼巴”作为几代人篮球青春记忆的焦点，陡然离世，令无数人扼腕叹息。

在科比罹难当天的 NBA 比赛中，所有球队都自发地在比赛开打后的第一次进攻时，完成 24 秒超时或 8 秒违例，以此缅怀科比。作为科比的母队，洛杉矶湖人在得知科比去世的消息之后，陷入巨大的悲痛之中，他们与快船的“德比”战因此延期。

科比罹难的消息传来，詹姆斯正随球队一起奔波在从费城返航洛杉矶的途中，当得

知这一噩耗时，詹姆斯难以抑制心中的悲痛之情，掩面痛哭。

在科比遇难之后的第二天，詹姆斯通过社交媒体表达了对科比的哀思和悼念。他晒出一张科比来斯台普斯看比赛时两人握手的照片，彼此笑容都很灿烂。

詹姆斯知道，唯有带着科比的信念和精神，率领湖人继续前进争夺总冠军，才是对在天上的科比最好的慰藉。詹姆斯在推特上如是写道：“我向你承诺，我会传承你的荣光，我有责任担负起这一切，继续前行！请从天堂赐予我力量，见证我吧！”

2020 年 2 月 17 日，芝加哥全明星赛正式开战。为了纪念科比，全明星 MVP 奖更名为“科比 · 布莱恩特 MVP 奖”。最终詹姆斯队以 157 比 155 险胜“字母哥”队。詹姆斯全场砍下 23 分，这是他连续第 16 次全明星赛首发出场，刷新 NBA 历史纪录。

科比的去世，激励着湖人全队的斗志，在 NBA 因为新冠疫情暴发而停摆之前，湖人始终都是西部最稳健的球队。詹姆斯要做的就是：盘活整支球队，顺便刷新一系列历史纪录：他成了最年轻的 34000 分先生，生涯拿下 9000 多个篮板与 9000 多个助攻。

2020 年 2 月 26 日，湖人主场迎战鹈鹕，詹姆斯面对（近十年身体最劲爆的）新科“状元”——锡安 · 威廉姆斯，狂砍 40 分，率领湖人以 118 比 109 击败鹈鹕，豪取六连胜。虽然锡安也得到 29 分、6 个篮板，但显然在与“皇帝”的首次对决中，稍显稚嫩。

2020 年 3 月 7 日，湖人在主场迎战雄鹿，东西部榜首球队的大战正式上演。詹姆斯砍下 37 分、8 个篮板、8 次助攻，率领湖人以 113 比 103 击败雄鹿，让拿下 32 分、11 个篮板的“字母哥”阿德托昆博成为“空砍帝”。

02

## 奥兰多复赛

LEBRON JAMES

2020 年 3 月，新冠疫情在美国爆发，连爵士中锋戈贝尔也未能幸免。3 月 12 日，NBA 不得不宣布无限期停摆，随着科比的离去与疫情的爆发，篮球进入了至暗时刻。

在停摆之前， 湖人以（49 胜 14 负）77.8% 的胜率高居西部第一。值得一提的是，虽然赛季未完，但湖人已经拿到季后赛的门票，时隔 7 年重返季后赛。“詹眉组合”是湖人的王牌，詹姆斯与戴维斯联手打出了历史级别的表现，他们二人一内一外，珠联璧合，策动全队，打出“海龙兴波”式的进攻。

2020 年 7 月 31 日，时隔漫长的 141 天之后，NBA 终于复赛了，22 支球队集结在奥兰多的迪士尼封闭园区，为了季后赛的最后名额，展开殊死角逐。

湖人复赛首战，以 103 比 101 击败同城“死敌”快船，取得复赛开门红。

由于早早锁定季后赛的席位，湖人意兴阑珊地打完复赛，仅取得 3 胜 5 负的战绩。即便如此，湖人在 2019/2020 赛季的最终战绩依然为 52 胜 19 负，稳居西部第一。

詹姆斯在这个漫长赛季中场均得到 25.3 分、7.8 个篮板、10.2 次助攻，首次成为 NBA 助攻王，并第十三次入选联盟最佳阵容。此时的詹姆斯，远赴奥兰多的唯一目标就是把总冠军奖杯带回洛杉矶，当然，这一冠也为了科比。

2019/2020 赛季，湖人季后赛的首轮对手，是通过附加赛艰难晋级的开拓者。复赛阶段开拓者气势如虹，8 场比赛拿下了 7 场。利拉德更是状态火热，他曾连续两场砍下 51 分和 61 分，连续掀起得分狂潮，率领开拓者绝境逆袭，搭上季后赛的末班车。

一个“杀红眼”的开拓者实力不容小觑，更何况他们还迎回了健康的努尔基奇。

湖人与开拓者这轮比赛球迷最关注的焦点还是詹姆斯与安东尼的对决，“03 白金一代”的“绝代双骄”又一次在季后赛中狭路相逢，一时间唤醒无数球迷的青春记忆。

03

## “白金双骄”再交手

LEBRON JAMES

2020 年 8 月 19 日，湖人与开拓者的季后赛首战打响。“紫金军团”不足两成的三分命中率，让他们付出了失利的代价，利拉德独砍 34 分率领开拓者取得首胜。

开拓者挟赛季末连胜之勇，意欲“黑八”？詹姆斯说 NO！尽管第二战他仅得 10 分，但策动湖人发起有效的进攻。三军用命，一改首战之颓势，戴维斯轰下 31 分，湖人以 111 比 88 大胜开拓者，扳平比分的同时，也扭转了战局。

2020 年 8 月 23 日，季后赛首轮第三战，詹姆斯开启“全力詹”模式，率领湖人希望尽快摧毁对手，但“开拓者双枪”的三

分火力异常凶猛，率队一路领先，中场战罢，开拓者以 57 比 53 领先湖人。

第三节，“双枪”哑火，湖人发起反击。危急时刻，安东尼挺身而出，招牌式“万花筒”进攻再现江湖。远程三分、中距离跳投、篮下进攻，他全部得手，安东尼单节 6 投 6 中，独得 13 分。看到“甜瓜”如此骁勇，詹姆斯不得不来亲自防守，恍惚间我们看到了十年前鲜衣怒马的“绝代双骄”捉对厮杀，“白金一代”的巅峰对决重现江湖。

第三节詹姆斯得到 9 分，属于常规操作，而安东尼的 13 分却不常有。虽然昔日的“单打王”已不复当年之勇，但只要安东尼还在场上，就是对手永远都不敢忽略的威胁。

此役詹姆斯得到 38 分、12 个篮板、8 次助攻，率领湖人以 116 比 108 击败开拓者，安东尼得到 20 分，为自己职业生涯的暮年留下了闪亮的一笔。

此后利拉德右膝伤势恶化，勉力支撑完第四战之后，不得不缺席开拓者与湖人的第五场比赛。这位“读表索命的生死判官”，为了球队流尽最后一滴血汗……

利拉德受伤，开拓者已成强弩之末，虽然“双枪”的另外一支——麦科勒姆火力犹在，但显然无法阻挡“詹眉组合”领衔的湖人，尤其是穿上“黑曼巴”战袍的湖人。

2020 年 8 月 25 日，美国时间 8 月 24 日，正值“科比日”，湖人众将在与开拓者第四战时穿上“黑曼巴”战袍，以此纪念这位逝世的传奇，最终“紫金军团”以 135 比 115 大胜开拓者。此后第五战，湖人再次击败对手，以总比分 4 比 1 淘汰开拓者，进军西部半决赛。詹姆斯连续砍下 30 分以上，干净利落地兑现了逆转的预言。

湖人在西部半决赛的对手，是经历“抢七”鏖战的火箭。此番对决噱头十足：两位詹姆斯（勒布朗·詹姆斯、詹姆斯·哈登）之间的强强对话，德安东尼面对旧主，“詹眉组合”大战“双 MVP 组合”（哈登、威斯布鲁克），湖人首战以 97 比 112 不敌火箭。

连续两轮开门黑，詹姆斯依然镇定自若。之后湖人面对火箭极致的小个阵容，“詹眉组合”威风八面，联手砍下 62 分、21 个篮板，湖人以 8 分险胜，将大比分扳成 1 比 1 平。

湖人内线实力全面占优，火箭的三分一旦失去准星，他们的“极致五小”阵容显然无法与湖人抗衡。詹姆斯掌控着比赛的走势，在第三场狂砍 36 分率队取胜之后，湖人又轻取两场，以总比分 4 比 1 淘汰火箭，詹姆斯率领湖人时隔 10 年重返西部决赛的舞台。

湖人自 2010 年夺冠之后首次晋级西部决赛，而这次他们的对手则是一路连续上演疯狂逆转的掘金。丹佛人曾在首轮以 1 比 3 落后爵士，第二轮以 1 比 3 落后快船，而他们都一样连扳三场逆转对手，表现出强大的韧性与顽强。

04

## 剑舞西巅断掘金

2020 年 9 月 19 日，湖人兵不血刃，以 126 比 114 击败掘金，赢下西部决赛的第一场。所有舆论似乎都认定湖人进军总决赛只是时间问题，然而第二场风云突变。

9 月 21 日西部决赛第二场，穿上“黑曼巴”战袍的湖人似乎志在必得，却遭到掘金的顽强反击。

此役湖人一度领先 16 分，却被约基奇和穆雷领衔的掘金顽强扳回，甚至在比赛最后的 2.1 秒时，掘金竟然以 103 比 102 领先 1 分，眼看就要锁定胜利。

最后 2.1 秒，隆多底线击地发球给“浓眉”，接球后的戴维斯在三分线外 45 度角果断出手，皮球划过约基奇的指间，形成一道优美的弧线，坠入网窝。凭借这记三分压哨绝杀，

湖人以 105 比 103 险胜对手，拿到第二场的胜利。

戴维斯完成绝杀后也兴奋不已，振臂高呼“KOBE”，向天堂中的“黑曼巴”致敬，而他这记压哨三分命中，也令人不禁想起 2010 年科比接加索尔传球的三分绝杀。

此后湖人输掉第三战，赢下第四场，掘金又一次以 1 比 3 落后对手。在本届季后赛，掘金前两次都曾以 1 比 3 落后，都无一例外地逆转对手，如今又出现第三次以 1 比 3 落后时，所有的湖人球迷都不禁心中一凛，莫非又是要逆转的节奏？但是詹姆斯说 NO！

9 月 21 日西部决赛第五场，掘金又一次发起绝境反击，第三节结束，顽强的掘金将比分追进到仅差 3 分。第四节，詹姆斯终于找回投篮的“瞄准镜”，连续四次投篮命中，亲手扼杀了掘金翻盘的希望。最终詹姆斯第四节独得 16 分，全场狂揽下 38 分、16 个篮板、10 次助攻的超级“大三双”，率领湖人以 117 比 107 击败掘金，以总比分 4 比 1 淘汰对手，挺进总决赛，这也是湖人时隔 10 年再次进入总决赛，上次领军的是科比。

詹姆斯即将踏上自己职业生涯的第十次总决赛之旅，这已是一项神迹，但缔造神迹的詹姆斯并没有欣喜。在队友们欢庆夺得西部冠军时，他瘫坐在地板上，神情疲惫，目光深邃，似乎在凝视远方，凝视着总决赛的对手——他的老东家、迈阿密热火。

05

# 鏖战总决赛

LEBRON JAMES

“双子星”约基奇和穆雷领衔的掘金与“詹眉组合”挂帅的湖人相比，几乎全面处于下风。整轮西部决赛，詹姆斯不仅盘活了全队的进攻，还多次打出现象级的个人表现，他在西部决赛中，场均得到 27 分、10.4 个篮板、9 次助攻的“准三双”数据。

詹姆斯率领湖人用连续三个 4 比 1 的总比分荡平西部，时隔十年重返总决赛，而站在他面前的是老东家热火、昔日的主帅斯波尔斯特拉、曾经的老对手伊戈达拉，以及热火“教父”帕特·莱利，正如那句话：“所有的相遇都是久别重逢。”

联盟中没有几位教练比斯波尔斯特拉更了解詹姆斯，而詹姆斯也几乎熟悉热火的每一个战术，彼此间没有什么秘密，拼的是硬实力。

曾经万众期盼的“24 VS 23”虽然没有上演，但 23 号（詹姆斯）沿着 24 号（科比）的足迹踏上总决赛的舞台，去重塑从前的故事，这也意味着传承。

湖人的对手热火以出人意料的方式连续闯关成功。他们在东部第五的位置上逆流而上，连番挑落夺冠大热门雄鹿、铁血“绿衫军”，成为一匹震惊篮坛的黑马。

对比由三位“状元”（詹姆斯、戴维斯和霍华德）坐镇的湖人，热火的阵容显得有点寒酸，吉米·巴特勒（首轮第 30 顺位）、戈兰·德拉季奇（次轮第 15 顺位）、巴姆·阿德巴约（首轮第 14 顺位）、邓肯·罗宾逊（落选秀）、泰勒·希罗（首轮第 13 顺位）。

热火顺位较高的还是与科比相同 13 顺位的希罗，这位年仅 20 岁的小将曾在东部决赛第三场单节砍下 16 分，那份坚毅、果敢与自信，像是 13 顺位选中的男人。

2020 年 10 月 1 日，总决赛首战打响，湖人在第一场就为总决赛定下基调。全场三分球 38 投 15 中，詹姆斯和“浓眉”双双发威，前者贡献 25 分、13 个篮板、9 次助攻的准“三双”数据，完美操盘掌控全局；后者揽下 34 分、9 个篮板、3 个盖帽，攻防两端统治内线。湖人以 116 比 98 轻松击败热火，赢下第一场。热火吞下 18 分的惨败苦果的同时，更付出沉痛代价：德拉季奇（足底筋膜撕裂）意外伤退，阿德巴约肩部受伤。

第二场热火两员大将德拉季奇、阿德巴约因伤未愈不能上场，湖人再接再厉，以 124 比 114 再胜热火，赢下第二场。湖人轻取两场总决赛的胜利，令总冠军的归属变得似乎没有悬念，收视率也跌到历史谷底，NBA 联盟急切需要一个挽救颓势的人物，这时候平民英雄、美国精神的代表——吉米·巴特勒适时地站了出来。

2020 年 10 月 5 日，总决赛第三战，热火缺少阿德巴约、德拉季奇两员大将，又以 0 比 2 落后，背临悬崖不容再败。危急时刻巴特勒挺身而出，几乎打满全场的他 20 投 14 中，砍下 40 分、11 个篮板、13 次助攻的“大三双”，凭借一己之力率领热火以 115 比 104 击败湖人，扳回一城。詹姆斯“仅得”25 分，不足以率队取胜。湖人“战略性”调整失去本场比赛的先机，而戴维斯过早陷入犯规危机以及丹尼·格林和波普等外线射手群集体失准，都成为失败的原因。巴特勒的强悍表现激发出詹姆斯的斗志，接下来总决赛变得有趣多了……

2020 年 10 月 7 日，总决赛第四战开场不久，詹姆斯便用一记顶开希罗的战斧暴扣来宣誓“此战必胜”的决心。此后他用直接得分与助攻队友的方式，来牢牢控制胜势。全场战罢，詹姆斯得到 28 分、12 个篮板、8 次助攻，率领湖人以 102 比 96 击败热火，以总比分 3 以 1 领先对手，拿到了总决赛的赛点。

06

## “紫金军团”终夺冠

LEBRON JAMES

湖人与金杯近在咫尺，他们在 10 月 10 日迎来总决赛第五战，此日恰逢中国农历八月廿四，湖人穿上“黑曼巴”战袍，希望能在此日夺下这个意义非凡的总冠军 。

值得一提的是，这场比赛在 CCTV5 直播了。这也是中央电视台的体育频道时隔一年之后首次直播 NBA 赛事，这是一个值得纪念的里程碑时刻。

湖人以“黑曼巴精神”激励自己，却没承想更加激励了对方的主将——巴特勒，这位铁血硬汉似乎也收到“黑曼巴”的感召，打出了一场“科比式”的比赛。

总决赛第五战，詹姆斯与巴特勒展开一场史诗般的巅峰对决，这是继 1988 年“大鸟”（34 分）与“人类电影精华”（47 分），以及 2006 年皮尔斯（50 分）与詹姆斯（43 分）之后，最强的小前锋对飙战，从重要性与精彩度而言，此战甚至更胜一筹。

全场站罢，湖人以 108 比 111 遗憾败给热火，不得不推迟总冠军加冕的时间 。

巴特勒全场 19 投 11 中，罚球 12 罚全中，拿到 35 分、12 个篮板、11 次助攻。

詹姆斯 21 投 15 中 ，三分球 9 投 6 中，砍下 40 分、13 个篮板、7 次助攻。

虽然詹姆斯以 70%超高命中率掠下全场最高的 40 分，但湖人外线集体哑火以及“最佳搭档”戴维斯扭伤脚踝等种种原因，让詹姆斯孤掌难鸣，品尝到失利的苦果。

本场比赛最后 16.8 秒，湖人以 108 比 109 仅落后热火 1 分。詹姆斯持球攻击篮筐时遭遇多名热火球员堵截，不得不将球回传给埋伏在弧顶的丹尼·格林，后者投出空位三分不中，抢到前场篮板的马基夫·莫里斯传球失误，湖人失去反超比分的最后机会。

之后，巴特勒两罚两中，锁定胜局。热火阵中的落选秀“神射手”邓肯·罗宾逊在此役命中 7 记三分，砍下 26 分，成为迈阿密人获胜的奇兵。

第五战错失总冠军，让詹姆斯与湖人痛下决心，在第六场必须赢得比赛，从而捧得梦寐以求的奥布莱恩金杯。

2020 年 10 月 12 日，总决赛第六战打响。詹姆斯赛前主动请缨防守巴特勒，因此他一开始就在攻防两端为比赛的胜利定下基调。湖人此役遥遥领先，一度领先热火 30 多分。虽然第四节顽强的热火几次反扑，无奈分差太大，最终不得不以 93 比 106 不敌湖人，目送对手登上总冠军的宝座。

詹姆斯用一场 28 分、14 个篮板、10 次助攻的“大三双”，为总决赛写下注脚。

湖人总冠军！“紫金军团”时隔 10 年终于再次夺得总冠军，历史上第 17 冠加冕总冠军，就此追平宿敌凯尔特人，并列 NBA 历史第一。詹姆斯总决赛场均得到 29.8 分、11.8 个篮板、8.5 次助攻，以全票当选总决赛 MVP。

这并不是一轮史诗级的总决赛，它缺乏足够的戏剧张力和话题热度，双方硬实力上的差距，让这组对决从一开始就失去了总决赛本该有的悬念与张力。好在有詹姆斯，他再一次证明了自己是 NBA 历史上最会带队夺冠的王牌巨星。

“我来到这里，就是为了能让湖人回到原本属于它的位置上。”詹姆斯在赛后再一次强调了自己的观点。高举奥布莱恩杯和拉塞尔杯的詹姆斯目光望向了远方，湖人夺得历史上的第 17 冠，但这并不是旅程的终点，这一切，才刚刚开始……

四届常规赛 MVP、四届总决赛 MVP、三届全明星 MVP、季后赛总得分王、历史最年轻 34000 分先生、十进总决赛、四届总冠军……荣耀满载、黄袍加身，如今的詹姆斯在个人荣誉与能力上，已经无须再证明什么了……

作为旷古绝今的一代“帝皇”，詹姆斯显然拥有一颗凡人无法揣测的雄心。他只身西伐，驾临洛杉矶湖人时，是湖人最积弱难返的至暗时刻，而他显然要做这历史上最伟大的“紫金王朝”的中兴之君，在斯台普斯这一华丽无比的梦幻剧场、诸神云集的篮球圣地，建立起名垂青史的“勒布朗帝国”。